Charpentier/Burnet
Führer durch das Neue Testament

Étienne Charpentier / Régis Burnet
in Zusammenarbeit mit Charles Perrot

Führer durch das Neue Testament
Neuausgabe

übersetzt und bearbeitet von Michael Hartmann

Patmos

Étienne Charpentier
Dr. theol., war Bibelwissenschaftler und Leiter des
Katholischen Bibelwerkes in Frankreich.
1982 kam er bei einem Verkehrsunfall ums Leben.

Régis Burnet
Dr. theol., Absolvent der École Normale Supérieur.
Unter anderem Verfasser mehrerer bibelwissenschaftlicher Werke.

Charles Perrot
Dr. theol., lehrte viele Jahre biblische Exegese am
Institut Catholique de Paris.
Autor zahlreicher Bücher zu Themen des Neuen Testaments.

Titel der französischen Originalausgabe: *Pour lire le Nouveau Testament*
© Les Éditions du Cerf, 2004

Abb. S. 34 u. 151: © VG Bild-Kunst, Bonn 2006

Umschlagmotiv:
Die vier geflügelten Wesen (Löwe – Mensch – Stier – Adler, s. S. 52)
beten das kreuztragende Lamm in ihrer Mitte an. Vier Älteste werfen sich nieder.
Vier Harfenspieler, jeweils mit einem Ältesten, der eine goldene Schale mit
Weihrauch trägt, begleiten einen Gesang, der sich nach Offenbarung 5, 9 an
Menschen aus allen Sprachen, Völkern und Nationen richtet.
Beatus-Kommentar zur Apokalypse, Spanien, 10. Jahrhundert.

Bibliografische Information der Deutschen Nationalbibliothek
Die Deutsche Nationalbibliothek verzeichnet diese
Publikation in der deutschen Nationalbibliografie;
detaillierte bibliografische Daten sind
im Internet über http://dnb.d-nb.de abrufbar.

© 2006 Patmos Verlag GmbH & Co. KG, Düsseldorf
Alle Rechte vorbehalten
Printed in Germany
ISBN 978-3-491-70400-8
www.patmos.de

Inhalt

Abkürzungsverzeichnis der Bücher des Neuen Testaments
(dargestellt in der traditionellen Ordnung)

Evangelien und Apostelgeschichte

Mt	Das Evangelium nach Matthäus
Mk	Das Evangelium nach Markus
Lk	Das Evangelium nach Lukas
Joh	Das Evangelium nach Johannes
Apg	Die Apostelgeschichte

Die Briefe des Neuen Testaments

Das paulinische Corpus

Röm	Der Brief an die Römer
1 Kor	Der erste Brief an die Korinther
2 Kor	Der zweite Brief an die Korinther
Gal	Der Brief an die Galater
Eph	Der Brief an die Epheser
Phil	Der Brief an die Philipper
Kol	Der Brief an die Kolosser
1 Thess	Der erste Brief an die Thessalonicher
2 Thess	Der zweite Brief an die Thessalonicher
1 Tim	Der erste Brief an Timotheus
2 Tim	Der zweite Brief an Timotheus
Tit	Der Brief an Titus
Phlm	Der Brief an Philemon
Hebr	Der Brief an die Hebräer

Die katholischen Briefe

Jak	Der Brief des Jakobus
1 Petr	Der erste Brief des Petrus
2 Petr	Der zweite Brief des Petrus
1 Joh	Der erste Brief des Johannes
2 Joh	Der zweite Brief des Johannes
3 Joh	Der dritte Brief des Johannes
Jud	Der Brief des Judas

Offenbarung

Offb	Die Offenbarung des Johannes

Das Neue Testament lesen

Eine staubtrockene Straße zwischen Jerusalem und Gaza in der Mittagsglut. Zwei Männer unterhalten sich: der eine, reich gekleidet, liegt in einer Sänfte, die ihn vor der drückenden Hitze schützt. Er hält eine Papyrusrolle in der Hand. Der andere, sehr viel bescheidener gekleidet, steht vor ihm und wendet sich ihm zu: »Verstehst du auch, was du liest?« Der erste schüttelt betrübt den Kopf: »Wie könnte ich, wenn mich niemand dazu anleitet?«

Derjenige, der das eben sagt, ist ein wichtiger Mann, ein hoher Beamter aus dem Königreich Äthiopien. Dennoch räumt er sein Unvermögen einem »armen Teufel« gegenüber ein, der mit Staub bedeckt ist. Er lädt ihn – welch große Ehre – ein, in seiner Sänfte Platz zu nehmen. Der Wanderer spricht mit Autorität. Er kennt den Text, den der Fremde liest, gut. Es handelt sich um eine Stelle aus dem Propheten Jesaja, und er kann dazu erhellende Erläuterungen geben. Er spricht mit Überzeugungskraft, leitet mit Leichtigkeit von Jesaja zu Jesus über. Schließlich gelingt es ihm, dem hochgestellten Mann das Evangelium nahe zu bringen. Fasziniert bittet ihn dieser um die Taufe.

Diese kleine Erzählung aus der Apostelgeschichte, Kapitel 8, Verse 5-40, die das Gespräch zwischen dem Missionar Philippus und dem Hofbeamten der Königin von Äthiopien wiedergibt, enthüllt ein grundlegendes Lektüreprinzip: um die Bibel zu verstehen, ist nichts wertvoller, als sich mit jemandem auszutauschen, der schon eine erste Erfahrung mit den Texten, die oft eine fremdartige Ausdrucksweise an sich haben, gemacht hat. Ohne die Erläuterungen des Philippus, riskiert der Text, den sein Gegenüber gerade liest, »toter Buchstabe« zu bleiben. Letzterer ist sich dessen so sehr bewusst, dass er nicht zögert, einen *Begleiter, einen Führer* zu verlangen.

Dieses Buch möchte ein »Leseführer« sein

Nichts ist wertvoller als die lebendige Gegenwart und der direkte Kontakt. Der erste Schimmer des Verstehens, der in dem Äthiopier aufsteigt, rührt ebenso sehr von dem her, was ihm Philippus sagt, wie von dessen Gebärden, seiner Stimmführung, seinem Blick, seiner Begeisterung, kurz, seinem Leben. Aus christlicher Perspektive übertrifft nichts den Dialog mit einem Mitglied der Kirche. Wie Philippus ist es ein Hüter der Erinnerung. Die Interpretation der Schriften schließlich reflektiert die Geschichte dieser Gemeinschaft.

Doch nicht immer hat man die Möglichkeit, mit Christen zusammenzutreffen. Man kann auch Lust verspüren, ganz allein zu beginnen. Vor allem aber hat man das Recht, die Bibel zu lesen, ohne ein Christ zu sein.

Dieses Buch will also, ganz bescheiden, ein aktueller Begleiter und Führer für die Lektüre des Neuen Testaments sein. Vorkenntnisse setzt er keine voraus. Er richtet sich ebenso an den gläubigen wie den nichtgläubigen Leser, an den, der alleine lesen will, wie an den, der in einer Gruppe liest, an denjenigen, der die Lektüre erneut aufnehmen will, wie an den, der gerade erst damit anfängt.

Wie soll man diesen Führer benutzen?

Eine Gewohnheit unserer Sprache bringt den Akt des Lesens interessanterweise häufig mit einer Reise in Verbindung. So spricht man zum Beispiel davon, »ein Buch zu überfliegen«, oder von »Wegen« in ein bestimmtes Sachgebiet hinein. Lesen bedeutet also, dass man sich auf einen Weg macht, dass man zum »Touristen« wird.

Dieser Führer ist ein wenig wie ein Reiseführer konzipiert. Auch er verfolgt die Absicht, dass man etwas *sieht* und es *versteht*. Wie ein Reiseführer versucht er, zum Wesentlichen hinzuführen. Er nimmt sich selbst zurück, denn allein die »Sehenswürdigkeit« zählt. Wie ein Reiseführer schlägt er einen Rundgang mit mehreren Ausgangspunkten vor, je nachdem, ob man es eilig hat, ob man verweilen möchte, ob man ein bestimmtes Detail sucht oder ob man sich, ganz leger, einfach führen lassen möchte.

Das Typische an einem Reiseführer ist, dass er willkürlich und manchmal auch ungerecht ist. Warum sollte man dieses Museum jenem Wasserspiel oder diese Kirche jenem Schloss vorziehen? Manche Führer verteilen sogar »Sterne« oder »Punkte«. Ohne soweit zu gehen, die einzelnen Texte mit Bewertungen zu versehen, so zeigt auch der vorliegende Führer den Trend auszuwählen. Denn auf gut 200 Seiten über das Neue Testament zu sprechen, das ist schon ein Kunststück!

Auch hat der Leser das Recht, ja sogar die Pflicht, weiterzugehen: sich mit Jesus an den Ufern des Jordan aufzuhalten, sich mit den Korinthern zu den Predigten des Paulus zu setzen, vor den wilden Bildern der Offenbarung zu zittern. Um diesen Führer recht zu gebrauchen, muss man ihn in gewisser Weise auch hinter sich lassen, sich gegen ihn auflehnen, ihn befragen, nichts, was er sagt, annehmen, ohne es am Text selbst überprüft zu haben. Ein Führer ist dazu gemacht, dass man ihn mit Lesezeichen versieht, Anmerkungen an den Rand schreibt, Wichtiges anstreicht und ihn schließlich wieder weglegt.

Ein Rundgang mit mehreren Ausgangspunkten

In einem Museum bieten sich den Besuchern mehrere Möglichkeiten zu Rundgängen an. Entweder folgt man der Ordnung der Räume ganz genau, indem man vom ältesten zum jüngsten Ausstellungsstück voranschreitet und vor jeder Schautafel und jeder Vitrine stehen

bleibt. Oder man geht einfach drauflos und folgt seiner Eingebung und dem glücklichen Zusammentreffen, das der Zufall des Umherstreifens für einen bereithält. Für das Neue Testament sind beide Wege möglich, und dieser Führer favorisiert beide gleichermaßen. Jede Etappe eines Rundganges ist zweigeteilt in:
1. eine allgemeine Darstellung der Schrift oder einer Gruppe von Schriften.
2. eine Serie von »Reisewegen«, die es einem ermöglichen sollen, neue Eindrücke und Entdeckungen in einer bestimmten Schrift oder einer Schriftengruppe des Neuen Testaments zu sammeln.

Auf diese Weise kann jeder Leser, je nach seinem Geschmack oder seinem Wunsch, das Neue Testament als Ganzes durchstreifen oder auch bei einer einzelnen Schrift verweilen, um sie genauer zu studieren. Damit diese Aufgabe für ihn leichter wird, bekommt er ein einfaches Zeichensystem mit Piktogrammen an die Hand:

 markiert einen Weg durch mehrere Texte oder mehrere Kapitel.

 lädt zum Verweilen bei einem Text ein, um ihn in einer geführten Lektüre zu studieren.

 lädt zur intensiven Lektüre eines kurzen Textes ein.

Welche Bibel soll ich benutzen?

Dieser Führer kann mit jeder Bibelausgabe benutzt werden, die das Alte und Neue Testament umfasst. Wenn Sie noch keine Bibel besitzen, dann können Sie, je nachdem, was Sie suchen, unter verschiedenen Versionen auswählen:

1. Die Einheitsübersetzung. – Abgeschlossen 1979/80 ist die katholische Einheitsübersetzung für die Diözesen des deutschen Sprachraums bestimmt. Die Übertragung der Psalmen und des Neuen Testaments erfolgte in ökumenischer Zusammenarbeit. Die biblischen Texte sind in ein leicht verständliches, gehobenes Gegenwartsdeutsch übersetzt worden. Diese Übersetzung wird vor allem im Gottesdienst und im Religionsunterricht verwendet. Der vorliegende »Führer durch das Neue Testament« verwendet bei seinen Bibelzitaten die Einheitsübersetzung.

2. Die Bibel nach der Übersetzung Martin Luthers. Revidierter Text 1984. – Luther hat die Bibel prägnant und weitgehend wörtlich übersetzt. Revidiert wurde sie 1984. Sie ist der offizielle Text der Evangelischen Kirchen in Deutschland für Religionsunterricht und Gottesdienst.

3. Die Gute Nachricht – Die Bibel in heutigem Deutsch. – Träger und Herausgeber sind die evangelischen und katholischen Bibelwerke der deutschsprachigen Länder. Sie ist vor allem für Leser bestimmt, die den lebendigen Bezug zur Kirche verloren haben, bzw. mit den Texten der Schrift noch nicht vertraut sind. Die Übersetzung ist in einer zeitgemäßen, leicht verständlichen Sprache.

4. Die Zürcher Bibel. – Sie geht auf die Reformation Zwinglis zurück und wird vor allem in den reformierten Kirchen verwendet. Der Text der Zürcher Bibel gilt als sehr exakt.

5. Die Elberfelder Bibel. Revidierte Übersetzung 1974.1985. – Sie bietet im Ganzen eine sehr wörtliche, konkordante Übersetzung von Altem und Neuem Testament.

Diese Vollbibeln (d. h. sie beinhalten Altes *und* Neues Testament) sind zum Teil auch mit Kommentierungen erhältlich. So zum Beispiel:

1. Die Neue Jerusalemer Bibel. – Sie bietet den Text der Einheitsübersetzung mit den Erläuterungen der französischen Jerusalemer Bibel.

2. Die Stuttgarter Erklärungsbibel. – Die revidierte Lutherübersetzung wurde mit Einführungen und Erklärungen versehen.

3. Stuttgarter Altes und Neues Testament. – Der Text der Einheitsübersetzung wird auf dem Hintergrund des neuesten bibelwissenschaftlichen Erkenntnisstandes erläutert und kommentiert.

4. Die Bibel erschlossen und kommentiert von Hubertus Halbfas stellt eine Besonderheit dar. Der renommierte Theologe Hubertus Halbfas bietet eine umfangreiche Auswahl biblischer Texte aus dem Alten und Neuen Testament. Sie werden ausführlich kommentiert und in ihre religiösen und kulturgeschichtlichen Kontexte gestellt. Viele Zeugnisse aus Literatur und Kunst erschließen die wirkungsgeschichtlichen Aspekte der Bibel.

Einen guten Überblick über die Fülle an weiteren Übersetzungen bietet **Hellmut Haug, Deutsche Bibelübersetzungen**, das gegenwärtige Angebot – Information und Bewertung, Stuttgart 1999.

Zahlreiche deutsche, aber auch fremdsprachige Bibelübersetzungen sind mittlerweile als CD-ROM Ausgaben verfügbar.
Die Texte des Alten und Neuen Testaments sind auch online abrufbar. Die entsprechenden Links finden sich auf den Homepages der deutschsprachigen Bibelwerke, z. B. beim Katholischen Bibelwerk e.V. unter www.bibelwerk.de oder der Deutschen Bibelgesellschaft unter www.dbg.de. Dort gibt es weitere Links zu Partnern.

Warum eine Neuausgabe dieses Führers?

Die erste Auflage stammt aus dem Jahr 1982. Es ist das posthum erschienene Werk des Bibelwissenschaftlers Étienne Charpentier, der 1981 bei einem tragischen Verkehrsunfall ums Leben kam. Als Leiter des französischen Bibelwerks setzte er sich unermüdlich für das Studium der Bibel ein.
20 Jahre nach seiner Veröffentlichung war der *»Führer durch das Neue Testament«* ein wenig veraltet. Auch wenn er im Laufe der Zeit ein

weites Publikum erreicht hatte, so war er von Étienne Charpentier ursprünglich vor allem für katholische Bibelgruppen konzipiert worden, die in der Folge des 2. Vatikanischen Konzils (1962–1965) gegründet worden waren. Dieses Konzil hatte die Bedeutung des Bibelstudiums in der katholischen Kirche nachdrücklich hervorgehoben.

Heute haben sich die Leser der Bibel verändert. Zunächst sind die nichtchristlichen Leser immer zahlreicher geworden. Sie wollen das Buch kennen lernen, das die westliche Kultur nachhaltig geprägt hat, und sie wollen die Größe, aber auch die Schwächen des Christentums verstehen. Dann verfügen heutige Leser, seien es nun Christen oder Nichtchristen, immer weniger über eine religiöse Bildung, wie es bei den von Charpentier angeleiteten Bibelgruppen noch der Fall war. Diese waren noch weitgehend von einem Katechismus geprägt, der aus der Zeit vor dem 2. Vatikanischen Konzil stammte. Schließlich nahm das von Charpentier verfasste Werk in seinen Hinweisen, seinen illustrierenden Beispielen, seinem Willen zu aktualisieren auf eine Welt Bezug, die sich verändert hat.

Angleichen bedeutet jedoch nicht aufgeben! Wenn auch viele Elemente in diesem Buch verändert und neu formuliert worden sind, so wurden doch der Grundriss und vor allem die ursprüngliche Absicht nicht in Frage gestellt. Seine einfache Ausdrucksweise, der Respekt vor der Vielgestaltigkeit der Bibel, der Wille zu überliefern, ohne etwas zu vernachlässigen, sind beachtet worden. Kurz gesagt: sein Geist bleibt erhalten.

1. Teil

ALLGEMEINES

Kapitel, Verse, Paragraphen, Zwischentitel

Wenn man eine moderne Bibelausgabe aufschlägt, dann sieht man für gewöhnlich den Text in Kapitel und Verse unterteilt. In manchen Ausgaben sind die Kapitel in Abschnitte eingeteilt, die eine Überschrift haben. Kapitel, Verse, Überschriften und Zwischentitel sollen die Lektüre erleichtern. Sie sind aber *nicht* Teil des biblischen Textes! In der Tat sind die ersten Bibelausgaben, die uns erhalten sind, sehr viel einfacher gehalten. Der Text wird ohne Unterteilung fortgeschrieben. Das Ende eines Satzes wird durch keinen Punkt markiert und die Wörter sind, ganz nach antikem Brauch, durch keinen Zwischenraum voneinander getrennt.

Die Unterteilung in Kapitel geht auf das 13. Jh. zurück (die Anregung dazu stammt aus dem 12. Jh. von Lanfranc, dem Ratgeber Wilhelms des Eroberers). Die Unterteilung in Verse erfolgte erst im 16. Jh. Der Legende nach hat der französische Verleger Henri Estienne diese Unterteilung während einer Reise zu Pferde zwischen Lyon und Paris erfunden! Die Abschnitte und Zwischentitel setzten sich in den modernen Bibelausgaben seit Beginn des 20 Jh. durch.

Kapitelübergreifende Zitate markiert man mit einem längeren Verbindungsstrich z. B. Joh 15,12–16,1. Zitierte Einzelverse trennt man durch einen Punkt: z. B. Joh 15,1.3.6. Ein »f« hinter einer Versangabe bedeutet, den folgenden Vers hinzuzunehmen, »ff« entsprechend, die folgenden Verse.

Rufen wir uns zunächst einige Tatsachen in Erinnerung:

1. Das Neue Testament ist kein Buch, sondern eine Bibliothek. – Das Neue Testament ist kein Werk eines einzelnen Autors, der es in einem Zug geschrieben hätte, sondern eine Reihe von nebeneinander gestellten Schriften aus ganz unterschiedlichen Epochen (zwischen 50/51 und ungefähr 120 n. Chr.), von ganz verschiedenen Autoren. Diese haben nicht nur in unterschiedlichen Milieus geschrieben, sondern auch für ein je unterschiedliches Publikum. Darüber hinaus beinhaltet das Neue Testament ganz verschiedene Textsorten: theologisch orientierte Erzählungen, die sich um die Person Jesu ranken: die Evangelien, oder um die Apostel: die Apostelgeschichte sowie Briefe und ein Exemplar einer literarischen Gattung, die man vom nachexilischen Judentum her kennt: die Offenbarung bzw. Apokalypse.

2. Die Bibliothek des Neuen Testaments wird traditionellerweise in mehrere Gruppen eingeteilt. – 1.) die vier Evangelien, die nach Autoren benannt worden sind, deren Namen die Tradition festgelegt hat (Matthäus, Markus, Lukas, Johannes); 2.) die Apostelgeschichte; 3.) die Briefe des Apostel Paulus, die nach ihrem Adressaten (Gemeinden oder Einzelpersonen) benannt werden; 4.) die Katholischen Briefe, die nach ihren mutmaßlichen Autoren bezeichnet werden; 5.) die Offenbarung bzw. Apokalypse.

Was ist das Neue Testament?

Greifen wir noch einmal das Sprachbild des »Reiseführers« auf: Bevor man die verschiedenen Sehenswürdigkeiten einer Stadt eine nach der anderen besucht, ist es nützlich, einen Überblick über das Ganze zu haben, zu wissen, wie die Stadtviertel angeordnet sind, wann sie errichtet worden sind, warum man sich dazu entschlossen hat, an einem bestimmten Ort eher zu bauen als anderswo etc.

Das Gleiche gilt für das Neue Testament: Um genau zu verstehen, wie die verschiedenen Bücher zusammenhängen, muss man einen Überblick über das Ganze haben.

1. In welchem Milieu wurde ein Buch geschrieben?
2. Warum hat man es verfasst?
3. Welche Textsorten hat man gewählt?
4. Wann wurde es verfasst?

Auf diese Fragen antworten die Kapitel des ersten Teils.

Wie gibt man eine Stelle im Neuen Testament an?

Je nach Benutzerkreisen und Epochen gab es andere Gewohnheiten. Gegenwärtig bevorzugt man ein System, das anhand von **Joh 15,12-14** erläutert werden soll: **Joh** = der abgekürzte Buchname, hier: das Johannesevangelium, **15** = das Kapitel, hier: Kapitel 15, **12-14** = die Verse, hier: die Passage mit den Versen 12, 13 und 14.

Die Umwelt des Neuen Testaments

Das Römische Imperium

Das Judäa, in dem Jesus und die Apostel leben, ist nur eine kleine entlegene Provinz. Sie verliert sich im riesigen Römischen Reich, das sich rund um das Mittelmeer erstreckt. Als es 63 v. Chr. vom römischen General Pompeius erobert wird, hat es schon seit langem seine Unabhängigkeit verloren, denn es war nacheinander unter die Oberherrschaft der Babylonier, der Perser und schließlich der Griechen gekommen. Seit der Regierung des Augustus (30 v. Chr. – 14 v. Chr.) erstreckt sich die *pax romana augusta* – die römische Beherrschung und Befriedung des damaligen Erdkreises – über das gesamte Imperium, also auch über Judäa. Dieses Imperium basierte auf einer zentralen Organisation der Macht.

Kaiser Augustus, Statue aus der Villa von Primaporta, 14 n. Chr. Der römische Kaiser erscheint hier als vergöttlichter Herrscher.

Wenn man die Texte des Neuen Testaments verstehen will, muss man einige Grundkenntnisse über die Zivilisation haben, in der sie geschrieben worden sind. Dazu einige Hinweise.

Grundbausteine des Zentralismus

1. Die Sprache. – Trotz einer weit verbreiteten gegenteiligen Ansicht sprachen nur wenige Menschen Latein. Das Römische Imperium ist zum großen Teil zweisprachig. Wenn die Sprache der Verwaltung, und der Mächtigen das Latein war (das allein in Italien, Gallien und in Spanien gesprochen wurde), so sprach die Mehrheit der Bewohner des Reiches eine standardisierte Form des Griechischen, die *Koine* (d. h. übersetzt: *die allgemein verbreitete Sprache*). Das Griechische hatte in etwa den Stellenwert wie das Englische in unserer heutigen Zivilisation. Als Sprache des geschäftlichen Lebens und der Kultur diente es als Verkehrssprache zwischen den Völkern. Neben den lokalen Sprachen wie dem Aramäischen, das man in Israel sprach und das eine semitische, dem Hebräischen nahe Sprache ist, wurde es am häufigsten verwendet.

2. Die Verwaltung. – Das Imperium ist in Provinzen unterteilt, die von hohen römischen Funktionären regiert werden: je nach ihrer Bedeutung von Präfekten (wie in Sardinien oder Ägypten), von Prokonsuln (wie in Griechenland: vgl. Sergius Paulus – Apg 13,7 – oder Gallio – Apg 18,12-17), von Legaten (vgl. Quirinius – Lk 2,2). Festzuhalten ist, dass in Judäa der Statthalter Roms zunächst den Rang eines Präfekten innehatte (Pontius Pilatus), bevor er Prokurator wurde (vgl. Felix, Festus – Apg 24,27).

3. Die Wege der Kommunikation. – Die zahlreichen römischen Straßen, die ursprünglich für die Armee und für die kaiserliche Post angelegt wurden, sind zurecht berühmt. Sie wurden in gutem Zustand gehalten und ermöglichten einen intensiven Verkehr. Pau-

Um zu verstehen, wie die Texte auf die Umwelt im 1. Jh. n. Chr. anspielen, hier einige Textauszüge aus der Apostelgeschichte. Sie vermitteln einen Eindruck über das Leben im Römischen Imperium:
Apg 13,6-13 (reisende Magier)
Apg 14,12-13 (heidnische Kulte)
Apg 16,16-40 (Wahrsager)
Apg 17,6 (Stadtoberste)
Und weiter: Welche Erkenntnisse kann man aus den folgenden Textstellen gewinnen?
Apg 18,1-4.26-28; 19,9.24
Apg 21,31; 22,25-28; 23,23.35
Apg 24,22-23; 25,12; 27,1-44;

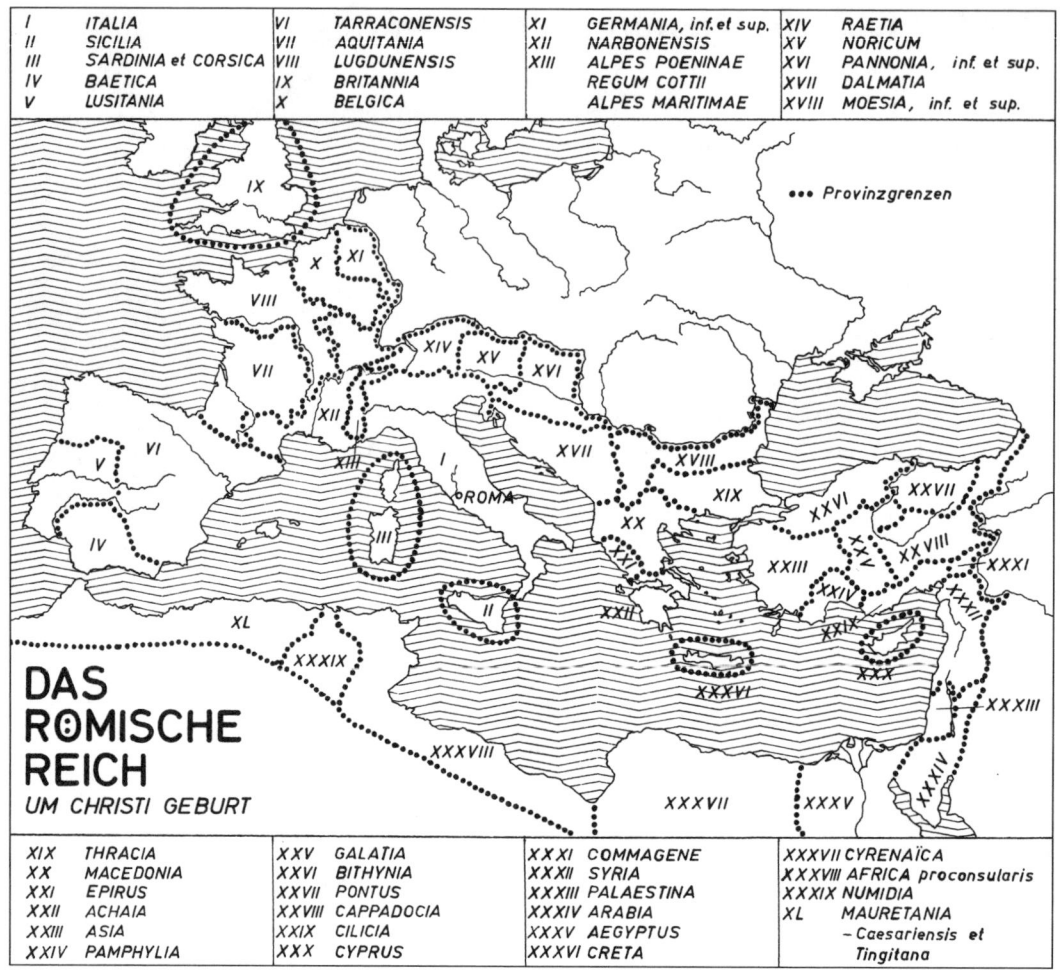

I	ITALIA	VI	TARRACONENSIS	XI	GERMANIA, inf. et sup.	XIV	RAETIA	
II	SICILIA	VII	AQUITANIA	XII	NARBONENSIS	XV	NORICUM	
III	SARDINIA et CORSICA	VIII	LUGDUNENSIS	XIII	ALPES POENINAE	XVI	PANNONIA, inf. et sup.	
IV	BAETICA	IX	BRITANNIA		REGUM COTTII	XVII	DALMATIA	
V	LUSITANIA	X	BELGICA		ALPES MARITIMAE	XVIII	MOESIA, inf. et sup.	

••• Provinzgrenzen

DAS RÖMISCHE REICH

UM CHRISTI GEBURT

XIX	THRACIA	XXV	GALATIA	XXXI	COMMAGENE	XXXVII	CYRENAÏCA
XX	MACEDONIA	XXVI	BITHYNIA	XXXII	SYRIA	XXXVIII	AFRICA proconsularis
XXI	EPIRUS	XXVII	PONTUS	XXXIII	PALAESTINA	XXXIX	NUMIDIA
XXII	ACHAIA	XXVIII	CAPPADOCIA	XXXIV	ARABIA	XL	MAURETANIA
XXIII	ASIA	XXIX	CILICIA	XXXV	AEGYPTUS		– Caesariensis et
XXIV	PAMPHYLIA	XXX	CYPRUS	XXXVI	CRETA		Tingitana

lus selbst, wie auch die jüdischen Kaufleute, benutzten sie regelmäßig. Um nach Philippi zu kommen z. B. die »Via Egnatia«. Darüber hinaus gibt es zahlreiche Seewege. Paulus als Vielreisender benutzte auch sie häufig auf seinen Reisen.

Zwei Einschränkungen, die mit der zeitgenössischen Nautik zusammenhängen, begrenzten die Beliebtheit der Seewege ein wenig. Man reiste auf dem Meer nur von März bis November und verließ die Küsten auch nur in Ausnahmefällen. Diese relative Leichtigkeit der Kommunikation erklärt zum großen Teil die Verbreitung des jüdischen Volkes, die zahlreichen Reisen der Apostel – nicht nur die des Paulus, sondern auch die des Petrus, der nach Antiochia, nach Korinth, nach Rom ging – und schließlich auch die rasche Verbreitung des Christentums.

4. Die Justiz. – Im Einklang mit ihrer Tradition bewahrten die Römer oft das lokale Recht: Das römische Recht hingegen bezog sich nur auf die seltenen römischen Bürger. Von daher erklären sich mehrere Episoden des Neuen Testaments: etwa die Tatsache, dass der jüdische Sanhedrin ein gewisses gesetzliches Recht in Bezug auf Jesus hatte (Mt 26,59; Mk 15,1; Lk 22.66) oder der Umstand, dass Paulus (Apg 23) als römischer Bürger das Recht besaß, an den Kaiser zu appellieren (Apg 22,25-29; 23,27).

5. Das Steuerwesen. – Auch wenn es eine Vielzahl an Rechten gibt, die Steuer trifft alle! Der Kaiser kassiert nicht nur die direkten Abgaben, die er von den Eigentümern (Grundeigentum, Besitz von Tieren – z. B. Lastesel –, Produkte – z. B. Öl – etc.) und den Einzelpersonen bekommt, sondern auch die indirekten Steuern (Zoll, Bewilligungen, Transaktionen). Im Blick auf die Steuererhebung ließen die Kaiser regelmäßig Volkszählungen durchführen, worauf sich das Lukasevangelium (Lk 2) bezieht. Viele Steuern werden von den allseits unbeliebten Steuerbeamten oder Zöllnern eingezogen.

Hier die Stellen, wo von Zöllnern die Rede ist:
Mt 5,46; 9,10-11; 11,19; 21,31-32;
Mk 2,15-16;
Lk 3,12; 5,29-30; 7,29.34; 15,1; 19,2
Welchen Platz räumt ihnen Jesus ein?

Römische Bürger, freie Männer, Sklaven

Die römische Gesamtbevölkerung lässt sich schwer beziffern. Oft wird die Zahl von 50 Millionen genannt. Für die großen Städte wie Rom und Alexandrien setzt man etwa eine Million und mehr an, eine halbe Million für Antiochia, Tarsus, Korinth und Ephesus. Jerusalem dürfte zur Zeit Jesu mehr als 30 000 Einwohner verzeichnet haben (zu den großen jüdischen Festen erhöhte sich seine Bevölkerung allerdings um mehr als das Dreifache). Nicht alle Menschen besaßen die gleiche soziale Stellung.

1. Die römischen Bürger. – Sie genießen einen besonderen Status und sind außerhalb Italiens nicht sehr zahlreich vertreten. Zur Zeit Jesu war das römische Bürgerrecht ein begehrtes Privileg, das der Kaiser als Belohnung für außergewöhnliche Dienste verlieh.

2. Die freien Männer. – In Judäa sind sie recht zahlreich.

3. Die Sklaven. – Das Los der überaus zahlreichen Sklaven (in bestimmten großen Städten sind es zwei von drei Bewohnern) ist sehr unterschiedlich, je nach ihrem Herrn oder ihrer persönlichen Lage. Auf dem Land oder in den Salinen ist ihre Situation sehr hart. In der Stadt ist sie erträglicher, vor allem für die spezialisierten Sklaven: Handwerker, Ärzte, Sekretäre, Köche … Sie können freigelassen werden, sei es durch ihren Herrn, sei es durch einen Freikauf. In Judäa und in Galiläa jedoch ist ihre Situation anders. Sie erscheinen mehr als Dienstpersonal auf bestimmte Zeit (nicht mehr als 7 Jahre), denn als Sklaven, wie man sie sonst bei den Römern kennt.

Die Religionen im Imperium

Der Status der Religion im Römischen Imperium ist für uns heute sehr fremd: Einerseits gibt es die offizielle Religion (die Götter der römischen Mythologie, den Kaiserkult und den Romkult), die man in öffentlichen Zeremonien begeht und an die man nur in einer abstrakten oder rein formalen Weise glaubt. Andererseits gibt es die verborgene Religion, die häufig aus einem Synkretismus besteht (einer Mischung aus verschiedenen Religionen), aus lokalen Glaubensinhalten.

Die Kulte aus dem Osten des Reiches (Kleinasien, Persien, Ägypten) und die Mysterienreligionen (Eleusis, Orphismus) besitzen große Bedeutung, denn sie bieten Antwort auf Fragen, auf die die offizielle Religion nicht antwortet: Was ist der Sinn des Lebens? Was geschieht nach dem Tod? Werden die Bösen bestraft und die Guten belohnt? Diese Kulte versprechen ihren zukünftigen Anhängern, individuell der Gunst des heilenden oder rettenden Gottes teilhaftig zu werden.

Die Juden im Römischen Imperium

1. Jerusalem. – Das Judentum zentriert sich um Jerusalem und vor allem um dessen Tempel. Sein Einfluss erstreckt sich auf ganz Judäa, ein Gebiet etwa so groß wie Belgien. Es umfasst dort eine Bevölkerung von einer halben Million oder wenig mehr Juden.

2. Die Diaspora. – Die Mehrheit der Juden lebt in der Diaspora, d. h. in der Zerstreuung. Einige sind nach dem Exil (586–538 v. Chr.) in Babylon (dem Kerngebiet des heutigen Irak) geblieben, viele haben sich in Alexandrien niedergelassen, wo sie ein Fünftel der Bevölkerung bilden. Andere leben in Kleinasien, Griechenland, Syrien und Rom. Man schätzt, dass ungefähr 8% der Bevölkerung des Römischen Reichs Juden waren, seien es nun 7 oder 8 Millionen Menschen. Die Juden genießen im Reich einen speziellen Status. Sie sind vom Militärdienst befreit, der Sabbat wird respektiert, sie haben die Möglichkeit, eine jährliche Steuer an den Tempel zu zahlen. Auf diese Weise hängen sie von zwei Jurisdiktionen ab: offiziell von der des Kaisers, dann von der des Sanhedrin in Jerusalem.

Judäa und Galiläa

Wirtschaft

Die geophysikalische Karte erlaubt es, die fruchtbaren Ebenen (Jesreel, Scharon, Schefela) und die Plateaus von Galiläa und Samaria-Judäa, wo man Landwirtschaft zum Teil in Terrassen betreibt, zu lokalisieren. Der Boden dort ist steinig. Und dann gibt es das Jordantal mit seiner kleinen Insel der Frische: Jericho. Reichlich Regen fällt nur zwischen Oktober und März. Das Wasser muss sorgsam in Zisternen aufbewahrt werden.

1. Die Landwirtschaft. – Sie bildet die grundlegende Ressource. Weizen, die Basis der Ernährung, und Gerste werden fast überall angebaut. Die Aussaaten beginnen nach dem ersten Regen. Die Ernte der Gerste findet vor Ostern statt, die des Weizens zwischen Ostern und Pfingsten.

Der Olivenbaum liefert ein reichhaltiges Öl, das man nach Ägypten und Syrien exportiert. Außerdem verkauft man Feigen bis nach Rom. Wein wird vor allem in Judäa angebaut. In den Weinbergen stehen oft die Kelter und auch ein Turm, von dem aus man nach Dieben und Füchsen Ausschau hält.

Neben den verbreiteten Früchten und Gemüsen wie Linsen, Kichererbsen, Salat, findet man noch andere, raffiniertere Produkte, die ihren Weg bis auf den Tisch des Kaisers finden, wie z. B. die Granatäpfel und Datteln aus Jericho oder Galiläa, die Trüffel aus Judäa, die Rosen, aus denen man eine Parfümessenz gewinnt, und vor allem der Balsam aus Judäa, besonders Jericho. Dieser ist Gold wert und das Objekt eines weitreichenden Handelsverkehrs.

Das Land war einmal sehr bewaldet. Eine ausgedehnte Wirtschaft mit Ziegenherden kam später.

Viehzucht ist überall verbreitet. Schafe und Ziegen liefern Fleisch, Milch, Leder, Wolle. Der Tempel mit seinen zahlreichen Opferungen forderte eine große Anzahl von Böcken. Man züchtete auch kleine, robuste Esel, die ebenso gut für die Arbeit in der Landwirtschaft dienen, wie im Reiseverkehr. Zum schwereren Transport kann man Kamele verwenden. Pferde sind den Soldaten vorbehalten.

2. Das Gewerbe. – Einige Bereiche florierten:

Der *Fischfang* wird an Flüssen betrieben und vor allem im See von Tiberias, von wo aus man geräucherten oder getrockneten Fisch ins ganze Land hinein vertreibt.

Das *Baugewerbe* boomt. Von 20 v. Chr. – 64 n. Chr. werden umfangreiche Verschönerungsmaßnahmen am Jerusalemer Tempel durchgeführt, die bis zu 18 000 Arbeiter beschäftigen. Herodes Antipas, der Sohn Herodes des Großen, erbaut die Stadt Tiberias, befestigt

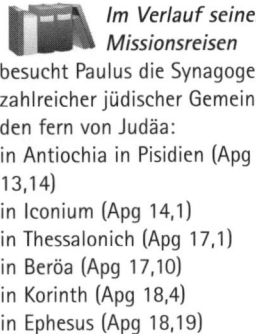

Im Verlauf seiner Missionsreisen besucht Paulus die Synagogen zahlreicher jüdischer Gemeinden fern von Judäa:
in Antiochia in Pisidien (Apg 13,14)
in Iconium (Apg 14,1)
in Thessalonich (Apg 17,1)
in Beröa (Apg 17,10)
in Korinth (Apg 18,4)
in Ephesus (Apg 18,19)

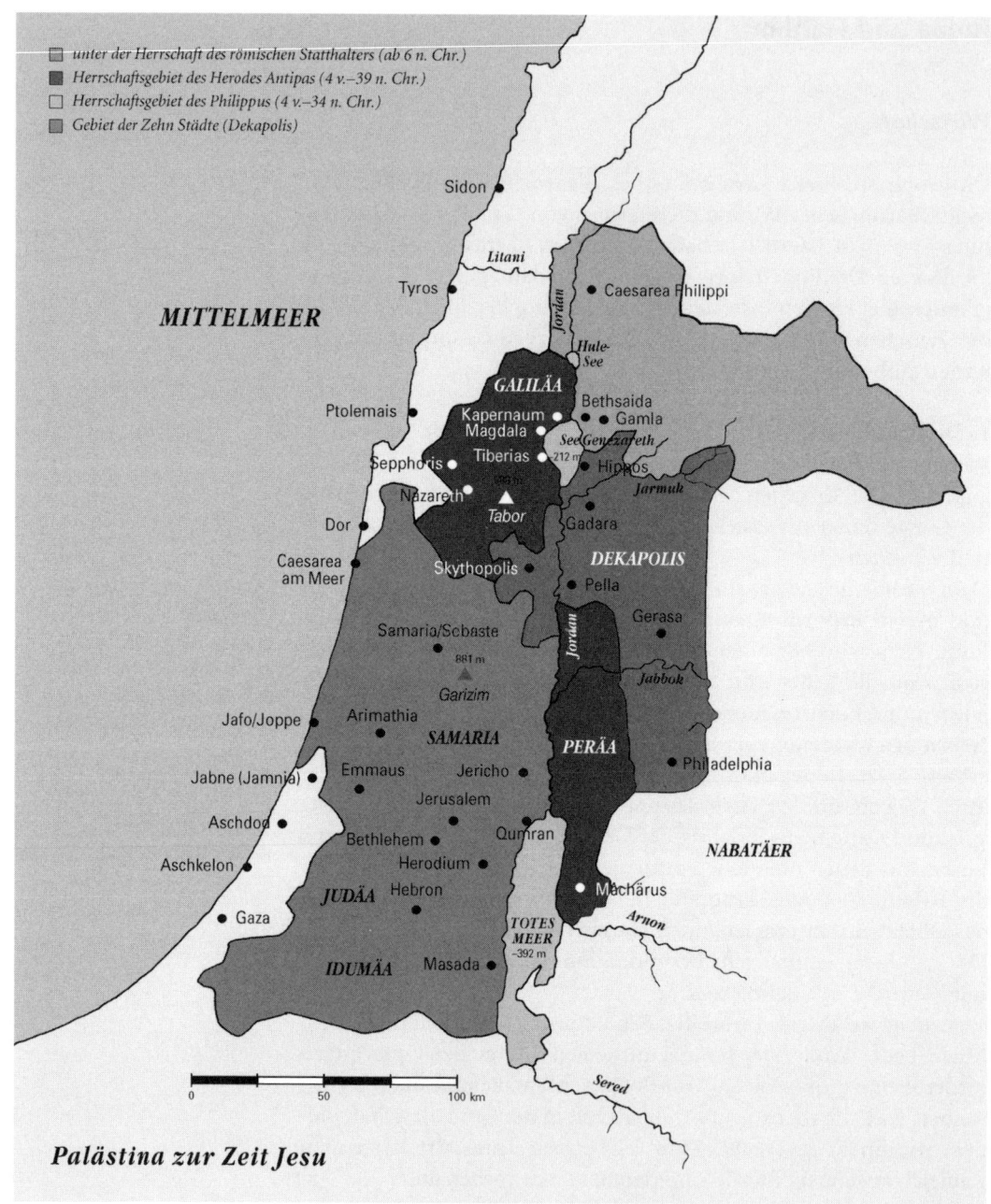

Palästina zur Zeit Jesu

Map legend:

- unter der Herrschaft des römischen Statthalters (ab 6 n. Chr.)
- Herrschaftsgebiet des Herodes Antipas (4 v.–39 n. Chr.)
- Herrschaftsgebiet des Philippus (4 v.–34 n. Chr.)
- Gebiet der Zehn Städte (Dekapolis)

Map labels: Sidon, Litani, Tyros, MITTELMEER, Caesarea Philippi, Hule-See, GALILÄA, Ptolemais, Bethsaida, Gamla, Kapernaum, Magdala, See Genezareth, Sepphoris, Tiberias, –212 m, Hippos, Jarmuk, Nazareth, Tabor, Gadara, Dor, Caesarea am Meer, Skythopolis, DEKAPOLIS, Pella, Gerasa, Samaria/Sebaste, 881 m, Jabbok, Garizim, Jafo/Joppe, Arimathia, SAMARIA, PERÄA, Philadelphia, Jabne (Jamnia), Emmaus, Jericho, Jerusalem, Aschdod, Qumran, NABATÄER, Aschkelon, Bethlehem, Herodium, Hebron, Machärus, JUDÄA, Arnon, Gaza, TOTES MEER –392 m, IDUMÄA, Masada, Sered, Jordan

Sepphoris und Julias. König Agrippa baut eine Mauer im Norden von Jerusalem und Pontius Pilatus einen neuen Aquädukt.

Das *Handwerk* reagiert auf die Bedürfnisse des täglichen Lebens: Es werden Kleider (mit den einzelnen Produktionsschritten: spinnen, weben, färben, walken), Geschirr (Keramik) und Schmuck hergestellt.

Der Tempel ist eine Art »großer industrieller Komplex«. Priester und

18

Leviten sind dort bei der Arbeit. Man beschäftigt Steinmetze. Tausende von Lämmern und Rindern werden dort jedes Jahr geopfert: die Häute (die Eigentum der Priester sind) werden gegerbt, dann bearbeitet und schließlich exportiert. Man verwendet wertvolle teure Hölzer und Duftstoffe.

Der Ansturm der Pilger begünstigt den Versorgungshandel, aber auch den Souvenir-Handel, denn die Pilger müssen am Ort den Betrag des zweiten Zehnts verbrauchen. Der erste Zehnt, oder der 10. Teil der Einkünfte, kommt den Priestern und dem Tempel zu.

3. Der Handel. – Der Binnenhandel besteht vor allem aus Tauschgeschäften. Was den Außenhandel betrifft, so führt man vor allem Luxusgüter ein: Zedern aus dem Libanon, Weihrauch, Duftstoffe oder auch Eisen und Kupfer aus Arabien, Gewürze und Stoffe aus Indien. Man exportiert Nahrungsgüter (Früchte, Öl, Wein, Fisch), Parfüm, Tierhäute und Bitumen vom Toten Meer. Dieser Handel liegt in den Händen einflussreicher Kaufleute.

Das alles hätte Palästina zu einem Land machen können, »in dem Milch und Honig fließen«, wären da nicht die Abgaben und die ungerechte Verteilung der Reichtümer gewesen.

Reiche und Arme

Eine Minderheit führt ein prunkvolles Leben. Dazu gehören der Herrscher und sein Hof, aber auch die Priester-Aristokratie von Jerusalem, die großen Händler, die obersten der Steuereintreiber, die Grundeigentümer (von Galiläa). Eine Stufe tiefer findet man die Handwerker und die Priesterschaft. Die kleinen Landwirte, die oft Schulden haben, stehen näher bei den Armen. Die Ärmsten sind die Arbeiter und Tagelöhner, die Arbeitslosen, denen oft nichts anderes übrig bleibt, als zu betteln, um über die Runden zu kommen, und schließlich vor allem die Sklaven.

Die Kranken (Hautkrankheiten, die man oft unter dem Namen »Lepra« zusammenfasst, scheinen häufig gewesen zu sein) und die Versehrten leben vom Betteln. Das Almosengeben bildet eine wichtige religiöse Pflicht.

Es gibt zahlreiche Diebe und vor allem Räuber, d. h. Aufrührer im Stile des Barabbas (Mt 27,16).

Soziale Gruppen

Wir werden nacheinander die sozialen, religiösen und politischen Gruppen darstellen. Tatsächlich ist es unmöglich, sie ganz exakt zu unterscheiden, da es viele Überschneidungen gibt. Neben den Reichen, den mittleren Schichten und den Armen kann man einige spezielle Gruppierungen benennen.

Soziale Gruppen
Lesen Sie: Apg 4,1-17; 5,17-42. Was erfahren Sie über die verschiedenen Gruppen?

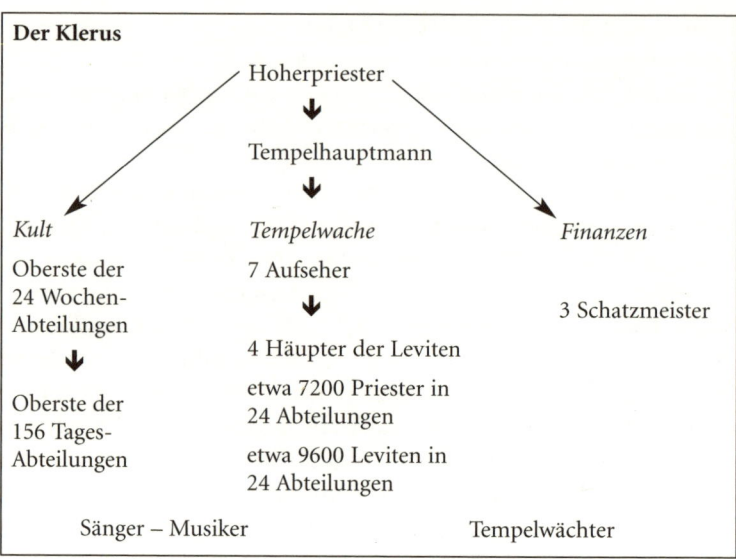

Der Klerus

Hoherpriester
⬇
Tempelhauptmann
⬇

Kult　　　　　*Tempelwache*　　　　　*Finanzen*

Oberste der　　　7 Aufseher
24 Wochen-
Abteilungen　　　　⬇　　　　　　　3 Schatzmeister
　⬇　　　　　4 Häupter der Leviten
Oberste der
156 Tages-　　　etwa 7200 Priester in
Abteilungen　　24 Abteilungen

etwa 9600 Leviten in
24 Abteilungen

Sänger – Musiker　　　　　　Tempelwächter

1. Der Klerus. – Zwischen der priesterlichen Aristokratie von Jerusalem und dem Rest des Klerus liegen Welten. An der Spitze der Hierarchie steht der *Hohepriester*. Als Verantwortlicher für das Gesetz und den Tempel, als Vorsitzender des Sanhedrin, dem jüdischen Hohen Rat, als der einzige, der einmal im Jahr das Allerheiligste betreten darf (den abgeschlossenen und heiligsten Ort des Tempels), ist er das religiöse Haupt des Volkes. Einst wurde er auf Lebenszeit berufen. In Wirklichkeit setzen ihn die jüdischen Könige, dann die Römer, je nach Belieben ein und wieder ab. Der regierende Hohepriester versucht also, den staatlichen Autoritäten zu gefallen. Im Übrigen trägt dieses Amt sehr viel ein, angefangen bei den Opfergaben, dem Gewinn aus dem Verkauf der Tiere etc. Und da die Hohenpriester aus vier Familien stammen, kann man ihre politische und ökonomische Macht ermessen.

Die *Beamten des Tempels*, die mit Polizei- oder Bankdienst betraut sind, haben ebenfalls das Recht auf den Titel eines »Hohenpriesters«. Oft sind es *Sadduzäer*.

Siehe Seite 22

Im Land gibt es ungefähr 7000 *Priester*. Da sie sehr nahe beim einfachen Volk sind, teilen sie dessen Leben, Berufe und Armut. Verteilt in 24 Sektionen oder Klassen üben sie ihre Funktion am Tempel aus, im Wechsel nacheinander während einer Woche pro Halbjahr, ebenso an den drei Wallfahrtsfesten. Man lost denjenigen aus, der den Weihrauch darbringen wird. Dieses einzigartige Ereignis wird vom Priester wie die Chance seines Lebens erwartet (Lk 1,5-9). Einige, die mehr Bildung erfahren haben, sind *Schriftgelehrte*. Viele

Siehe Seite 21 f.

gehören zu den *Pharisäern*.

Die *Leviten* entstammen dem niederen Klerus, der jede Macht verloren hat. Sie sind die »armen Verwandten« des hohen Klerus. Sie zählen annähernd 10 000, ebenfalls in 24 Klassen eingeteilt. Zweimal je eine Woche im Jahr üben sie im Tempel untergeordnete Funktionen aus: Vorbereitung der Opfer, Musik, tempelpolizeiliche Aufgaben.

2. Die Ältesten. – Die Ältesten sind angesehene Laien, die Grundbesitz haben und in religiöser und sozialer Hinsicht traditionell-konservativ ausgerichtet sind. Auch hier gibt es wiederum einen großen Unterschied zwischen den Oberhäuptern der Dörfer und der kleinen Gruppe von reichen Händlern oder Steuerpächtern, die im Sanhedrin von Jerusalem sitzen. Sie halten an ihrer Macht fest und sind aus diesem Grund ebenso gut mit den römischen Besatzern verbunden wie mit den Hohenpriestern. Oft sind sie *Sadduzäer*. Siehe Seite 22

3. Die Schriftgelehrten oder Rechtsgelehrten. – Sie sind in der Hauptsache Spezialisten für die Tora, d. h. das Gesetz des Mose. Als offizielle Interpreten der Schrift haben sie großen Einfluss, auf das alltägliche Leben ebenso sehr wie vor den Gerichten. Einige sind Priester, aber die Mehrzahl sind *Laien* und *Pharisäer*. Als eigentliche Herren über das Denken des Volkes teilen sie oft dessen Armut. Die berühmtesten in dieser Epoche sind *Hillel* und *Schammai*, *Gamaliel*, der Lehrer des Paulus (Apg 5,34; 22,3), *Jochanan ben Zakkai*, das Haupt der Schule von Jabne nach 70 n. Chr., *Rabbi Akiba*, den die Römer 135 n. Chr. hinrichteten. Einige Schriftgelehrte erhielten den Ehrentitel »*Rabbi*«.

4. Die Zöllner. – Diese Steuer- oder Mauteintreiber, die in Pachtgesellschaften organisiert sind, sitzen an Handelsrouten und Grenzen (Kafarnaum, Jericho). Sie sammeln als Juden die Steuern für die heidnische, römische Besatzungsmacht. Auf Grund dieser Kontakte und weil sie dazu neigen, die Abgaben im Blick auf das eigene Konto übertrieben hoch anzusetzen, haben sie einen schlechten Ruf und werden für öffentliche Sünder gehalten.

Religiöse Gruppen

Normalerweise bezeichnet man diese Gruppen mit dem Wort *Sekte*: dieses Wort ist aber nicht abwertend gemeint, da es im Griechischen lediglich eine »Partei« bezeichnet. Die wichtigsten entstehen zur Zeit der Makkabäer (3.–2. Jh. v. Chr.).

Religiöse Gruppen
Lesen Sie: Apg 4,1-17; 5,17-42; 18,24-48; 22,2; 23,6-9
Welche Sekten treten auf?
Was lehren sie?

1. Die Pharisäer. – Über sie wurde in der Geschichte häufig negativ gedacht. Es handelt sich bei ihnen jedoch um eine geistige und religiöse Elite. Am Anfang (um die Mitte des 2. Jh. v. Chr.) haben sie sich von den Hasmonäern *abgetrennt* (daher stammt ihre Bezeichnung), die ihrer Meinung nach dem Glauben und dem Gesetz untreu geworden waren. Sie trennten sich vom sündigen Leben. Vor allem sind sie besorgt um die Heiligkeit Gottes und durchdenken auf diesem Hintergrund eifrig das mosaische Gesetz. Da sie wissen, dass es schwierig ist, dauerhaft heilig in der Gegenwart Gottes zu leben, errichten sie ein Netz praktischer Regelungen. Sie sind aber keine religiösen Heuchler. Wenn der Pharisäer im Gleichnis erklärt, dass er zweimal in der Woche fastet, 10% seiner Güter den Armen gibt, dann tut er dies auch (Lk 18,12).

Sie sind Menschen des Glaubens, und Jesus fühlt sich ihnen nahe. Den Evangelien zufolge ist ihr Fehler, dass sie glauben, sie könnten sich auf ihre Heiligkeit stützen, um sich Gott zu nähern, und dass sie meinen, sie hätten den Himmel durch ihre Verdienste gewonnen. Wenn Jesus ihnen so massiv entgegentritt, dann rührt das vielleicht daher, dass er enttäuscht sieht, wie sie auf diese Weise ihre Heiligkeit pervertieren, und auch daher, weil sie beträchtlichen Einfluss auf die kleinen Leute haben, die sie bewundern. Dieser Einfluss rührt mehr von ihrer Heiligkeit her als von ihrer Anzahl. Es gibt von ihnen kaum mehr als 6000. Einige unter ihnen nehmen Jesus und seinen Jüngern gegenüber eine offene Haltung ein (Joh 3; Lk 7, 36; 13,31; Apg 5,34; 15,5; 23,9). Es sind vor allem die Pharisäer, die das Judentum nach 70 n. Chr., d. h. nach der Zerstörung des Tempels retten werden.

2. Die Sadduzäer. – Sie bilden eine Kaste aus Hochgestellten, zum Teil von priesterlicher Abstammung. Über ihre Lehre weiß man wenig. Sie scheinen sich als Schüler des Mose zu sehen und nur den Pentateuch anzuerkennen (nicht aber die Propheten). Sie glauben im Unterschied zu den Pharisäern nicht an ein Leben nach dem Tod, nicht an die Auferstehung von den Toten, auch nicht an Engel (Apg 23,8). Da sie in der Politik Opportunisten sind, arbeiten sie bereitwillig mit der römischen Besatzung zusammen, um ihre Macht zu erhalten. Sie werden gegenüber Jesus und dem entstehenden Christentum sehr hart auftreten. Um die Katastrophe des Jahres 70 n. Chr. zu überleben, besaßen sie nicht genug religiöse Vitalität. Sie verschwanden danach aus der Geschichte.

3. Die Essener. – Seitdem man im Jahr 1947 die Schriftrollen aus Qumran entdeckt hat, kennt man die Lehre dieser Gemeinschaft besser. Unter der Führung eines Priesters, den die Essener den »Lehrer der Gerechtigkeit« nannten, haben sie sich von den anderen Juden getrennt, die sie in religiöser Hinsicht als viel zu leidenschaftslos ansahen. Sie leben aus dem Gebet und der Meditation der Schriften und bereiten aktiv das Kommen des Reiches Gottes vor.

4. Die Taufbewegungen. – Zwischen 150 v. und 300 n. Chr. gab es in Palästina und darüber hinaus zahlreiche Taufbewegungen. Charakteristisch für sie ist, dass sie der Taufe als Ritus der Initiation oder der Vergebung große Bedeutung geben. Dem Tempel und den Opferungen gegenüber nehmen sie eine feindliche Haltung ein. Die Nazaräer (die von den Nazoräern zu unterscheiden sind) lehnen jedes blutige Opfer ab. Die Bewegung Johannes' des Täufers gehört zu dieser Strömung. Sie hat jedoch nichts Sektiererisches an sich. Sie

Die Sadduzäer
Welches Bild zeichnet das Neue Testament von ihnen?
Mt 3,7; 16,1-6.11-12; 22,23-33;
Apg 4,1-3; 5,17-18; 23,6-10

ist offen für jeden und lehnt nichts vom traditionellen Glauben ab. Diese Bewegung wird nach seinem Tod weiterleben und es scheint, dass die johanneische Praxis der Umkehrtaufe noch um das Jahr 54 n. Chr. in Ephesus bekannt ist (Apg 19,1-7).

5. Das »Volk des Landes«. – Diese verächtliche Bezeichnung verwenden Pharisäer zuweilen für das niedere Volk, das das Gesetz und seine Auslegung nicht kennt und deshalb unfähig ist, dessen vielfältige Vorschriften zu beachten. Dadurch aber gilt es als unrein (vgl. Joh 7,49; Apg 4,13).

6. Die Nazoräer. – An einer Stelle in der Apostelgeschichte bezeichnen Juden so die Christen (Apg 24,5). Der Ursprung dieser Bezeichnung wird diskutiert. Auf jeden Fall deutet sie auf eine nicht zu bezweifelnde Tatsache hin: während langer Zeit erschienen die Jünger Jesu einfach als eine neue Sekte innerhalb des Judentums.

7. Die Samaritaner. – Diese sind Angehörige einer israelitischen Religion und bilden keine Sekte im strengen Sinn. Im Laufe ihrer Geschichte haben sich die Samaritaner und Juden getrennt. Nach der Eroberung Samarias im Jahr 722 v. Chr. assimilierten sich Neuangesiedelte. Die strikte Ausgrenzung der Samaritaner durch die Juden in nachexilischer Zeit führte dazu, dass sie ihren eigenen Tempel auf dem Berg Garizim erbauten. Mit den Juden gemeinsam haben sie den Pentateuch. Die Beziehungen zwischen Juden und Samaritanern sind auch zur Zeit Jesu weiterhin angespannt (vgl. Lk 9,52-53; Joh 4,9; 8,48). Das Wohlwollen, das Jesus ihnen gegenüber zeigt, empört seine Zeitgenossen (Joh 4,5-40; Lk 10,13; 17,10-17). Die christliche Mission wird sich zunächst bei ihnen entwickeln (Apg 1,8; 8,5-25; 9,31; 15,3).

8. Heiden, die dem Judentum verbunden sind. – Für das Judentum besteht die Welt aus zwei Teilen: aus den Juden (den Beschnittenen) und den Heiden (den Unbeschnittenen bzw. den Völkern). Aber auch wenn es den Anschein hat, dass das Judentum nicht missionarisch tätig gewesen ist, so konnten sich Letztere den Juden anschließen. Die *Proselyten* (vom griechischen Verb »herbeikommen«) sind Heiden, die das ganze jüdische Gesetz akzeptieren, den Glauben, aber auch die Beschneidung sowie die anderen Bräuche (Apg 2,11; 6,5; 13,43; vgl. Mt 23,15).

Die sogenannten *Gottesfürchtigen* akzeptieren wie die Proselyten den monotheistischen Glauben und befolgen den Dekalog (die Zehn Gebote). Sie halten sich auch an einige Speiseregeln, lassen sich jedoch nicht beschneiden. Sie bleiben also Heiden (Apg 10,2.22; 13,16.26.43.50; 16,14; 17,4.17; 18,7)

Politische Gruppen

Gegenüber der römischen Besatzung teilen sich die Juden in diejenigen, die mit den Römern zusammenarbeiten, und diejenigen, die sich gegen sie auflehnen. Um ihre Macht zu erhalten, arbeiten die Reichen und der hohe Klerus bereitwillig mit den Römern zusammen.

1. Die Herodianer. – Wenig bekannt sind die Herodianer. Ohne Zweifel stehen die Parteigänger der herodianischen Dynastie oft den Römern nahe. Jesus gegenüber werden sie feindlich sein (Mt 22,16; Mk 3,6; 12,13).

2. Die Zeloten. – Der Eifer für das mosaische Gesetz treibt diese ultrareligiösen Juden zum politischen Widerstand an. Auf Seiten der Pharisäer ist er friedlich. Doch seitens derjenigen, die man von 66 n. Chr. an die *Zeloten* nennen wird und seit den 40er Jahren die *Sikarier* (dieses Wort kommt von ihrem kurzen Dolch, *sica*, den man leicht unter den Kleidern verstecken konnte) ist er gewaltsam. Sie sind die Hauptverantwortlichen des Aufstands, der in der Katastrophe von 70 n. Chr. enden wird. Vor dieser Periode sind mehrere gescheiterte Revolten bekannt, die von Leuten angeführt worden sind, die sich als »Messias« ausgaben (Apg 5,36; 21,38).

Es ist wichtig, sich an diesen bewegten Zeitkontext zu erinnern, um die verschiedenen Haltungen zu verstehen, die man gegenüber Jesus, dem Messias, einnehmen wird (z. B. Joh 6,15).

Die Institutionen

Die Institutionen
Lesen Sie einige Texte aus der Apostelgeschichte: 3,1-2; 6,1-15; 9,1-2; 13,13-15.44-52; 16,11-15.

1. Der Tempel. – In der Mitte eines Vorplatzes von annähernd 300 mal 500 Metern erhebt sich der Tempel, den Herodes der Große umfassend hat restaurieren lassen. Das ist der heilige Ort der Gegenwart Gottes, dessen Zugangswege strikt geregelt waren. Ins Allerheiligste, einem leeren Raum, der vom Tempelvorhang abgeschlossen war, und wo sich einstmals die Bundeslade befand, darf nur einmal im Jahr allein der Hohepriester eintreten, und zwar an Jom Kippur, dem Versöhnungstag. Um den Altar herum, der außerhalb vor dem Heiligtum steht, befindet sich ein erster Vorplatz, der für die Priester reserviert ist. Dann folgen der Vorhof der Männer und der Vorhof der Frauen, welcher vom Vorhof der Heiden durch eine Balustrade getrennt ist. Diese durfte kein Heide unter Androhung der Todesstrafe passieren.

Auf dem riesigen Opfertisch von 25 m Seitenlänge und 7,50 m Höhe opferte man morgens und abends ein Lamm im »andauernden Opfer«. Man brachte auch zahlreiche dargebotene Tiere im privaten Opfer dar. An Festtagen vervielfachen sich die Opferungen, die Priester und Leviten eilen geschäftig hin und her, die Menschen drängten sich dicht an dicht.

Das Passalamm muss im Tempel geopfert werden, bevor es in der Familie gegessen wird. Seit der Zerstörung des Tempels im Jahre 70 n. Chr. feiert man das jüdische Osterfest ohne Lamm.

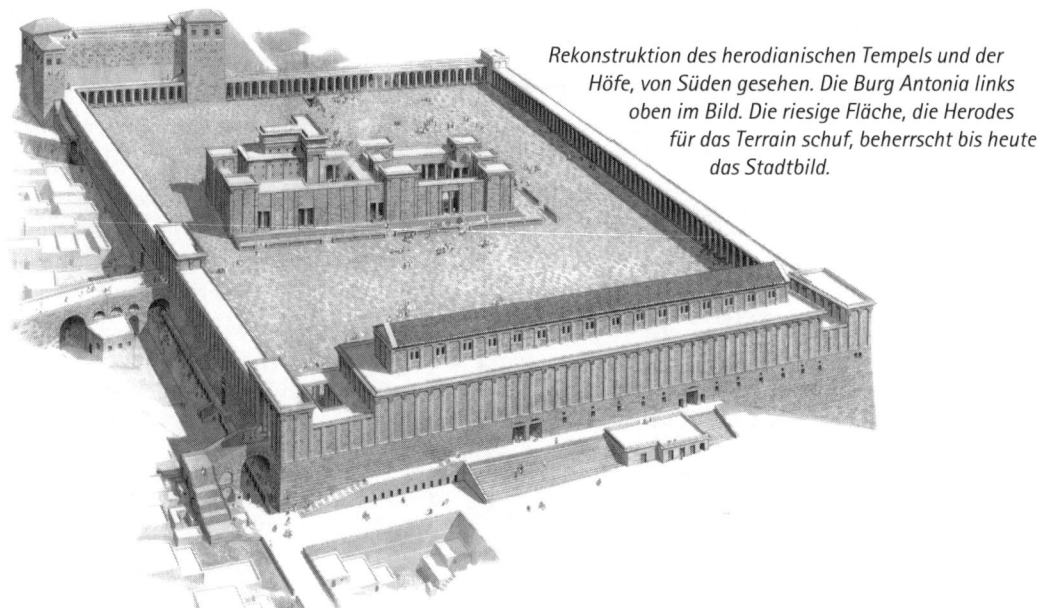

Rekonstruktion des herodianischen Tempels und der Höfe, von Süden gesehen. Die Burg Antonia links oben im Bild. Die riesige Fläche, die Herodes für das Terrain schuf, beherrscht bis heute das Stadtbild.

Der Tempel als religiöses Zentrum ist sowohl ein politischer Ort (dort ist der Sitz des Sanhedrin), ein geistiger Ort (mit Lesung und Diskussion der Schrift in den Kolonnaden des Tempels) und schließlich auch ein wirtschaftlich bedeutsamer Ort für alle Angelegenheiten des Volkes.

2. Die Synagoge. – Das Wort *Synagoge* bezeichnet zunächst einmal die Versammlung der Gläubigen. Wie bei unserem Wort »Kirche« ist es dazu gekommen, dass Synagoge auch das Gebäude bezeichnet, wo sich die Gemeinde versammelt. Noch mehr als der Tempel, der für viele fern ist und zu dem man (theoretisch) nur an den Festtagen geht, ist sie der Ort, wo Glaube und Frömmigkeit des Volkes geprägt werden.

3. Die Feste. – Die drei Wallfahrtsfeste (Passa-, Pfingst-, Laubhüttenfest) sind von besonderer Bedeutung: indem sie das Volk um den Tempel herum sammeln, stärken sie den gemeinsamen Glauben.

• *Das Passafest* erinnert an die Befreiung, den Auszug aus der Knechtschaft in Ägypten. Zu diesem Anlass kommen annähernd 200 000 Pilger nach Jerusalem. Am Nachmittag des 14. Nisan schächtet man auf dem Vorhof des Tempels die Lämmer, die nach Untergang der Sonne in der Familie gegessen werden. Das Fest dauert acht Tage. Die Unruhe ist so groß, dass die römische Autorität Tumulte befürchtet. Der Präfekt oder der Prokurator, der normalerweise in Caesarea am Meer wohnt, zieht aus diesem Grund ebenfalls nach Jerusalem hinauf.

• *Das Pfingstfest*, 50 Tage später – ursprünglich ein Ernte- oder Wochenfest (Ex 23,16; 34,22) – war ab Beginn unserer Zeitrech-

Der Sabbat in der Synagoge
Am Morgen des Sabbats hört man eine Unterweisung: man liest das Gesetz (den Pentateuch), das durch einen Prophetentext erhellt wird. Dann folgt eine Predigt. Jeder Gläubige kann sie halten (vgl. Lk 4,16 f.). Tatsächlich aber ist sie den Schriftgelehrten und denen, welche die Schriften lesen und kommentieren können, vorbehalten. Das Gebet, ferner die Rezitation von Psalmen, besteht im Wesentlichen in großen Lobpreisungen, welche die Rezitation des »Schᵉma Israel«, des »Höre Israel«, rahmen. Das Schᵉma fasst den Glauben Israels zusammen. Weitere Benediktionen, welche die Wohltaten Gottes gegenüber seinem Volk feiern, erfahren dann im »18-Bitten-Gebet«, dem »Schᵉmone Esre« ihre Zusammenfassung.

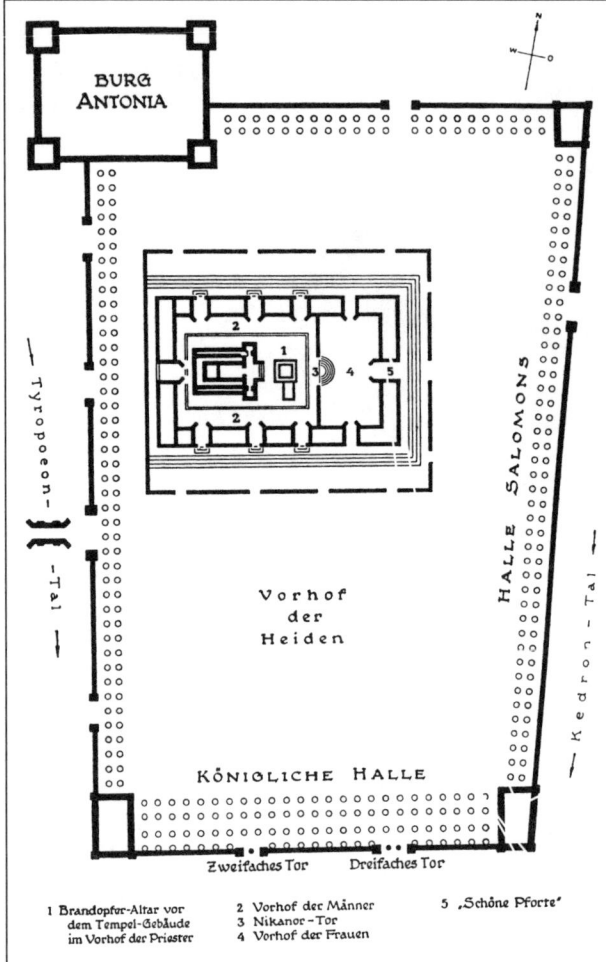

BURG ANTONIA

Tyropoeon- -Tal

HALLE SALOMONS

Kedron - Tal

Vorhof
der
Heiden

KÖNIGLICHE HALLE

Zweifaches Tor   Dreifaches Tor

1 Brandopfer-Altar vor
dem Tempel-Gebäude
im Vorhof der Priester

2 Vorhof der Männer
3 Nikanor - Tor
4 Vorhof der Frauen

5 „Schöne Pforte"

nung zu einer Feier des Bundesschlusses geworden und erinnerte an die Gabe des Gesetzes am Sinai und die Erneuerung des Bundes. Es ähnelt dem Brauch, dass ein gläubiger Christ sein Taufversprechen in der Osternacht »erneuert«).

• *Das Laubhüttenfest* ist das spektakulärste Fest. Um an den Aufenthalt in der Wüste zu erinnern, baut jede Familie eine Hütte aus Zweigen in der näheren Umgebung der Stadt (heutzutage auf dem Balkon oder im Wohnzimmer). Einige Riten waren sehr populär wie die Prozession der Priester zum Teich Schiloach, welche das Volk mit Palmen oder Zweigen (wie beim Einzug Jesu in Jerusalem) in der Hand begleitete (vgl. Joh 7,37f), und vielleicht das Anzünden der vier Leuchter, die die ganze Stadt erhellten.

Weitere hohe jüdische Festtage sind: der *Jom Kippur* oder der *Versöhnungstag*, der zugleich ein Bußfest ist. Einmal im Jahr betritt der Hohepriester das Allerheiligste, um die Sühne zu vollziehen. Dieses Fest wird durch *Rosch-ha-Schana*, dem Neujahrsfest am Beginn des Mondmonats, der auf September-Oktober fällt, vorbereitet. Daneben gibt es Gedenktage: Das *Fest der Tempelweihe* oder *Chanukka* feiert die Reinigung des Tempels im Jahr 164 v. Chr. durch Judas Makkabäus (vgl. Joh 10,22). Das *Purim-* oder *Losfest* erinnert an das Heil, das das Volk durch Ester erfahren hat (siehe Ester 9,20).

4. Der Sabbat. – Der Sabbat ist, wie die Beschneidung, die heiligste Praxis. Strikte Ruhe, nur wenige genau geregelte Aktivitäten sollen es dem Menschen erlauben, sich auszuruhen und Gott zu loben. Einige Juden kritisieren ihn als ein unerträgliches Joch (vgl. Mk 2,27, wo eine gebräuchliche Richtlinie der Zeit aufgriffen wird).

5. Der Sanhedrin. – Der große Sanhedrin von Jerusalem (vom griechischen Wort »zusammen tagen«) besteht aus 71 Mitglieder: Älteste und Hohepriester (vor allem Sadduzäer) und einige Schriftgelehrte (Pharisäer). Der Hohepriester hat den Vorsitz.

Im 1. Jh. v. Chr. ins Leben gerufen, tagt er in der Umgebung des Tempels zweimal pro Woche. Er besitzt politische Macht (er verabschiedet die Gesetze), hat eine eigene Polizei, kann Delikte des gemeinen Rechts ahnden. Zur Zeit Jesu war ihm aber nicht mehr gestattet, die Todesstrafe ausführen. Der Sanhedrin ist der höchste religiöse Rat, der die religiösen Bräuche festschreibt und den Monats- und Festkalender, welcher das religiöse Leben regelt, erlässt. Im Jahr 70 n. Chr. hört er als politische Kraft auf zu existieren. Als religiöse Kraft wird er in Jabne wiedergeboren. Im ganzen Land gibt es kleine Sanhedrins, die aus 23 Mitgliedern bestehen.

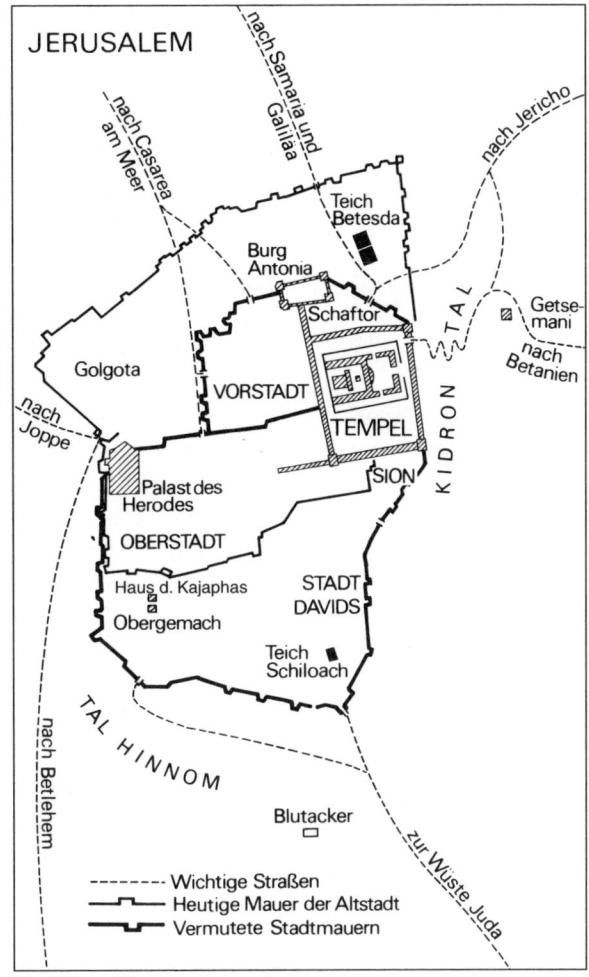

JERUSALEM

nach Casarea am Meer
nach Samaria und Galiläa
nach Jericho

Teich Betesda

Burg Antonia

Schaftor

Golgota

VORSTADT

TEMPEL

KIDRON TAL

Getsemani
nach Betanien

nach Joppe

Palast des Herodes

OBERSTADT

SION

Haus d. Kajaphas

Obergemach

STADT DAVIDS

Teich Schiloach

TAL HINNOM

nach Betlehem

Blutacker

zur Wüste Juda

- - - - - - Wichtige Straßen
Heutige Mauer der Altstadt
Vermutete Stadtmauern

Heutzutage unterscheidet man zwischen Christen und Juden. Wenn man Jude ist, ist man kein Christ und umgekehrt. So war es zu Beginn der Kirche jedoch nicht. Der Apostel Paulus zum Beispiel unterscheidet allein zwischen den Juden auf der einen und den Völkern der Nationen, d. h. den Nichtjuden, auf der anderen Seite. Unter den Juden aber gibt es diejenigen, die sich zu Jesus als dem Messias bekennen und die anderen, welche die Mehrheit bilden, die ihn nicht kennen oder ihn ablehnen.

Die Juden, die an Jesus glauben, hören nicht auf, Juden zu sein. Normalerweise legen sie großen Wert darauf, dem durch Mose überlieferten Gesetz zu folgen. Indem sie sich aber zu Jesus bekennen, stoßen sie oft mit anderen Juden zusammen.

Umgekehrt müssen die Gläubigen, die aus den anderen Nationen kommen (und das ist der Fall für die übergroße Mehrheit der heutigen Christen) nicht mehr das mosaische Gesetz mit all seinen Vorschriften befolgen. Jesus, der Herr, wird zu ihrem Gesetz.

Juden und Christen

Um die Geschichte der frühen Kirche zu verstehen, muss man sich in Erinnerung rufen, dass *das frühe Christentum in einem jüdischen Umfeld entsteht und dass es, was einen Teil seiner Mitglieder betrifft, auch sehr lange jüdisch bleibt.*

Eine religiöse Gruppierung unter anderen

Am Beginn und über lange Zeit hinweg erscheinen die Jünger Jesu – die erst viele Jahre später in Antiochia Christen genannt werden (Apg 11,26) – als eine spezielle Gruppierung innerhalb des Judentums wie z. B. die Essener oder die Pharisäer. Petrus und Johannes gehen zum Beten in den Tempel, Paulus predigt in den Synagogen und stützt sich auf das jüdische Umfeld, um seine Verkündigung auf die Heiden hin auszudehnen. Die Hellenisten – Christen aus der Diaspora, die Griechisch sprechen – üben heftige Gesetzes- und Tempelkritik und werden aus Jerusalem verjagt (Apg 6–7). Doch sie sind nur eine Minderheit. Gewiss, man nimmt in der Kirche Heiden auf (Apg 15,1-29), aber einige Synagogen in der Diaspora tun das Gleiche.

Sehr früh fühlt sich die christliche Gemeinschaft dafür verantwortlich, die Lehre Jesu weiterzugeben: »Wir können unmöglich schweigen«, erklärt Petrus im Sanhedrin (Apg 4,20); Barnabas und Paulus werden zur Mission ausgesandt (Apg 13,1-3). Apollos wird zum Verkündiger, sogar bevor er zu den Christen zählt (Apg 18,24-28).

Das Judentum nach 70 n. Chr.

Das Ereignis, das dem Bruch vorausgeht, betrifft nicht direkt die Christen. Es handelt sich um den Aufstand der Juden gegen die römische Besatzung im Jahr 66 n. Chr. Am Ende eines blutigen Krieges nimmt Titus, der Sohn Vespasians, welcher auf Nero folgte, Jerusalem im Jahr 70 n. Chr. ein. Der Tempel wird zerstört. Tausende Juden werden getötet oder als Sklaven verkauft.

Einige Pharisäer, darunter Jochanan ben Zakkai, sammeln sich vor diesem Drama in Jabne (südlich des heutigen Tel Aviv). Sie geben ihrer Religion einen neuen Aufschwung. Davon wird das Judentum bis in die heutigen Tage hinein geprägt. Die anderen Strömungen verschwinden nahezu in den damaligen Wirrungen. *Das Judentum wird von da an pharisäisch.*

Die Rabbinen von Jabne verstehen es, den Uneinigkeiten unter den Juden ein Ende zu bereiten. Ein einheitlicher liturgischer Kalender wird erstellt, der Gottesdienst in der Synagoge vereinheitlicht. Vor allem aber fixiert man den »Kanon der Schriften«, d. h. die Liste der

Bücher, die als Glaubensregel dienen sollen. Man behält nur die Schriften in hebräischer Sprache, obwohl die Juden von Alexandria noch andere anerkennen, die in griechischer Sprache geschrieben oder bekannt waren. So werden die Synagogen außerhalb Judäas und Galiläas im Sinne dieser Richtung Stück für Stück »wieder an die Hand genommen«.

Dieser Drang zur Vereinheitlichung stößt auf eine Fraktion innerhalb des Judentums, die stark geblieben ist: die Christen. In Judäa haben sie gut Fuß gefasst (sie waren vor 70 n. Chr. aus Jerusalem geflohen und hatten sich nach Pella auf die andere Seite des Jordans zurückgezogen). In Kleinasien, in Griechenland und Ägypten sind sie inzwischen zahlreich. Die Spannungen nehmen zu. Denn Jesus und seine Anhänger zeigen mehr als ein Kennzeichen aus dem Pharisäismus, und die beiden Gruppierungen stehen mehr oder weniger in Konkurrenz zueinander.

Die Rabbinen von Jabne ergreifen Maßnahmen: Sie verbieten den Christen, am jüdischen Gebet teilzunehmen, vertreiben sie aus den Synagogen und fügen ins 18-Bitten-Gebet eine Bitte gegen die »häretischen Nazoräer oder Abtrünnigen« ein, die man gegen die Jünger Jesu anwenden kann. Der Bruch ist vollzogen, das Christentum wird zu einer »jüdischen Sekte«, die vom Judentum selbst »abgewiesen« wird.

Der Bruch erfährt seine volle Auswirkung in den Jahren 132–135 n. Chr., als sich die Christen weigern, an der nationalen Revolte von Bar Kochba gegen die römische Besatzung teilzunehmen. Sie kündigen so die Solidarität mit der jüdischen Bewegung auf.

Die Christen, Jabne und der christliche Antijudaismus

Jabne wird im Neuen Testament nie erwähnt. Der Bruch zwischen Christen und Juden, der dort vollzogen wird, zeigt sich in den Evangelien, bei den Juden, die sich zu Jesus bekennen, und auch zum Teil bei Gläubigen, die nicht dem Judentum entstammen. Diese gehen Stück für Stück zu einem gewissen Antijudaismus über, der sich mitunter in Antisemitismus verwandelt (so bei Marcion Anfang 2. Jh. n. Chr.). Im Übrigen war die römische Welt dieser Zeit häufig judenfeindlich eingestellt.

Wer jedoch die Texte des Neuen Testaments richtig zu lesen weiß, dem zeigen sich deutlich die Nuancen unter den ersten christlichen Gemeinschaften. Einige Gläubige jüdischer Abstammung konnten sehr heftig mit den anderen Juden zusammenstoßen. Da Streit sogar unter Juden virulent war, blieb er »innerjüdisch«. Man konnte also nicht von Antijudaismus oder gar von Antisemitismus sprechen. Andere Gemeinden, die ein nicht-jüdisches Erbe einbrachten, konnten jedoch eher durch irgendeine Form des Antijudaismus versucht

Vespasians Siegesmünze mit der Legende IVD (AEA) CAP (TA), d. h.: »Judäa ist erobert«. Die Vorderseite zeigt den Kaiser Vespasian, auf der Rückseite ist ein triumphierender Legionär und eine jüdische Frau unter einer Palme zu sehen. Sie wird mehrheitlich als die »trauernde Judäa« gedeutet. – Das Original hat die Größe eines 2-Euro-Stücks und wurde 72 n. Chr. in Umlauf gebracht.

werden. Es wird der Kraft des Apostels Paulus bedürfen, der selbst Pharisäer und ein Glaubender jüdischen Ursprungs ist, um die Gefahr des Antisemitismus zurückzudrängen (so im Römerbrief Kapitel 9 bis 11).

Hervorzuheben ist auch die nuancierte Haltung des Matthäus, in dessen Gemeinde die Christen jüdischen Ursprungs zahlreich sind. Indem er die Traditionen von Gemeinden, die in Syrien in Kontakt mit den pharisäischen Schriftgelehrten von Jabne leben, aufgreift, überliefert er die paradoxe Haltung der Christen gegenüber ihren alten Religionsgenossen.

Der Gegensatz ist überaus krass. Der matthäische Jesus tritt sehr hart gegenüber den Schriftgelehrten und Pharisäern auf (Mt 23). Er stellt das christliche Gebet dem ihrigen gegenüber (Mt 6,5-6). Das Joch, das er anbietet, ist leicht im Vergleich zu den unzähligen Vorschriften, welche sie sich im so genannten »Joch der Tora« (Mt 11, 28-30) auferlegen. Die Menschen erkennen, dass seine Autorität eine andere als diejenige der Schriftgelehrten ist.

Wenn man Matthäus liest, dann bemerkt man aber auch, dass der Evangelist großen Wert auf seine grundlegende Übereinstimmung mit dem Pharisäismus legt. Die Bergpredigt stellt sich als eine große Unterweisung gleich der Lehre von Jabne dar, die sich auf die drei Säulen des Judentums stützt: auf die Gerechtigkeit, die traditionellen guten Werke und den Gottesdienst. An zwei Stellen zitiert der matthäische Jesus Hosea 6,6 (Mt 9,13; 12,7). Genau das ist ein Text, der auch für Jochanan ben Zakkai, den Begründer von Jabne, wichtig ist. Man berichtet, dass eines Tages einer seiner Schüler vor dem zerstörten Tempel darüber klagte, man könne keine Opfer zur Vergebung der Sünden mehr darbringen. »Sei nicht betrübt, mein Sohn«, antwortete Jochanan, »denn wir haben eine Sühne, die ebenso viel Wert hat: die Taten der Barmherzigkeit. Denn, wie es in der Schrift heißt: ›Barmherzigkeit will ich, nicht Opfer‹«.

Der siebenarmige Leuchter (»Menorah«) aus dem herodianischen Tempel, wie er auf dem Titusbogen im Triumphzug des Titus nach der Einnahme Jerusalems im Jahr 70 n. Chr. dargestellt ist.

Christlicher Antijudaismus

1. Bei Matthäus. – Für Matthäus sind die Schriftgelehrten, die Pharisäer und die Sadduzäer die Zielscheibe. Sie sind dem göttlichen Zorn verfallen (3,7), aus dem Reich Gottes verwiesen (bei Mt: »Reich der Himmel«; 5,20), Zielscheiben des Argwohns (16,6-12), Heuchler (23,12-31). Bei zahlreichen Gelegenheiten versuchen sie, Jesus in die Falle zu locken (9,11; 12,2; 12,38; 15,1; 16,1; 19,3; 22,15.34) und sie kritisieren ihn (9,34; 12,24). Sie werden die Verantwortlichen für seine Verhaftung sein (12,14; 27,62).

2. Bei Markus. – Im Markusevangelium, das vor dem Matthäusevangelium um das Jahr 70 n. Chr. geschrieben wurde, sind die Anklagen deutlich weniger. Die Pharisäer werden vor allem als die Gegner seiner Lehre dargestellt, die Jesus ins Unrecht setzen wollen (2,16-24; 7,1-13; 10,2; 12,13). Sie trifft zum Teil auch der Vorwurf, Jesus zugrunde gerichtet zu haben (3,6). Die Passionserzählung des Markus allerdings bietet keine derartige Erwähnung von Pharisäern. Dort trifft man ohne Zweifel auf eine der ersten mündlichen oder geschriebenen Traditionen, die man in eine Form gebracht hat. Bei Markus wollten die Pharisäer den Tod Jesu nicht.

3. Bei Lukas. – Lukas nimmt die Anklagen von Matthäus und Markus wieder auf (Lk 5,21.30-33; 6,2; 7,30; 11 (mit einer Reihe von Weh-Rufen); 11,53; 12,1; 13,31; 15,2; 16,14; 17,20; 19,39). Dennoch ist Lukas der Einzige, der Jesus im Haus eines Pharisäers essen lässt, wo er einer Sünderin vergibt (Lk 7,36-50).

4. Bei Johannes. – Johannes lässt die Pharisäer die Rolle der Skeptiker gegenüber Jesu Reden spielen: Joh 1,24; 4,1; 7,32 f.; 8,3.13; 9,13-17; 9,40; 11,46; 12,19.42. Auch sie wirken am Verderben Jesu mit (Joh 11,47.57) und sind bei seiner Verhaftung zugegen (Joh 18,3). Dennoch hält Johannes fest, dass Nikodemus, ein Pharisäer, Anhänger Jesu geworden ist (Joh 3,1-21; 7,50; 19,39).

Typisch für Johannes: der Erzähler nimmt eine Distanz ein, indem er seinen Lesern die jüdischen Gebräuche erklärt (Joh 2,6.13; 5,1; 6,4; 11,19). Vor allem unterscheidet er nicht immer zwischen den verschiedenen Richtungen des Judentums. »Die Juden« wird so zu einem Herkunftsbegriff, der die Feinde Jesu bezeichnet (2,18.20; 5,10f; 6,41.52; 7,1.11.13.15.35; 8,22.48.52.57; 9,18 f.;10,19 f.; 18,12 f.). Es ist schwierig zu erkennen, wer diese Juden oder eher diese Judäer sind. Was soll man etwa von dem folgenden Satz halten: »Niemand jedoch sprach öffentlich von ihm aus Furcht vor den Juden« (Joh 7,13), wenn die Zuhörer selbst Juden sind? Wiederum bleibt die Auseinandersetzung innerjüdisch, ob die Anwesenden nun an Jesus glauben oder nicht. Hier von Antisemitismus zu reden wäre deshalb anachronistisch.

Die Christen außerhalb des Judentums

Aus den Synagogen vertrieben, geben sich die Christen Schritt für Schritt eigene Institutionen. Die *Zwölf Apostel* und ihre grundlegende Rolle muss man gesondert betrachten (ohne dabei Paulus zu vergessen, der nicht zu den *Zwölf* gehört). Da die Christen die Organe der Synagogen aufgreifen, werden die christlichen Gemeinden jüdischen Ursprungs von Ältesten geleitet (griechisch *presbyteros*, was zu »Priester« wird). Andere gaben ihrer Leitung den Titel eines (von Christus gesandten) Apostels, eines Propheten (eines Übermittlers des Christuswortes), eines Lehrers oder eines Unterweisenden. In den Kirchen paulinischer Tradition bevorzugte man die Episkopen (Wächter, griechisch *episcopos*, was später zu »Bischof« wird) und die Diakone (griechisch *diakonos*, Diener, Diakon). Das dreigliedrige Amt von Bischöfen, Priestern und Diakonen setzt sich erst ab dem Anfang des 2. Jh. n. Chr. durch.

Ostern, das grundlegende Ereignis des Neuen Testaments

Ostern

Für das Neue Testament spielt das Osterereignis eine ähnliche Rolle wie das Exil im Alten Testament. Es ist ein zentraler Punkt, um den herum sich alles aufbaut, die Vergangenheit, die Zukunft, der Glaube, die Liturgie, die mündliche und die schriftliche Überlieferung. In der Tat ereignen sich in der Weltgeschichte Dinge, die analog zur Geschichte des Einzelnen sind: man berührt den Tod, überwindet ein Scheitern, verliert einen Menschen, der einem nahe steht. All diese Dinge geben Anlass zu einer tiefgreifenden Reflexion über die Vergangenheit, lassen die Gegenwart erstarren und geben auf ganz entscheidende Weise der Zukunft eine Richtung. Das angemessenste Bild für dieses grundlegende Phänomen ist wohl das der *Kristallisation*: einige Quellen haben so viel Salz, dass ein kleines Objekt, ein Blatt etwa oder ein kleiner Kieselstein, um sich herum so viele Salzkristalle bindet, dass es seine ursprüngliche Form in phantastischen Kompositionen verliert. Alle Elemente sind bereits in einer mehr oder weniger ausgeprägten Weise vorhanden, aber es bedarf eines kleinen Zufalls, damit sie sich organisieren, sich ausrichten, zusammenballen und *kristallisieren*.

Für die Jünger Jesu fand dieses Ereignis nach seinem Tod am Ostertag statt: die Frauen und einige Jünger verkünden, dass sein Grab leer sei und dass ihnen Jesus lebendig erschienen sei. Der Prozess der Kristallisation setzt sich in Bewegung: wenn das Grab leer ist, dann deshalb, weil Jesus auferweckt worden ist, wenn er auferweckt worden ist, dann weil er selbst eine Nähe zu Gott hat. Aber es wird auch klar, dass der unerbittlich erschienene Tod überwunden werden kann. Und so nahm die Vergangenheit neu Gestalt an: die Reden Jesu, seine Handlungen, die unverständlich geblieben waren, erhielten plötzlich einen Sinn. Sogar die Geschichte des jüdischen Volkes erhellte sich: War dieser Jesus nicht der Messias, den die Propheten angekündigt hatten? Hatte Jesaja nicht den schändlichen Tod des Gottesknechtes vorhergesehen? Mit einem Schlag öffnete sich die Zukunft: man musste dieses Verständnis zusammen in einer Gemeinschaft (Griechisch *ekklesia*, Kirche) *leben* und vor allem *Botschafter dieser Guten Nachricht* (Griechisch *eu-angelizein*, froh-botschaften) sein: Der Tod ist nichts! Gott hat sich letzten Endes dazu entschlossen, von neuem in die Welt einzugreifen durch seinen Mittler Jesus!

»Der Messias« – Eine Konzeption, die aus dem Alten Testament übernommen wird

»Messias« (von Hebräisch *Maschiach*), »Gesalbter« (im Lateinischen *unctus*) und »Christus« (vom griechischen *christos*) sind drei gleichartige Ausdrücke. Dieses Konzept wird aus der Reflexion der Juden nach dem Exil übernommen.

Am Anfang steht die Vorstellung: Der König ist der Gesalbte des Herrn. Kraft der Salbung mit Öl, die einer geistlichen Salbung durch den Geist Gottes entspricht (1 Sam 9,16; 10,1.10) ist der König der Stellvertreter Gottes auf Erden. Saul (1 Sam 9–10), David (2 Sam 2,4) und Salomon wurden gesalbt (1 Kön 1,39).

Diese Salbung vermag die politische Stabilität Israels zu sichern – sich gegen den Gesalbten zu erheben ist töricht – und es sichert die Überlegenheit über die Nachbarn (Ps 18,51; 28,8).

Nach dem Exil entwickelt sich die Vorstellung: Gott wird einen neuen Gesalbten hervorbringen.

Nach dem Exil ändert sich die Situation. Israel hat seine politische Unabhängigkeit verloren. Trotzdem kann Gott sein Volk nicht verlassen haben. Ein neues Verständnis des Messias taucht auf. Er ist ein kommender König, ein neuer Gesalbter, der die Macht Israels wieder aufrichten wird.

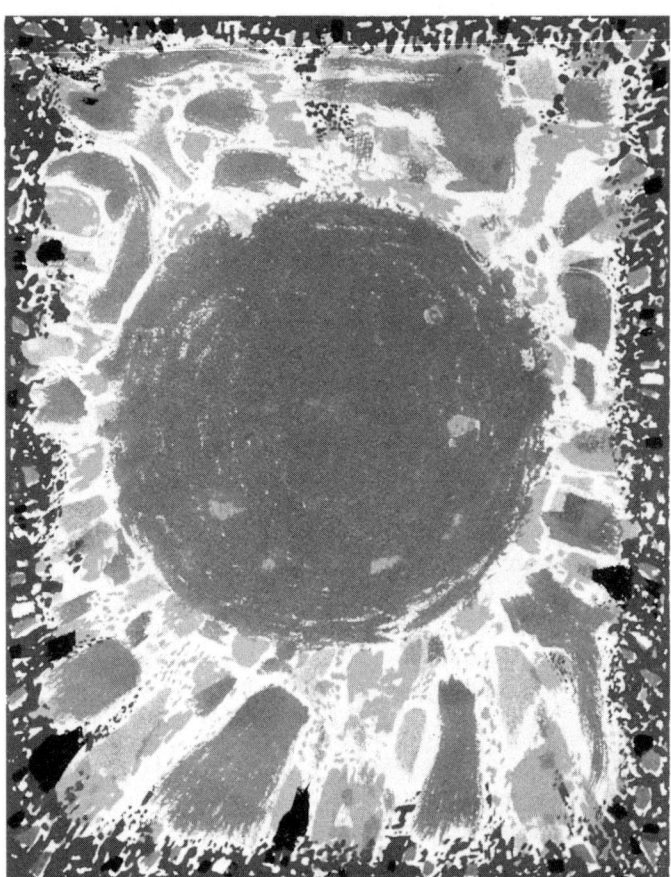

Alfred Manessier, Auferstehung, 1949.
Manessier schafft ein explodierendes
Lichtphänomen, aus dem letzte Reste
von Dunkelheit und Schwere herausge-
schleudert werden. Auferstehung ist
hier wie der Aufgang einer Supernova.
Jede materielle Gegenständlichkeit ent-
fällt. Der Verzicht darauf wahrt das
Geheimnis von Ostern.

Kann ein Agnostiker das Neue Testament lesen?

Um das Osterereignis für sich zu akzeptieren, braucht es eine Zustimmung im Glauben. Vor allem gilt: das leere Grab beweist nicht die Auferstehung. Der Leichnam Jesu kann am frühen Morgen vor Ankunft der Jünger gestohlen worden sein. Das Zeugnis der Erscheinung vor den Jüngern hängt ganz von der Glaubwürdigkeit ab, die man ihren Erklärungen zubilligt. Im Zuge dieser Argumentation hat man oft behauptet, allein ein gläubiger Mensch könne Nutzen aus dem Neuen Testament ziehen.

Eine solche Behauptung ist nicht nur irrig, sondern auch töricht. Sie berücksichtigt nicht die Tatsache, dass es zwei Weisen gibt, um die Welt zu erfassen: *erklären* und *verstehen*. Wenn ich erkläre, dann gebe ich Ursachen an, finde Verknüpfungen heraus, erfasse, wie ein bestimmtes Ereignis mit einem anderen zusammenhängt.Wenn ich verstehe, kehre ich mit Sympathie zum Ereignis, zum Individuum und dem Autor zurück, entschlüssle ihre tiefgreifenden Motivationen und kann mich mit ihnen identifizieren.

Für jeden muss es bei der Lektüre einen Platz geben. Für den Nichtgläubigen: damit er den Glauben des Gläubigen respektiert, sich nicht über ihn lustig macht, nicht den ganzen Text pauschal zurückweist. Für den Gläubigen: damit er dem Nichtgläubigen in seiner Lektüre einen Platz gibt, auf seine Fragen antwortet, und es akzeptiert, dass man seinen Text mit weit misstrauischeren Augen lesen kann.

Unser Reiseweg

Da die Jünger sich bewusst waren, dass das, was sich bei der Auferweckung ereignete, ein Geheimnis bleiben würde, das man nicht ausdrücken konnte, ohne es zu verfehlen, haben sie eine Vielfalt an Zugängen gewählt. Zug um Zug haben sie die Auferweckung als den entscheidenden Erfolg im Leben Jesu herausgestellt. Die Evangelienerzählungen bringen das zum Ausdruck. Die Auferweckung markiert zugleich den Anfang einer neuen Existenz. All dies drücken die Jünger Jesu durch erstaunlich verdichtete Theologien aus und durch Erzählungen, die versuchen, von der Auferweckung eine Vorstellung zu geben.

Die Bejahung des Glaubens: Das Kerygma

Nach seiner Auferweckung wird Jesus als der auferstandene Herr dargestellt und bekannt. Sprachlich geschieht das häufig durch knappe Formulierungen. Diese kurzen Formeln sind Glaubensbekenntnisse. Sie begegnen in Schriften, die die Person Jesu vor seiner Auferweckung nicht zu kennen scheinen, wie das bei Paulus der Fall ist, der nie eine vorösterliche Tradition zitiert, ausgenommen die Abendmahlserzählung und die Passionserzählung. Diese Formeln, denen die Bibelwissenschaftler die Bezeichnung »Kerygma« gegeben haben (vom griechischen Wort *keryssein*, das »verkünden« bedeutet), spiegeln die Verkündigungen von Gemeinschaften wider, die bestrebt waren, die Auferweckung zu verkünden. Die Formeln sind leicht zu behalten, und man kann sie gut weitervermitteln.

Reiseweg durch die erste Verkündigung
Kann man sich einen Begriff von der ersten Verkündigung der Christen machen und wissen, auf welche Punkte sie besonderen Wert legten? Den Bibelwissenschaftlern ist es gelungen, eine Reihe von Formeln zu isolieren, die einen Eindruck von den sprachlichen Mustern geben, die von den Apostel und Predigern verwendet und in den Texten wieder aufgenommen wurden.

 Kerygmatischer Reiseweg

Lesen Sie die grundlegenden kerygmatischen Formeln. Welches umfassende Bild vom Glauben der frühen Christen ergibt sich für Sie daraus?

Siehe Seite 33

1. »**Jesus Christus**«. – Der Name »Jesus Christus« ist eine Glaubensverkündigung. Er besagt, dass Jesus der Christus ist, d. h. der von Israel erwartete Messias.
»**Gesalbter**«, »**Christus**«, »**Messias**«: diese drei Bezeichnungen bedeuten dasselbe, sie entstammen lediglich drei verschiedenen Sprachen.
2. »**Gott hat Jesus von den Toten auferweckt**«. – Röm 6,4.9; 7,4; 19,9; 1 Kor 6,14; 15,12-52; Apg 3,15; Kol 1,18. Das Wort »Auferstehung« ist ein Bild. Das Wort weist auf den Vorgang des Sich-wieder-Aufrichtens hin, entweder nachdem man sich hingelegt hat (sich von

den Toten »erheben«), oder nachdem man geschlafen hat (»aufwachen« von den Toten).

3. »Jesus ist der Herr«. – »Der Herr ist Jesus«: 1 Kor 12,3. »Ihm sei das Königtum und die Herrlichkeit«: 2 Tim 4,1; 1 Petr 1,21; 4,5; Apg 2,33; 10,42; 17,31; Röm 8,34; 14,9; Eph 1,20. Der Ausdruck »Herr« verweist auf das hebräische »Adonai« (= mein Herr). Das wird gelesen, wenn man im Text auf den Gottesnamen JHWH stößt, der selbst nicht ausgesprochen werden darf. Wenn Jesus auch nicht mit Gott gleichgesetzt wird, so doch wenigstens mit seiner Macht.

4. »Christus ist für uns gestorben«. – Röm 5,8; 1 Thess 5,10. »Für unsere Sünden« 1 Kor 15,3-5; 2 Kor 5,14f. »Für uns hingegeben« Röm 4,25; 8,32; Gal 1,4; 2,20; Eph 5,2.25; Joh 3,16; 1 Joh 3,16. »Für uns gestorben, für uns auferweckt« (1 Kor 15,3-5).

5. »Einer ist Gott, einer ist Herr«. – 1 Kor 8,4-6; 1 Tim 2,5; Eph 4,5.

Ein Glaubensbekenntnis: 1 Kor 15,1-11

Zusammengefasst ergeben die kerygmatischen Formeln ein »Credo« (lateinisch *credo* heißt: »ich glaube«). Eines der ältesten Glaubensbekenntnisse findet sich in einem Brief des Paulus. Alle Experten sind sich darin einig, dass der Apostel ein Stück zitiert, das er nicht selbst verfasst hat und das schon zuvor in der Kirche verwendet worden ist. Der Wechsel im Stil ist dafür charakteristisch. In der Mitte eines Berichts findet man knappe Sätze, die nicht nach der Art des Paulus sind. Dieser sagt es im Übrigen ganz deutlich: »auch ich habe es empfangen« (1 Kor 15,3).

Als er den Brief um 54/55 n. Chr. schreibt, erinnert Paulus seine Gemeinde daran, was er ihnen im Verlauf ihrer Evangelisierung übermittelt hat (um 51 n. Chr.). 20 Jahre nach dem Tode Jesu war also schon ein erstes Credo festgehalten worden.

Der Ausdruck: »am dritten Tag« gemäß der Schrift

Man sieht in Hosea 6,1-2 übereinstimmend den Ausgangspunkt dieser Formulierung: »Kommt, wir kehren zum Herrn zurück! Denn er hat (Wunden) gerissen, er wird uns auch heilen; er hat verwundet, er wird auch verbinden. Nach zwei Tagen gibt er uns das Leben zurück, am dritten Tag richtet er uns wieder auf, und wir leben vor seinem Angesicht.« Die von der Predigt des Hosea erschütterten Israeliten stimmen eine Bußliturgie an.

»Zwei Tage«, »drei Tage« meint hier: in kurzer Zeit.

Im Zeitalter Christi hatte die Formulierung einen theologischen Sinn angenommen. Ein Targum interpretiert den Hoseavers so: »Er wird uns lebendig machen am Tag der Tröstungen, die kommen sollen. Am Tag, an dem er die Toten auferweckt, wird er uns wieder lebendig machen und wir werden vor ihm leben.« Und ein rabbinischer Kommentar zu Gen 22,4 erklärt: »Am dritten Tag, das heißt an demjenigen, wo das Leben den Toten zurückgegeben wird, wie

Hier alle Stellen, die auf den dritten Tag anspielen: eine theologische Lektüre
Mt 16,21; 17,23; 20,19; 27,64; Lk 9,22; 13,32; 18,33; 24,7.21.46; Apg 10,40; 1 Kor 15,4. Welche Bedeutung mag vor dem Hintergrund dieser Ausführungen das Ereignis von Kana haben, das der Evangelist Johannes auf einen »dritten Tag« legt (vgl. Joh 2,1)?

Targum: Übersetzung und Interpretation der Hebräischen Bibel in der einheimischen jüdisch-aramäischen Sprache.

¹ Ich erinnere euch, Brüder, an das **Evangelium**, das ich euch verkündet habe. Ihr habt es angenommen; es ist der Grund, auf dem ihr steht.
² Durch dieses Evangelium werdet ihr gerettet, wenn ihr an dem Wortlaut festhaltet, den ich euch verkündet habe. Oder habt ihr **den Glauben vielleicht unüberlegt angenommen**?
³ Denn vor allem habe ich euch überliefert, was auch ich empfangen habe: Christus ist für unsere Sünden gestorben, **gemäß der Schrift**,
⁴ und ist begraben worden. Er ist **am dritten Tag** auferweckt worden, gemäß der Schrift,
⁵ und erschien dem **Kephas**, dann den Zwölf.
⁶ Danach erschien er mehr als **fünfhundert Brüdern** zugleich; die meisten von ihnen sind noch am Leben, einige sind **entschlafen**.
⁷ Danach erschien er dem **Jakobus**, dann allen Aposteln.
⁸ Als letztem von allen erschien er auch mir, dem Unerwarteten, der »Missgeburt«.
⁹ Denn ich bin der geringste von den Aposteln; ich bin nicht wert, Apostel genannt zu werden, weil ich die Kirche Gottes verfolgt habe.
¹⁰ Doch durch Gottes Gnade bin ich, was ich bin, und sein gnädiges Handeln an mir ist nicht ohne Wirkung geblieben. Mehr als sie alle habe ich mich abgemüht – nicht ich, sondern die Gnade Gottes zusammen mit mir.
¹¹ Ob nun ich verkündige oder die anderen: das ist unsere Botschaft, und das ist der Glaube, den ihr angenommen habt.

Evangelium: im vorrangigen Sinn »die gute Nachricht«
den Glauben vielleicht unüberlegt angenommen: Welchen Platz nimmt das Credo im Glauben der Paulusgemeinde ein?
überliefert: unter der Verwendung rabbinischer Terminologie hält Paulus fest, von seinen Lehrern das empfangen zu haben, was er an seine Schüler weiter überliefert.
gemäß der Schrift: gemeint ist das Alte Testament.
am dritten Tag: das ist mehr eine theologische denn chronologisch-historische Notiz.
Kephas: aramäischer Name von Petrus; die Zwölf: die Apostel.
500 Brüdern: diese Erscheinung ist in den Evangelien nicht festgehalten.
entschlafen: Paulus will sagen, dass sie gestorben sind.
Jakobus: der Bruder Jesu.

bei Hosea geschrieben steht: ›Am dritten Tag wird er uns auferwecken und wir werden vor ihm leben.‹«
Zur Zeit Christi betrieb man also, wenn man vom »dritten Tag gemäß der Schrift« sprach, mehr Theologie als Geschichtsschreibung (»am folgenden Tag«). Was wir den »Tag der allgemeinen Auferweckung« nennen, müsste man mit dem Ende der Zeiten identifizieren.

Man kann also festhalten: Christus ist **gestorben**: der Tod Jesu rettet aus der Sünde. Er ist **begraben** worden; er ist **auferweckt** worden von Gott; er ist dem Petrus, den zwölf Aposteln, 500 Brüdern, dann dem Jakobus und schließlich Paulus **erschienen**.

Ein Hymnus: Philipper 2,6-11

In den Briefen, den Evangelien oder der Offenbarung findet man Lieder bzw. Hymnen, die von den ersten Gemeinden gedichtet wurden und die ihren Glauben knapp zusammenfassen. Paulus erinnert die Philipper an einen solchen Hymnus, um sie dazu einzuladen, Demut nach dem Beispiel Christi zu praktizieren.

Geführte Lektüre: Gesang auf den Namen des Herrn

Wie wird das Osterereignis
ausgedrückt?
Wird ein Bild für die Auferwe-
ckung verwendet?
Welcher Bildtypus kommt zur
Anwendung?
Wer handelt in welcher Rolle?
Auf welche Weise erlauben es
die beiden Texte (Phil 2 und
Jes 52f.), das Schicksal Jesu im
Plan Gottes zu verorten?
Wie ist unser Schicksal, den
beiden Texten zufolge, mit dem
des Christus verbunden?

Elemente der Interpretation und Wege der Reflexion. – Das Lied dreht sich um den »Namen«. Der Name, der Jesus verliehen wird, ist der des »Herrn«, wie der Name, der in der Schrift Gott gegeben wird. Der Gesang gründet auf einer freien Interpretation des Alten Testaments. Er ist in der Folge auf einem Kontrast aufgebaut: Jesus hat nicht wie Adam gehandelt, der Gott gleich werden wollte (siehe Gen 3,5). Ganz im Gegenteil steht er dem Gottesknecht von Jesaja 53 nahe. Vergleichen Sie Phil 2,7 bezüglich der »Entäußerung« mit Jes 53,12 und Phil 2,9 bezüglich der »Erhöhung« mit Jes 52,13.

Der Ausdruck: »Er lässt sich sehen«

In den Auferweckungserzählungen kehrt mehrere Male die Wendung »er ist erschienen« wieder. Man spricht gemeinhin von den Erscheinungen des auferweckten Jesus. Das Wort ist zweideutig: Es kann die Vorstellung eines Gespenstes (eine »Erscheinung«) wachrufen oder eine Art der Anwesenheit nahe legen, die photographisch einzufangen ist. Die griechische Form des Verbs, das hier verwendet wird, bedeutet eher »sich sehen lassen«. Man beharrt also auf dem Faktum, dass es Jesus in der Hand hat, wem und wann er sich zeigen will. Der jüdische Philosoph Philo von Alexandrien, ein Zeitgenosse des Paulus, schrieb, als er von Abrahams Gottesvision redete: »Nicht Abraham hat Gott gesehen, sondern Gott hat sich dem Abraham gezeigt.« Die Verwendung dieser griechischen Form in der Bibel ist bedeutsam. Im Alten Testament wird sie bei Theophanien oder Manifestationen Gottes verwendet (z. B. Gen 12,7; 17,1; Ri 13,21), bei denen der Akzent mehr auf der übertragenen Mission liegt, als auf dem, der sich hat »sehen lassen«. Im Neuen Testament verwenden sie Mt, Mk und Lk bei der Erzählung der Verklärung Jesu. Mose und Elija zeigen sich den Jüngern. Lk verwendet sie häufig: z. B. ein Engel zeigt sich den Hirten (1,11) oder Jesus in seiner Todesangst (22,43), die Feuerzungen lassen sich an Pfingsten sehen (Apg 2,3). Jesus zeigt sich Paulus auf dem Weg – seine Begleiter sehen nichts (Apg 9,17) – oder eine Gestalt zeigt sich Paulus im Traum (Apg 16,9). Ein altes Lied spricht davon, dass sich Jesus den Engeln zeigt (1Tim 3,16).

All dies legt uns nahe, über die Vorstellung einer einfachen physischen Manifestation Jesu hinauszugehen. Die einschlägigen Textpassagen heben die Initiative Jesu hervor sowie die spirituelle Umwälzung, die sie nach sich zieht.

Über die Auferweckung sprechen: Die Ostererzählungen

Die Formeln, seien sie noch so knapp und präzise, reichen nicht immer aus, um den Glauben zu stützen. Dieser benötigt oft auch Bilder, um sich zu nähren. Man kann also ohne zu zögern die Erinnerungen der Zeugen erzählen. Aber in welchen Bildern soll man das tun? Wie bereits gesagt: Die Auferweckung ist ein Geheimnis. Jede Übertragung durch Sprache läuft Gefahr, es zu reduzieren und zu verraten. Denn wenn man sprechen will, muss man auswählen: den Ausdruck, die Interpretation. Wie aber soll man bei einer Erfahrung auswählen, die kollektiv von einer Gemeinschaft erlebt wird?

Um diese Schwierigkeit zu lösen, entscheiden sich die biblischen Autoren für die Vielzahl der Blickpunkte: Jede Erzählung fängt eine der Facetten des Ereignisses ein, ohne vorzugeben, es zu erschöpfen oder mit den anderen kohärent zu sein. Allein der Leser, der sich durch seine Lektüre im Zentrum der vielen zusammenfallenden Facetten wiederfindet, kann sich eine übergreifende und lebendige Vorstellung von der Auferweckung machen. Die Wahrheit ist nicht in jedem Text je für sich eingefangen, sondern im Zusammenklang aller Texte.

Der Engel der Auferstehung, Reichenauer Perikopenbuch, um 1000.
Der Blick des Betrachters geht in das Innere des Sarkophargs, wo ein kunstvoll verknotetes Leinentuch zu sehen ist: ein offenbar unlösbares Geheimnis.

Wie soll man die Auferweckung darstellen? Mehrere Weisen sind möglich:
• Man betont die Abwesenheit des Körpers.
• Man erzählt, wie sich Jesus als ein lebendiges Wesen zu erkennen gibt.
• Man drückt seine Erhöhung aus.
• Man zeigt, dass er inmitten der Gemeinde präsent ist.

Auferweckung durch Abwesenheit:

Die Frauen finden das offene Grab (Mk 16,1-8)

Eine erste Weise, die Auferstehung auszudrücken, ist die Abwesenheit. Jesus hat den Tod besiegt, weil sein Körper nicht im Grab zurückbehalten worden ist, sein Blut nicht von der Erde aufgenommen, sein Leben nicht im Schlaf des Todes festgehalten wurde. Welch eine paradoxe Erfahrung der Frauen, als sie, zum Grab gekommen, nichts mehr finden!

Mk 16,1-8

Lesen Sie diesen Text. Markieren Sie die Hinweise auf Zeiten, Orte, Akteure und Handlungen. Halten Sie die Beobachtungen zu den Punkten in zwei Spalten fest, indem Sie diejenigen, die einander entgegengesetzt sind, nebeneinander aufführen. Welche Verwandlung findet vom Anfang zum Ende der Erzählung hin statt?

 *Geführte Lektüre: Die Frauen finden das offene Grab*

Die Zeit. – Die Zeitangaben legen den Übergang von der Dunkelheit zur Helligkeit nahe (Morgen, Sonne, Licht), vom Alten zum Neuen, von der heiligen jüdischen Zeit (der Sabbat – vom ersten Stern des Freitags zum ersten Stern am Abend des Samstags – ist vorüber) zur kosmischen, profanen Zeit (erster Tag der Woche, Sonntag).

Die Orte. – Diese stellen dem geschlossenen Grab, das die Toten bewahrt, das leere Grab, welches auf das Leben hin offen ist, gegenüber. Und Jerusalem (bei Markus Symbol für die, die sich in ihre Vorstellungen einschließen und diejenigen bekämpfen, die andere haben) steht dem Galiläa der Heiden, dem Land der Öffnung zur Welt hin, gegenüber.

Die Akteure. – Von den Agierenden ist der wichtigste abwesend: Jesus. Der junge Mann deutet auf die neue Weise hin, in der Jesus jetzt gegenwärtig ist: Er ist weiß gekleidet (im Gegensatz zum Schwarz des Grabes), er sitzt zur Rechten, wie der verherrlichte Christus, und er ist es, der der Suche der Frauen eine neue Richtung gibt. Was die Frauen betrifft, so kommen sie zum Grab, um den Körper Jesu zu salben, d.h. ihn im Tod zu erhalten. Sie kommen einen Leichnam zu berühren und erhalten eine Botschaft. Sie und die Apostel werden den Auferstandenen sehen, wenn sie ihn bis nach Galiläa verkündigt haben, das heißt bis ans Ende der Welt und der Geschichte.

Man muss erneut betonen, dass diese erste Form, die Auferweckung auszudrücken, nur bruchstückhaft sein kann. Ein leeres Grab beweist nichts. Es lässt sogar die Existenz von Grabräubern vermuten. Die Erzählung stiftet nur Sinn in Resonanz mit den anderen und wird nur in einem Akt des Glaubens begriffen.

Die Auferweckung durch Wiedererkennen:

Die Erfahrung von Maria von Magdala (Joh 20,11-17)

Eine zweite Erzählform: Wiedererkennungsgeschichten. Hier lässt uns Johannes eintreten in die Intimität einer Erfahrung. Ihren Grund hat sie in der Erinnerung an eine besondere Beziehung zu Jesus vor seinem Tod.

Intensive Lektüre: Maria von Magdala   Joh 20,11-17

> ¹¹ Maria aber stand draußen vor dem Grab und weinte. Während sie weinte, beugte sie sich in die Grabkammer hinein.
> ¹² Da sah sie zwei Engel in weißen Gewändern sitzen, den einen dort, wo der Kopf, den anderen dort, wo die Füße des Leichnams Jesu gelegen hatten.
> ¹³ Die Engel sagten zu ihr: Frau, warum weinst du? Sie antwortete ihnen: Man hat meinen Herrn weggenommen, und ich weiß nicht, wohin man ihn gelegt hat.
> ¹⁴ Als sie das gesagt hatte, wandte sie sich um und sah Jesus dastehen, wusste aber nicht, dass es Jesus war.
> ¹⁵ Jesus sagte zu ihr: Frau, warum weinst du? Wen suchst du? Sie meinte, es sei der Gärtner, und sagte zu ihm: Herr, wenn du ihn weggebracht hast, sag mir, wohin du ihn gelegt hast. Dann will ich ihn holen.
> ¹⁶ Jesus sagte zu ihr: Maria! Da wandte sie sich ihm zu und sagte auf hebräisch zu ihm: Rabbuni!, das heißt: Meister.
> ¹⁷ Jesus sagte zu ihr: Halte mich nicht fest; denn ich bin noch nicht zum Vater hinaufgegangen. Geh aber zu meinen Brüdern, und sag ihnen: Ich gehe hinauf zu meinem Vater und zu eurem Vater, zu meinem Gott und zu eurem Gott.

V. 11: Maria ist ganz nach innen gewendet und ihrer Trauer zugewendet.

V. 12-13: Sie ist so selbstverloren, dass sie nicht wahrnimmt, dass diejenigen, die zu ihr reden, zwei Engel sind.

V. 14: Sie ist unfähig, Jesus zu sehen, und stellt die unwahrscheinlichste Vermutung auf: es handelt sich um den Gärtner.

V. 15-16: Das Wiedererkennen ereignet sich, als Christus sie bei ihrem Namen nennt und sie ihn im Gegenzug bei dem Namen nennt, den sie für gewöhnlich gebraucht. Das Wiedererkennen und deshalb die Annahme der Auferstehung ereignen sich durch das Wort und in der Intimität gefühlsmäßiger Beziehungen.

V. 17: Maria kann jetzt Zeugnis ablegen.

Das Johannesevangelium bestätigt: die Auferweckung ist kein spektakuläres Phänomen. Sie besteht in einer verborgenen Erfahrung – zu wissen, dass derjenige, den man liebte und den man für tot hielt, wieder lebt.

Die Auferweckung durch Erhöhung:

Christus wird verherrlicht und verehrt (Mt 28,16-20)

Wenn der vorherige Text in Zärtlichkeit und Intimität eintauchte, so zeigt Matthäus ein anderes Gesicht von Christus: das des herrlichen Auferstandenen, vor dem alle sich anbetend niederwerfen.

Intensive Lektüre: Der verherrlichte und angebetete Christus

Elf: Es fehlt Judas.
Der Berg: Traditioneller Ort göttlicher Erscheinungen (wie z. B. der Sinai).
Einige aber hatten Zweifel: Diese Passage wird von verschiedenen Bibelwissenschaftlern als eine nachträgliche Hinzufügung angesehen, die erwägt, dass der Glaube nicht vernunftwidrig sein kann.
Da trat Jesus auf sie zu: Jesus als der »Kommende«. Diese Bezeichnung wird dem Messias gegeben.
Alle Macht: Jesus erscheint als der Oberste Statthalter Gottes. Die Formulierung ähnelt der von Dan 7,14, wo es um den Menschensohn geht (ein Wesen, das zugleich menschlich und himmlisch ist), dem alle Macht gegeben ist.
Der Vater: die trinitarische Formel ist vielleicht in der Folge eingefügt worden. Sie ist der Nachhall der Taufpraxis in den 80er Jahren des 1. Jh.

> ¹⁶ Die elf Jünger gingen nach Galiläa auf den **Berg**, den Jesus ihnen genannt hatte.
> ¹⁷ Und als sie Jesus sahen, fielen sie vor ihm nieder. **Einige aber hatten Zweifel.**
> ¹⁸ **Da trat Jesus auf sie zu** und sagte zu ihnen: Mir ist **alle Macht** gegeben im Himmel und auf der Erde.
> ¹⁹ Darum geht zu allen Völkern, und macht alle Menschen zu meinen Jüngern; tauft sie auf den Namen des **Vaters** und des Sohnes und des Heiligen Geistes,
> ²⁰ und lehrt sie, alles zu befolgen, was ich euch geboten habe. Seid gewiss: Ich bin bei euch alle Tage bis zum Ende der Welt.

Wie die Gotteserscheinung am Sinai gibt Jesus seine Anweisungen und schickt seine Jünger zur Mission aus. Er zeigt sich als derjenige, der wie der Menschensohn kommt, dem alle Macht gegeben wurde: kurzum wie der Gesandte Gottes oder der Messias. Seine Auferweckung ist eine Erhöhung. Er verlässt die Welt der Menschen und vereinigt sich mit der Welt Gottes.

Die Auferweckung durch das Leben der Kirche:

Die Erfahrung von Emmaus

Eine letzte Weise, der Auferweckung Ausdruck zu verleihen, ist die des Lukas. Er hält fest, dass die Auferweckung in der täglichen Gegenwart Jesu im Leben der Kirche deutlich wird. Lukas versucht, auf eine Frage zu antworten: Wie kann man dem Herrn Jesus Christus heute begegnen? Er zeigt, dass hier drei wichtige Elemente eine Rolle spielen: der Glaubensakt – die Schrift – die Kenntnis des irdischen Lebens Jesu.

Lesen Sie den Text mit der Hilfe der Stichworte gegenüber.

 *Geführte Lektüre: Die Pilger von Emmaus*

Das Credo der Jünger (17-24). – Die Jünger, die Jesus nicht erkannt haben, erklären ihm seine eigene Auferweckung! Für Lukas ist das die Gelegenheit, eine Art Glaubensbekenntnis auszusprechen und festzuhalten, dass der Glaube an die Auferweckung auch auf die Kenntnis der Ereignisse im Leben Jesu angewiesen ist.
Der biblische Christus (25-27). – Was ist diese Erkenntnis wert, wenn man sie nicht in das Blickfeld des umfassenden Versprechens stellt, das Gott Israel gegenüber gegeben hat? Nichts, antwortet Christus, der in dieser Situation zum Ausleger der Bibel wird. Er bezieht sich auf die Schriften (d. h. das Alte Testament), um zu zei-

gen, dass man die Auferweckung über den einst geschlossenen Bund mit Mose und die Rede der Propheten verstehen soll.

Jesus wird beim Brechen des Brotes wiedererkannt (28-32). – Wissen allein genügt nicht, auch wenn es sich auf das Leben Jesu wie auf die Schriften bezieht. Die Jünger erkennen Jesus nicht immer. Es ist der Glaube, der sich in gleicher Weise auf eine Erfahrung stützt: die Begegnung mit Jesus in der Eucharistie. In der Tat erkennen ihn die Jünger beim Brechen des Brotes.

Annäherungen an das Osterereignis

Wenn wir uns jetzt an die nächste Etappe wagen, dann halten wir für uns eine Kernaussage fest: Ja zur Auferweckung Christi sagen, das ist das Zentrum des christlichen Glaubens! Es ist aber möglich, dass unterwegs noch etwas anderes interessant sind, nämlich die Frage: Wie hat sich die Auferweckung Christi ereignet? Das ist eine wichtige Frage, doch sie sprengt den Rahmen dieses Führers. Fassen wir dennoch einige grundlegende Punkte zusammen, von denen vorhin die Rede war.

1. Der Moment der Auferweckung ist nicht sichtbar. – Nie hat man behauptet, Jesus beim Vorgang der Auferweckung gesehen zu haben (im Gegesatz dazu stehen spätere, »apokryphe« Evangelien und viele Darstellungen der Kunst, die diese »Lehrstelle« mit Bildern ausfüllen). Die Jünger bestätigen aber, den auferweckten Jesus gesehen zu haben. Wenn man diesen Aussagen nachgeht, dann bestehen sie auf verschiedenen Aspekten: sie erkennen Jesus, er ist also derselbe, den sie vor seinem Tod gekannt haben. Doch handelt es sich nicht um eine einfache Rückkehr ins Leben, sondern um einen Eintritt in das endgültige (ewige) Leben: er ist erhöht, verherrlicht, aufgefahren zum Himmel etc.

2. Die Auferweckung ist nur im Glauben wahrnehmbar. – Man sieht den Auferweckten nicht, weil *man selbst* es will, sondern weil *er* es will. Er ist es, der sich aus freiem Willen zeigt. Die Zeugen machen also eine ganz persönliche Erfahrung (die Begleiter des Paulus z. B. sehen Christus nicht). Die Wendung »sich sehen lassen bzw. sich zeigen« verweist auf eine innere, persönliche Erfahrung.

3. Die Auferweckung bekommt Sinn durch die Kenntnis der Schriften. – Das haben wir bei der Emmauserzählung gesehen. Wir hätten es auch in der Episode lesen können, wo Johannes zeigt, wie Petrus und der andere Jünger zum Grab kommen (Joh 20,3-9): »Da ging auch der andere Jünger, der zuerst an das Grab gekommen war, hinein; er sah und glaubte. Denn sie wussten noch nicht aus der Schrift, dass er von den Toten auferstehen musste« (V. 8-9). Wenn sie also die Schrift verstanden hätten, dann hätten sie es nicht nötig gehabt, das leere Grab mit eigenen Augen zu sehen, um zum Glauben zu kommen. Sie hätten geglaubt und den Auferweckten (mit den Augen des Glaubens) gesehen (Joh 20,29).

4. Es gibt zwei Sprachen, um vom Osterereignis zu sprechen: die Sprache der *Auferweckung* und die Sprache der *Erhöhung*:

- Die Sprache der *Auferweckung* betont die Tatsache des Auferwecktwerdens bzw. des Auferstehens. Der Vorteil dieses Sprachtyps liegt auf der Hand: er wurzelt in der Geschichte und zeigt klar eine Kontinuität an. Der auferweckte Jesus ist der gleiche wie der Jesus vor seinem Kreuzestod. Diese Sprache hat jedoch einen Nachteil. Sie sagt nichts über das wiedererlangte Leben. Man spricht z. B. gleichermaßen davon, dass Lazarus »auferweckt« worden ist (jedoch wieder sterben wird), wie dass Jesus »auferweckt« worden ist (aber für immer lebt).

- Die Sprache der *Erhöhung* schließt an eine Vorstellung an, die dem Menschen angeboren ist: Gott ist in der Höhe, im Himmel. Wer gestorben ist, wird zu Gott »in den Himmel« geführt. Der Vorteil dieses Bildes ist, dass es Folgendes bekräftigt: es gibt keine Rückkehr zum vorherigen Leben, da man »erhöht« ja Gott nahe ist. Der Nachteil ist: wenn man dieses Wort nur für sich gebraucht, dann vermittelt es den Eindruck, die Seele »steige in den Himmel empor« und der Körper zerfalle. Die Christen jedoch haben immer an der Auferstehung des Fleisches, d. h. der ganzen Person, festgehalten.

In Kontinuität zum Evangelium hat die Kirche nie die eine vor der anderen Sprache bevorzugt. Man hört ebenso, dass die Toten in Erwartung des Tages der Auferweckung »schlafen«, wie dass sie »im Himmel« seien und man schon jetzt für ihr Heil beten könne.

In Bezug auf Jesus haben die Gläubigen praktisch nur die Sprache der Auferweckung bewahrt. Diese führt sie jedoch auch zu Fragen, die oft Scheinprobleme sind: Welchen Leib hatte der Auferstandene? Konnte er essen?

Die Sprache der Erhöhung hält fest, dass der Auferstandene ein wirklicher Mensch ist, demzufolge auch einen Leib hat, aber eben einen anderen. Er hat, um mit Paulus zu sprechen, einen »überirdischen Leib«.

Für sich selbst verwenden die Gläubigen häufig nur die Sprache der Erhöhung: beim Tod zerfällt der Körper zu Staub, und die Seele wandert in den Himmel. Warum also wieder einen Körper haben wollen? Solch eine Denkart ist als eine Häresie verurteilt worden. Die Sprache der Auferweckung sollte daran erinnern, dass die Menschen nicht anders existieren können denn als körperliche und geistige Wesen zugleich, in der leibhaftigen Einheit ihrer Person.

Matthias Grünewald, Auferstehung Christi, Isenheimer Altar, 1515.
Mit herrlichem Schwung entschwebt der Auferstandene in das göttliche Licht.

Die Etappen der Redaktion des Neuen Testaments

Jesus von Nazaret (6 v. Chr. – 30 n. Chr.)

Das Wesentliche, was man von Jesus weiß, stammt aus den vier Evangelien. Wir werden ausgiebig Gelegenheit haben, auf sein Leben zurückzukommen und es Schritt für Schritt studieren. Aus der Perspektive außerhalb des Christentums würde ein Historiker Folgendes dazu sagen:

Die Existenz des historischen Jesus wird im Prinzip nicht mehr bestritten. Jesus ist unter der Herrschaft des Herodes geboren, ohne Zweifel sechs Jahre vor dem Beginn unserer Zeitrechnung (der Unterschied ergibt sich durch einen Irrtum in der Kalenderrechnung). Er lebte in Nazaret, führte eine fromme jüdische Existenz, praktizierte das Gesetz in pharisäischem Geist unter den frömmsten Juden.

Um das Jahr 27/28 n. Chr. eröffnet seine Taufe durch Johannes den Täufer die zwei oder drei Jahre seines öffentlichen Lebens. Er wählt Jünger und verkündet mit ihnen zusammen durch seine Reden und mehr noch durch seine Handlungen und sein Leben das Kommen der Gottesherrschaft. Er selbst hat uns nichts Schriftliches hinterlassen.

Von den verantwortlichen Religionsführern verurteilt, ist er durch die Römer um das Jahr 30 n. Chr. gekreuzigt worden. Bald nach seinem Tod behaupteten seine Jünger, ein leeres Grab gefunden zu haben und verkündigten seine Auferweckung.

Die Epoche der Apostel (30 n. Chr. – 70 n. Chr.)

Nach Jesu Tod beginnen die Apostel damit, das Erlebte theologisch zu reflektieren. Sie beginnen, Gemeinschaften zu organisieren. Aus dieser Epoche stammen mehrere Texte.

1. Die ersten mündlichen Quellen (30–70 n. Chr.) – Während den Anfangsjahren der Kirche richten die Apostel ihre Aktivität auf drei Bereiche.

Die Verkündigung der Frohen Botschaft: zuerst den Juden, dann den Heiden wird der neue Glaube verkündet. Ihre Glaubensbekenntnisse werden in kurzen, prägnanten Sätzen zusammengefasst und gesammelt.

• *Die Feier Gottes und Christi*: ganz auf der Linie und Herkunft der Schriften Israels entstehen liturgische Elemente und Lieder.

• *Die Unterweisung Neugetaufter*: dazu greifen sie auf die Taten und Worte Jesu zurück.

2. Die ersten schriftlichen Quellen (30–70 n. Chr.) – Schon früh gewinnen die mündlichen Quellen Schriftform. Die Bibelwissenschaftler nehmen an, dass diese Etappe der Redaktion der vorausgehenden (mündlichen) Phase folgt. Das ist jedoch nicht ganz sicher. Im Gegenzug entdecken sie nämlich in den Evangelien Stücke, die schon vor der Endredaktion existiert haben. Sie stellen die Hypothese auf, dass seit dieser Epoche Logien (d. h. Sammlungen von Worten Jesu), Passionserzählungen und vielleicht sogar die ersten Entwürfe von Erzählungen über das Leben Jesu in Umlauf waren.

3. Die Briefe des Paulus (51–60 n. Chr.) – Der Apostel Paulus schreibt seine Briefe an die verschiedenen Gemeinden während seiner Jahre des Apostolats ab 51 n. Chr. Das sind die frühesten uns erhaltenen Schriften des Christentums. Man vermutet, dass nur der Römerbrief, die beiden Korintherbriefe, der Brief an die Galater, der Brief an die Philipper, die Briefe an die Thessalonicher (oder vielleicht nur der erste) und der Brief an Philemon sicher aus seiner Hand sind. Die anderen Briefe stammen aus späterer Zeit.

Die zweite Generation der Christen (70–100 n. Chr.)

Der Tod der Apostel bewirkt, dass man überaus stark die Notwendigkeit empfindet, ihre Erinnerungen schriftlich festzuhalten, um das, was sie erfahren haben weiter zu überliefern.

1. Das erste Evangelium: Markus (65–70 n. Chr.) – Das erste Evangelium nach Markus entsteht um das Jahr 70, möglicherweise in Rom.

2. Die Christen jüdischen Ursprungs reagieren auf Jabne (80–90 n. Chr.) – Angesichts der Zerstörung des Tempels und der Restitution der Synagogen, betonen die Christen jüdischen Ursprungs ihren Unterschied. Das Evangelium nach Matthäus wird um die Jahre 80–90 n. Chr. redigiert. Unter dem Namen des Apostels Jakobus und Judas (gestorben vor 70 n. Chr.) erscheinen zwei Briefe.

3. Die paulinischen Kirchen schreiben für ihr Umfeld (80–90 n. Chr.) – Ein Paulus nahestehender Christ, verfasst das gesamte Lukasevangelium sowie die Apostelgeschichte. Andere Christen erweitern das Denken ihres Meisters und lassen unter seinem Namen zwei theologische Briefe (Kolosserbrief und Epheserbrief) und drei Pastoralbriefe (erster und zweiter Thimotheusbrief, Titusbrief) erscheinen.

4. Die johanneische Gemeinde tritt aus ihrer Isolation (80–100 n. Chr.) – In einer sehr geschlossenen Gemeinde, die stark der theologischen Meditation zugewandt ist und sich in der Gestalt des Lieblingsjüngers – der später mit dem Apostel Johannes identifiziert wird – wiedererkennt, erscheinen ein viertes Evangelium und drei Briefe, welche die Schwierigkeiten dieser Gemeinde reflektieren (1, 2, 3 Johannesbrief). Ein Christ, der dieser Gemeinde nahe steht, verfasst eine Apokalypse, um seine Glaubensgenossen in einer Verfolgung zu trösten.

Die dritte Generation der Christen (100–120 n. Chr.)

1. Ein unbekannter Christ verfasst eine Rede, die im Hebräerbrief wiedergegeben wird (100 n. Chr.) – Der Hebräerbrief, der eher eine schriftliche Predigt ist, zeigt ein Christentum, das sich vom Judentum abgekoppelt hat und das Christus eine herausragende Stellung beimisst.

2. Der zweite Petrusbrief wird um 120 n. Chr. verfasst. – Die letzte Schrift des Kanons ist der zweite Petrusbrief, eine Neuschrift des Judasbriefes.

Der Text des Neuen Testaments

Besitzen wir eigentlich den ursprünglichen Text der Evangelien oder des Neuen Testaments? Worauf stützen sich die Texte, die wir in unseren Bibeln haben?

Tatsache ist, dass man praktisch keine Textoriginale aus der Antike besitzt. (Eines der seltenen erhaltenen Exemplare ist der Brief Simon Bar Kochbas, des Anführers des jüdischen Aufstandes im Jahr 135 n. Chr.). Man besitzt nur Abschriften. Ebenso datieren die ältesten Manuskripte der Bücher des lateinischen Dichters Vergil vier Jahrhunderte nach ihm. 13 Jahrhunderte trennen Platon von den Manuskripten seines Werkes und 16 Jahrhunderte vom griechischen Poeten Euripides! Was das Neue Testament betrifft, sind wir in einer glücklicheren Lage. Wir besitzen davon Tausende von Manuskripten. Einige davon sind sehr alt.

Diese Manuskripte sind aus Papyrus (den Fasern einer Pflanze) oder aus Pergament (Schaf-, Ziegen- oder Rinderhäuten). Man näht sie zu einer Rolle zusammen oder, was häufiger vorkommt, man fasst sie in einem Codex (dazu werden einzelne Blätter zusammengebunden wie in heutigen Büchern). Bis zum 9. Jh. werden sie mit Majuskeln (Großbuchstaben) ohne Trennung zwischen den Buchstaben beschrieben. Später beschreibt man sie auch in kleinen Buchstaben (Minuskeln).

Hier einige wichtige Etappen in der Überlieferung der neutestamentlichen Texte:

Bis zum vierten Jahrhundert

Schon am Ende des zweiten Jahrhunderts ist man über die Unterschiede zwischen den Manuskripten beunruhigt. Im darauf folgenden Jahrhundert erarbeitet man davon in Alexandria eine einheitliche Fassung, das heißt, man versucht ausgehend von den unterschiedlichen Manuskripten einen Text zu erstellen, der dem Original am nächsten kommt. Diese alexandrinische Rezension verbreitet sich im ganzen Reich. Parallel dazu erscheint in Antiochien eine Fassung, die weniger Erfolg hatte, manchmal jedoch eine unterschiedliche Version des Textes wiedergibt. Diese bezeichnet man oft als den »westlichen Text«. Aus dieser Epoche stammen: der Papyrus Rylands (er enthält einige Zeilen aus dem Johannesevangelium), der Papyrus Bodmer II um 200 aus Ägypten mit 14 Kapiteln aus dem Johannesevangelium. Schließlich drei Chester Beatty Papyri mit Passagen aus den Evangelien, aus den Paulusbriefen sowie der Offenbarung.

Man überträgt den griechischen Text ins Lateinische (zwischen 160 und 180 entsteht die altlateinische Version oder Itala), Syrische und Koptische.

Vom vierten bis zum sechsten Jahrhundert

Aus dieser Epoche stammen die großen vollständigen Manuskripte des Neuen Testaments auf Pergament: Codex Vaticanus (Mitte 4. Jh.), Codex Sinaiticus (Mitte 4. Jh.), Codex Alexandrinus (Anfang 5. Jh.) und der Codex Ephraimi Syri rescriptus (5. Jh.). Der Codex Bezae Cantabrigiensis (5. Jh.) enthält nur die Evangelien und die Apostelgeschichte, ist aber der beste Zeuge der westlichen Fassung. Am Anfang des fünften Jahrhunderts erstellt man eine neue Rezension in Byzanz, deren Qualität man oft geringer einschätzt. Diese setzt sich aber als allgemeine Version (oder *koine*) in allen Kirchen griechischer Sprache durch.

Man vereinheitlicht den Text der Übersetzungen. Seit 382 redigiert Hieronymus die Vulgata. Die Peschitta (syrisch) und die armenische Fassung stammen aus dem 5. Jh.

Vom fünften Jahrhundert zur Renaissance

In den Klöstern werden zahlreiche Abschriften erstellt.

Renaissance: 15.–16. Jahrhundert

Die griechischen Manuskripte strömen nach der Eroberung Konstantinopels im Jahr 1453 in den Westen. Die Polyglotte von Alcalá bzw. des Kardinals Ximenes, ein Werk gewissenhafter Gelehrten, mit der man im Jahr 1502 begann, erscheint 1522. Um sie zu übertref-

Dieses im ägyptischen Wüstensand gefundene Papyrusfragment (P52) gehört der Bibliothek Rylands (daher der Name: *Papyrus Rylands 457*). Es ist 1935 veröffentlicht worden und enthält auf der Vorder- und Rückseite den Anfang und das Ende der Verse Joh 18,31–33.37–38. Neben die Reproduktion in Originalgröße stellen wir eine wörtliche Übersetzung, damit Sie sich ungefähr die Worte, die auf diesem Papyrusfetzen stehen, vorstellen können.

Nach dem Urteil der Fachgelehrten stammt das Fragment aufgrund der Schreibweise aus der Zeit vor 150 n. Chr. Es handelt sich somit um den ältesten Text des Neuen Testaments, den wir besitzen. Da das Johannesevangelium um 95–100 geschrieben wurde, muss es bereits kurze Zeit danach in Ägypten verbreitet gewesen sein.

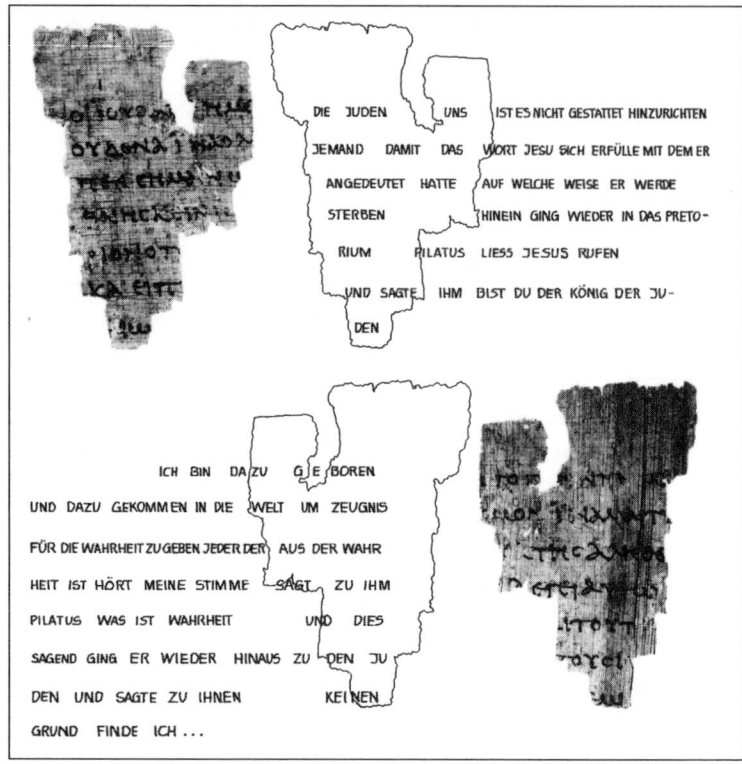

DIE JUDEN UNS IST ES NICHT GESTATTET HINZURICHTEN JEMAND DAMIT DAS WORT JESU SICH ERFÜLLE MIT DEM ER ANGEDEUTET HATTE AUF WELCHE WEISE ER WERDE STERBEN HINEIN GING WIEDER IN DAS PRETORIUM PILATUS LIESS JESUS RUFEN UND SAGTE IHM BIST DU DER KÖNIG DER JUDEN

ICH BIN DAZU GEBOREN UND DAZU GEKOMMEN IN DIE WELT UM ZEUGNIS FÜR DIE WAHRHEIT ZU GEBEN JEDER DER AUS DER WAHRHEIT IST HÖRT MEINE STIMME SAGT ZU IHM PILATUS WAS IST WAHRHEIT UND DIES SAGEND GING ER WIEDER HINAUS ZU DEN JUDEN UND SAGTE ZU IHNEN KEINEN GRUND FINDE ICH ...

fen (schon damals spielte Konkurrenz eine Rolle!) publiziert Erasmus von Rotterdam im Jahr 1516 einen völlig unzulänglichen Text, den er in sechs Monaten auf der Basis von nur sechs Manuskripten erstellte.

Der Verleger Robert Estienne revidiert den Text des Erasmus auf der Basis der Alcalá. Er nutzt dies, um die Einteilung in Verse einzuführen. Theodor Beza nimmt die vierte Auflage von Estienne wieder auf. Diesen Textus receptus verwendet man bis zum Ende des 19. Jh.

Seit der Mitte des 19. Jahrhunderts

1859 entdeckt der Gelehrte Constantin von Tischendorf den Codex Sinaiticus am Berg Sinai und veröffentlicht den Codex Vaticanus (jeweils aus dem 4. Jh. n. Chr.). Diese beiden Manuskripte (sowie der Codex von Beza) bilden die Basis unserer heutigen Bibeltexte. Die Unterschiede zwischen den Manuskripten betreffen Details. Ohne die Originaltexte zu besitzen, kann man den Abschriften, die wir von ihnen haben, dennoch vertrauen.

2. Teil

EVANGELIEN UND APOSTELGESCHICHTE

Die vier Evangelisten. Blatt aus einem Aachener Evangeliar, um 800. Hier sind die vier Evangelisten beim Schreiben der Frohen Botschaft dargestellt. Sie sind an ihren vier Symbolen erkenntlich.

Der im Babylonischen Exil weilende Ezechiel schaute die Herrlichkeit Gottes in vier himmlischen Wesen: »Jedes Lebenwesen ging in die Richtung, in die eines seiner Gesichter wies. Und ihre Gesichter sahen so aus: Ein Menschengesicht, ein Löwengesicht, ein Stiergesicht und ein Adlergesicht« (Ez 1,9 f.). Fast die gleiche Vision findet sich Offb 4,6 ff. Erstmals haben die Kirchenväter Irenäus und Hippolytus diese vier Wesen auf die vier Evangelisten bezogen, anfangs noch mit schwankender Zuordnung.

Die heute gebräuchliche Deutung geht auf Hieronymus zurück: Da das Matthäusevangelium mit dem Stammbaum Jesu beginnt, wird ihm das Symbol Mensch zugewiesen; weil Markus mit dem »Rufer aus der Wüste« einsetzt, ist der Löwe sein Kennzeichen; Lukas eröffnet sein Evangelium mit der Verheißung des Täufers an Zacharias, während er beim Opferdienst ist: darum bekam er den Stier; das Johannesevangelium aber, weil aus ihm der Geist der Höhe am mächtigsten spreche, wurde mit dem Adler ausgezeichnet. In vertiefter Deutung heißt es: der Mensch weist auf die Menschwerdung hin, der Stier auf den Opfertod, der Löwe auf die Auferstehung und der Adler auf die Himmelfahrt Christi.

Die Textgattung »Evangelium«

Im Neuen Testament findet man Evangelien. Im Verhältnis zu den anderen Schriften nehmen diese Texte einen maßgeblichen Platz ein. Sie legen Zeugnis über Jesus Christus ab, dessen Leben und Botschaft das Christentum begründet haben. Christen sehen ihn als den Sohn Gottes an, die zweite Person innerhalb der göttlichen Trinität. Dass es Evangelien gibt, scheint ganz selbstverständlich zu sein. Dennoch haben diese Texte kein Gegenstück in einer anderen literarischen Tradition. Bevor wir uns gleich in die Evangelien von Markus, Matthäus, Lukas und Johannes hineinbegeben, halten wir kurz inne und stellen die entscheidende Frage:

Was ist ein Evangelium?

Die Christen und die Kirche haben schon seit so langer Zeit das Wort »Evangelium« im ganzen Abendland eingeführt, dass es in unsere Kultur Eingang gefunden hat. Jetzt aber gilt es, unser Vorverständnis einmal hintanzustellen. Wir kehren zum Ursprung zurück und fragen nach.

Der Ursprung des Wortes »Evangelium«

1. Vor dem Neuen Testament. – Das Wort »Evangelium« kommt vom Griechischen *euangelion*, was so viel wie »Ankündigung einer guten Nachricht« bedeutet. Es ist die Übersetzung des hebräischen Wortes »*besôrâ*«, das vor allem dazu verwendet wird, einen Sieg anzukündigen. So zum Beispiel als nach dem Tod des Königs Abschalom, Ahimaaz, der Sohn des Zadok die gute Nachricht von der Niederlage des Feindes übermitteln will: »Ich will zum König eilen und ihm die freudige Nachricht bringen, dass der Herr ihm Recht gegenüber seinen Feinden verschafft hat« (2 Sam 18,19). Einen wirklich theologischen Sinn hat das Wort erst im zweiten Teil des Jesajabuches (»Deuterojesaja«) angenommen, das nach dem Exil redigiert worden ist. Das Kommen des Messias wird als »gute Nachricht«, als »Evangelium« bezeichnet: »Wie willkommen sind auf den Bergen die Schritte des Freudenboten, der Frieden ankündigt, der eine frohe Botschaft bringt und Rettung verheißt, der zu Zion sagt: ›Dein Gott ist König‹« (Jes 52,7).

2. In Bezug auf Jesus. – Jesus erklärt die Prophezeiung des Jesaja für erfüllt. Er kündigt die gute Nachricht par exellence an: das Kommen des Reiches Gottes auf Erden, anders gesagt, die Tatsache, dass Gott

Reiseweg zum Thema »Gute Nachricht«
Hier eine Reihe von Texten, die vom Evangelium sprechen:
Mt 4,23; 11,4 f.; 9,35; Mk 1,15; Lk 4,18; 7,22; 8,1
Was ist Ihrer Meinung nach der Inhalt dieser »guten Nachricht«?

erneut direkt in die Welt eingreift. Das ist der erste Sinn. Aber daneben gibt es sogleich einen zweiten Sinn, wenn man sich darauf besinnt, dass Jesus der Messias ist: er selbst ist der Gegenstand der guten Nachricht, oder wenn man so will, er *ist* die gute Nachricht.

3. Für Paulus. – Als Theologe hat Paulus den Begriff systematisch erfasst. Er unterscheidet zwischen der Verheißung und ihrer Erfüllung. Für ihn ist die Erfüllung der Verheißung im eigentlichen Sinne das Evangelium. Das Evangelium umfasst also die Tat Gottes, die durch Christus zu unseren Gunsten ausgeführt wird. Paulus spricht ebenso vom »Evangelium Gottes« wie vom »Evangelium Christi«.

4. In der späteren Zeit. – Das Wort »Evangelium« wird erst sehr spät auf die uns heute geläufigen Schriften angewendet. Um die Evangelien zu bezeichnen, sprachen die frühen Kirchenväter von »den Dingen, die der Herr gesagt und getan hat«, oder von »den Worten des Herrn« oder auch von »den Erinnerungen der Apostel«. Erst um das Jahr 150 n. Chr. nennt Justin diese Texte »Evangelien«.

Was das Evangelium ist

Bevor damit ein Buch gemeint ist, stellt das Evangelium vor allem eine theologische Realität dar. Dies muss man sich bei der Definition von »Evangelium« stets vor Augen halten

1. Eine Erzählung, die eine bestimmte Form besitzt. – Greifen wir die alte Bezeichnung als »Erinnerungen der Apostel« wieder auf. Um eine Erinnerung abzufassen, verwendet man für gewöhnlich die Form einer Erzählung. Man bringt seine Erinnerungen »in eine Ordnung«. Dabei besteht die Tendenz, ähnliche Ereignisse zusammenzubringen, ohne sich immer über die Chronologie Rechenschaft zu geben. Man interpretiert die Dinge aus späterer Sicht und wählt Züge aus, die man behalten will. Nichts anderes machen die Evangelien. Bei Matthäus z. B. wird eine gewisse Anzahl von Worten Jesu in fünf großen Reden gesammelt, die Gleichnisse werden zusammengefasst, ebenso die Wunder.

2. Rechenschaft über eine Erfahrung. – Ein zweites Element, das diese Vorstellung von »Erinnerung« beinhaltet, ist Folgendes: Es geht darum, die Erinnerungen einer Gemeinschaft an das Leben einer Person zu sammeln, die seine Jünger eine zugleich menschliche wie mystische Erfahrung hat erleben lassen. Wenn es schon schwer ist, ein konkretes Ereignis zu beschreiben (Welches Element hebt man hervor? Wie soll man es interpretieren?), um wie viel schwerer ist es, von jemandem zu reden, den man liebt. Das Leben lässt sich nicht in einem einzigen Wort erfassen! Es ist also angemessen die Perspektiven zu vervielfachen und die abstrakten Zusammenhänge zurückzuweisen, Annäherungen und Vergleiche zu wagen, Einblicke zu geben, aber auch zu hören, zu fühlen, Empfindungen zu vermitteln, deutliche Zusammenhänge festzuhalten, alles loszulassen, was zu eng und starr ist.

3. Eine Schrift, die auf die Bedürfnisse der Gemeinde antwortet. – Die Evangelien sind nicht allein Erinnerungen. Wie deutlich geworden ist, sind sie ebenso sehr Ausdruck einer Gemeinschaft. Diese muss darin Antworten auf ihre Bedürfnisse erfahren:

- *Katechese*: Das Evangelium antwortet auf Fragen, die künftige Christen stellen: Wie soll man beten (Mt 6,9-13), fasten (Mt 6,16-18)? Darf man seine Frau entlassen (Mk 10,1-12)? Darf man dem Kaiser Steuern zahlen (Mk 12,13-17)? Kommt das Ende der Welt bald (Mk 13)? Wie viele Menschen werden gerettet werden (Lk 13,23-30)? Welche Einstellung soll man gegenüber dem Reichtum haben (Lk 12,13-34)?
- *Organisation der Gemeinden*: Die ersten Gemeinden organisieren sich und werden mit Schwierigkeiten konfrontiert. Muss man diejenigen aufnehmen, die sich als Propheten ausgeben? Auf jeden Fall muss man falschen Propheten misstrauen (Mt 7,15-16). Soll man neue Ränge in der Hierarchie zulassen? In jedem Falle soll sich niemand »Vater« nennen lassen (Mt 23,9). Welchen Platz soll man den Kindern geben? Jesus hat gesagt, man solle sie in die Gemeinschaft einbeziehen (Lk 18,16-17).
- *Liturgie*: Die Evangelien bewahren auch zahlreiche liturgische Elemente, in erster Linie die Erzählungen über die Einsetzung der Eucharistie.
- *Beziehungen zum Judentum*: Wie man gesehen hat, wirkt sich die Geschichte des frühen Christentums in den Evangelien aus. Sie versuchen auch die Position der Kirchen in Bezug auf das Judentum zu definieren (vgl. S. 29 ff.).

4. Theologie in der Form einer Erzählung. – Schließlich darf man nicht vergessen, dass die Evangelien um die Gute Nachricht kreisen, die zugleich eine Botschaft aus dem Munde Jesu wie auch die Person Jesu selbst ist. Darum können alle Handlungen Jesu als Teile einer Offenbarung der guten Nachricht interpretiert werden. All die beschriebenen Handlungen im Evangelium können eine zweite, eine theologische Interpretation erhalten: Die Geburt Christi wirft Licht auf die zweifache (menschliche und göttliche) Natur Jesu, die Wunder machen es möglich aufzuzeigen, wer Jesus ist und was das Reich Gottes bedeutet, die Passion deckt den göttlichen Heilsplan für die Menschen auf etc.

Was das Evangelium nicht ist

1. Ein Protokoll des Lebens Jesu. – Ein Protokoll ist ein juristisch gültiges Schreiben, das die Ereignisse in ihrer chronologischen Ordnung auf erschöpfende Weise darstellt. Mit dieser Auffassung ist man ziemlich weit von dem entfernt, was ein Evangelium ausmacht! Die Unterschiede in den Chronologien, die Neuinterpretationen von Texten in gewandeltem Kontext sowie die Möglichkeit einer theologischen *relecture* der Ereignisse, all das zusammen verbietet die Annahme, die Evangelisten würden das Leben Jesu schlicht protokollieren wollen. Dennoch sperrt sich die Textgattung »Evangelium« nicht vor einer Verortung in der Historie. Die Ereignisse fügen sich sehr wohl in den Zeitkontext ein. Einige von ihnen können mit einer gewissen Präzision auch datiert werden.

2. Eine reine Biographie Jesu. – Indem sie die Form der Erzählung und nicht die des theologischen Traktats oder der äußerlichen Beschreibung wählen, entscheiden sich die Evangelien eindeutig für eine lebendige Darstellung Jesu und weisen das biographische Genre zurück. Markus und Johannes erzählen nichts von der Kindheit Jesu. Markus erwähnt den Namen des gesetzlichen Vaters Jesu nicht. Johannes spricht von Jesu Mutter, ohne ihr einen Vornamen zu geben. Besäßen wir nur das Johannesevangelium, wüssten wir nicht einmal, dass die Jungfrau Maria hieß! Außerdem: Versuchen Sie einmal das Portrait Jesu auf der Grundlage der Evangelien zu zeichnen. War Jesus groß? Trug er, wie es die frommen Bildnisse des 19. Jh. zeigen, lange Haare und einen Bart? Trug er einen langen, ungebleichten Mantel? Wie sehr das auch erstaunen mag, zu diesen Dingen erhalten Sie keinerlei Hinweise. Deshalb ist es auch durchaus erlaubt, sich Jesus als einen stämmigen kleinen Mann mit schwarzen Haaren und dunkler Haut vorzustellen, ganz im Gegensatz zu dem großen Mann mit den blauen Augen, wie er sich in manch frommen Darstellungen findet.

Vier Evangelien unter vielen anderen

Wenn von den »Evangelien« die Rede ist, dann versteht man darunter sofort die vier »kanonischen« Evangelien, d. h. diejenigen, welche im Kanon, dem anerkannten Verzeichnis der Schriften der Kirche stehen. Man darf jedoch nicht aus dem Blick verlieren, dass während langer Zeit noch andere Evangelien im Umlauf waren, die andere Charakteristika zeigten. In der Tat haben unsere vier Evangelien miteinander gemeinsam, dass sie in der Erzählung der Passion ihren Höhepunkt haben. Man kann sie als **Evangelien der Passion** bezeichnen. Ein anderes Passionsevangelium ist das Petrusevangelium, von dem nur ein Fragment erhalten geblieben ist (inhaltlich reicht es vom Ende des Prozesses Jesu bis zu seiner Auferstehung). Aber es hat noch weitere Formen gegeben:

1. Die Kindheitsevangelien, welche die Geburt und die Kindheit Jesu erzählen. Das Protevangelium des Jakobus beginnt seine Erzählung mit der Geburt von Maria und geht weiter bis zur Geburt Jesu.

Das Evangelium des Pseudo-Thomas bietet Erzählungen über Wunder, die Jesus im Alter von 5 bis 12 Jahren gewirkt hat.

2. Sammlungen von Worten Jesu, die Stück für Stück zusammengesetzt wurden, ohne dass man sie in eine Erzählung eingebettet hätte. Das Thomasevangelium sammelt mehr oder weniger kurze Worte Jesu, von denen sich auch einige in den Evangelien wiederfinden. Es ist möglich, dass die letzte Version dieses Evangeliums unter den gnostischen Kirchen zirkulierte.

3. Meditationen über religiöse Themen: Das Philippusevangelium und das Evangelium der Wahrheit, zwei »apokryphe« Evangelien (d. h. sie stehen nicht im Kanon), die ebenfalls der gnostischen Tradition angehören, stellen sich als Predigten Jesu in der Form einer Meditation dar. Darüber hinaus gab es noch andere Evangelien, deren Spuren man aber verloren hat, wie z. B. das Ebioniterevangelium und das Hebräerevangelium, die in den judenchristlichen Kirchen in Gebrauch waren und von denen nur einige Zitate in den Kirchenvätern und im Geheimen Markusevangelium übrig geblieben sind.

Gnosis:
eine religiöse Philosophie, die sich um eine umfassende Erkenntnis Gottes und des eigenen Wesens bemüht und durch diese Kenntnis die Erlösung anstrebt. Siehe auch S. 91.

Ein Evangelium in vier Evangelien

Oft hört man die Frage: Warum gibt es gerade vier Evangelien? Um die Wahrheit zu sagen, nichts machte es zwingend notwendig, dass es gerade vier Evangelien waren und nicht drei oder fünf. Im Gegenteil, vom eben Gesagten her versteht man, dass die Pluralität der Evangelien – und somit die Pluralität der Perspektiven – es einem ermöglicht, jegliche Erstarrung und Vereinseitigung zu vermeiden. Manchmal gibt es nicht nur vier Versionen der einen Episode, sondern auch vier verschiedene Ansichten der Person Jesu.

Die Pluralität der Evangelien ist kein bedauernswerter Nachteil, sondern geradezu eine Chance, jede Vereinseitigung und Verhärtung im Verständnis der Schrift abzuwehren. Mehr noch verbietet sie eine wortwörtliche Lektüre der Evangelien. Da jeder Text seinen Sinn im Verbund mit den drei anderen bekommt, sollte man sich nicht an der Buchstäblichkeit des Textes festhalten.

»Vier in einem«
Tatian (180 n. Chr.), ein Schüler Justins, war der erste, der sich einem Unternehmen zuwandte, das seitdem mehrfach versucht wurde: die Vielfalt der Evangelien zu reduzieren. Ausgehend von den vier Evangelien verfasste er ein einzigartiges Buch, das er »Diatessaron« nannte, was auf griechisch so viel wie »(eines) mit vier« bedeutet. Diese Wendung stammt aus der Musik. Sie ruft die Vorstellung der Harmonie wach, den Klang der reinen Quarte.

Das synoptische Problem

Eine Synopse ist ein Buch, das die Evangelien in Spalten geschrieben präsentiert. So kann man auf einen Blick (das ist der Sinn von »Synopse«) die vergleichbaren Texte lesen. Die ersten drei Evangelien sind einander so ähnlich, dass man sie in Spalten anordnen kann. Deshalb nennt man Matthäus, Markus und Lukas auch die synoptischen Evangelien bzw. die »Synoptiker«.

Diese Ähnlichkeit führte zu der Frage, ob sie sich auf eine oder meh-

Man geht in jedem Fall davon aus, dass Matthäus und Lukas Markus gekannt haben. Der eine ist vom anderen aber unabhängig. Matthäus und Lukas haben das, was sie in Q vorgefunden haben, unterschiedlich behandelt. Matthäus hat sein ganzes Evangelium damit »gespickt«. Lukas zieht es hingegen vor, Q in Form von zwei großen Einschüben in sein von Markus übernommenes Gerüst einzufügen. Matthäus und Lukas besitzen jeweils auch Texte, die nur ihnen eigen sind. Man spricht hier von »Sondergut«.

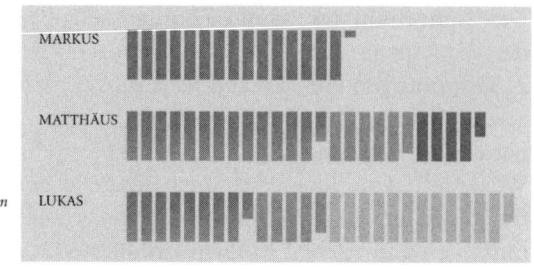

■ *Markusevangelium*

■ *Mit dem Markusevangelium übereinstimmende Texte*

■ *Übereinstimmungen im Matthäus- und Lukasevangelium*

■ *Sondergut*

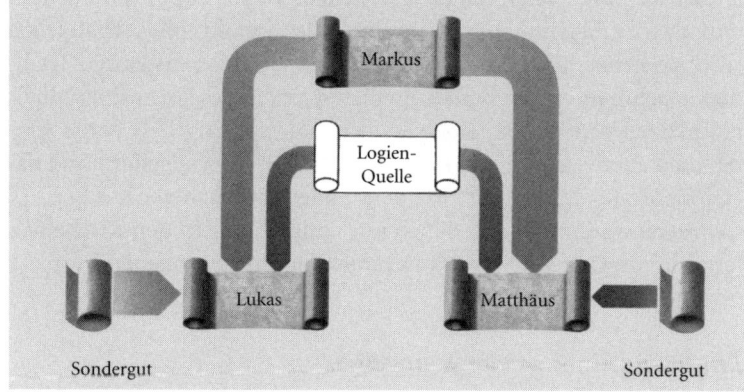

rere Quellen stützen. Über die Jahrhunderte hinweg haben die Bibelwissenschaftler dazu viele Hypothesen aufgestellt, die zum Teil sehr kompliziert sind.

Stark vereinfacht (und folglich in diesem Maße auch verzerrt), ist unter den Exegeten die folgende Meinung am weitesten verbreitet: Man nimmt an, dass es für Matthäus und Lukas zwei »Quellen« gab: einerseits das Markusevangelium, andererseits die Redequelle Q, die allerdings auch wenige Erzähltexte enthält. Mt und Lk lesen diese Quellen unabhängig voneinander und auf unterschiedliche Weise. Die eben skizzierten Zuordnungen der synoptischen Evangelien werden wiedergegeben in der sogenannten Zwei-Quellen-Theorie.

Synoptisch lesen

Jetzt werden wir uns anhand eines einfachen Beispiels mit der synoptischen Arbeit vertraut machen. Die Erzählung von der Heilung der Schwiegermutter des Petrus bringen alle drei synoptischen Evangelien. Weiter unten steht der Text, wie man ihn in einer »Synopse« vorfindet.

Wenn ein Wort Matthäus eigen ist, dann unterstreicht man es rot; wenn es zu Markus gehört mit blau, wenn es zu Lukas gehört mit gelb. Ist ein Wort Mt und Mk gemeinsam, wird es violett unterstrichen; ist es Mt und Lk gemeinsam, wird es orange unterstrichen. Ist es Mk und Lk gemeinsam, unterstreichen wir mit grün. Wenn es allen drei Evangelien gemeinsam ist, dann verwenden wir braun. Diese Arbeit mag einem zunächst ein wenig »verschult« erscheinen. Sie werden aber sehen, dass Sie dadurch eigene Entdeckungen machen werden. Außerdem werden Sie dadurch angeleitet, die Texte sehr genau zu lesen.

Was den gesamten Text betrifft, so kann man durch diesen kleinen Arbeitsschritt bereits einiges erkennen. Es wird deutlich: Mt ist am kürzesten, Mk am längsten. Die drei Erzählungen jedoch scheinen einander ähnlich zu sein.

Nur weniges kann man mit braun (d. h. was allen dreien gemeinsam ist) unterstreichen: »**gehen, in das Haus von, Schwiegermutter, Fieber, und das Fieber verließ sie, sie diente**«. Vieles hingegen ist mit rot, blau und gelb (Worte, die jeweils nur im Text eines Evangelisten vorkommen), aber auch mit grün (Worte, die Mk und Lk gemeinsam sind) zu markieren.

Man kann vermuten, dass es eine Basiserzählung gibt, die von jedem Evangelisten bearbeitet worden ist.

Was die einzelne Erzählung betrifft, so werden die Beobachtungen zusammen einen Sinn geben, wenn man jedes der Evangelien detailliert studiert.

Matthäus 8	Markus 1	Lukas 4
14 Jesus ging in _das Haus_ **des Petrus und sah, dass dessen** _Schwiegermutter_ **im Bett lag und Fieber hatte.** **15 Da berührte er ihre** _Hand_, **und das** _Fieber_ _wich_ **von ihr. Und sie stand auf und** _sie_ _sorgte_ **für ihn.**	_29 Und gleich verließen sie_ die Synagoge _und gingen zusammen mit Jakobus und Johannes gleich_ in das Haus des Simon _und Andreas._ _30 Die_ Schwiegermutter _des Simon lag mit_ Fieber _im Bett. Und gleich sprachen mit Jesus über_ sie, _31 und er ging zu ihr, fasste sie an der_ **Hand** _und_ richtete sie auf. _Da_ wich _das_ **Fieber** _von ihr,_ _und_ **_sie_** **_sorgte für sie._**	38 Jesus stand auf, verließ die Synagoge und ging _in das_ **Haus** _des_ Simon. Die Schwiegermutter des Simon hatte hohes **Fieber,** und sie baten ihn, ihr zu helfen. 39 Er trat zu ihr hin, beugte sich über sie und befahl dem **Fieber** zu weichen. Da **wich** **_das Fieber von ihr,_** **und sie** stand sofort auf und **_sie sorgte für sie._**
Mt 8 = Text fett + Mk 1 + Lk 4	Mk 1 = Text kursiv + Mt 8 + Lk 4	Lk 4 = Text unterstrichen + Mt 8 + Mk 1

Vergleichen Sie die Texte

Am Computer verwendet man zum Markieren fett, _kursiv_ und unterstrichen.
Es geht aber auch einfach so, dass Sie jedes Wort farbig unterstreichen.
Es gibt 3 grundlegende Farben:
- rot, blau, und gelb
Aus deren Mischung ergeben sich alle anderen:
- rot + blau = violett
- rot + gelb = orange
- blau + gelb = grün
- rot + blau + gelb = braun

Markus ist sehr konkret. Man hat den Eindruck, einen Augenzeugen zu hören. »Und gleich« wird zweimal verwendet. Das verleiht der Erzählung eine gewisse Geschwindigkeit.

Markus ist auch Theologe. Die Wendung »und (er) richtete sie auf« fällt in den Blick. Sie erinnert an die Kraft der Auferstehung Jesu. »Aufrichten«, und »auferstehen« werden im Griechischen mit dem gleichen Wort bezeichnet. Wenn man die Konstruktion von V. 31 anschaut, dann wird diese »Auferstehung« dadurch bewirkt, dass

Jesus sich nähert und an der Hand fasst. Die einfache Gegenwart und der einfache Kontakt genügen. Von Jesus geht eine sehr starke Kraft aus. Diese Kraft ist so groß, dass nichts mehr von der Krankheit übrig bleibt. Unverzüglich kann die Frau zu ihren Aktivitäten zurückkehren. Die Erzählung lässt uns bei einer Auferweckung im Kleinen dabei sein.

Lukas verbessert den Text in literarischer Hinsicht. Er schreibt, die Frau habe »hohes Fieber«. Kleine Details lassen vermuten, dass er die Episode in leicht unterschiedlicher Weise interpretiert. Anstatt wie Markus darin eine »kleine Auferweckung« zu sehen, gestaltet er sie als einen Exorzismus. Die Frau hat Fieber, es ist, als hätte sie einen Dämon. Jesus bedroht das Fieber wie in einem Exorzismus (vgl. Lk 4,35.41). Dieser Exorzismus – das ist die zweite Eigenheit des Textes – offenbart, wer Jesus ist: der wohlwollende »Herr«. Er ist der »Herr«, weil die Jünger ihn bitten, wie man Gott bittet. Und er ist so mächtig, dass das Fieber sie im gleichen Moment verlässt. Er ist ein gütiger Herr, weil er sich »nach unten« über die Frau beugt wie ein Beschützer.

Matthäus beobachtet, wie oft in seinen Wundererzählungen, nur zwei Personen: Jesus und den betroffenen Menschen. Er lässt alle zweitrangigen Details weg. Das hebt die Person Jesu hervor. Er ergreift die Initiative, um zu Petrus zu gehen, er sieht die Kranke, er und nur er allein »hat unsere Leiden auf sich genommen und unsere Krankheiten getragen« (Mt 8,17), und nur er allein erfüllt die Schrift. Ferner stellen wir fest, dass Mt als Einziger von »Petrus« und nicht von »Simon« spricht. Warum dieser Hinweis, wenn nicht dazu, gerade die Wendung »Haus des Petrus« hervorzuheben? Die Interpretation des Mt unterscheidet sich also von der des Mk und des Lk. Es ist die Kirche selbst, die Jesus wieder aufrichtet und die ihrem Herrn sogleich dient.

Schauen wir jetzt auf die Verortung der Episode im Kontext des jeweiligen Evangeliums.

In der folgenden Übersicht werden nur die Texte einiger Kapitel mit Kurztitel in einer »Synopse« dargestellt. Man sieht, wie die Evangelisten die gleichen Texte aus der Tradition unterschiedlich einbauen. Die Striche (– – –) in einer Spalte zeigen an, dass dieses Evangelium die besagte Episode nicht hat. Sie findet sich dann aber bei einem anderen. So erzählen z. B. Mt und Mk die in Lk 4,16-30 überlieferte Episode von Jesu Kommen in die Synagoge von Nazaret nicht. Der Hinweis in Klammern zeigt an, dass dieses Evangelium die gleiche Episode hat, sie aber in einen anderen Kontext versetzt. So steht z. B. die Berufung der vier Jünger, die bei Mt 4,18-22 und Mk 1,16-20 vor dem Tag in Kafarnaum erzählt wird, bei Lk 5,1-11 danach.

Matthäus	Markus	Lukas
4,12-17 Jesus kommt nach Galiläa	1,14-15 Jesus kommt nach Galiläa	4,14-15 Jesus kommt nach Galiläa
.....	.....	16-30 In der Synagoge von Nazaret
.....	.....	16-22 Begeisterter Empfang
(13,53-57)	(6,1-3)	23-30 Ablehnung
18-22 Berufung von 4 Jüngern	16-20 Berufung von 4 Jüngern	(5,1-11)
	Tag in Kafarnaum	
(7,28-29)	21-22 Predigt in der Synagoge	31-32 Predigt in der Synagoge
.....	23-28 Heilung eines Besessenen.	33-37 Heilung eines Besessenen
(8,14-15)	**29-31 Heilung (Schwiegermutter)**	**38-39 Exorzismus (Schwiegermutter)**
(8,16-17)	32-33 Heilung von Kranken und Besessenen	40-41 Heilung von Kranken und Besessenen
.....	35-38 Jesus verlässt Kafarnaum	42-43 Jesus verlässt Kafarnaum
23-24 Summarium: Aktivitäten Jesu	39 Summarium: Jesu Aktivitäten	44 Summarium: Jesu Aktivitäten
.....	.....	5,1-11 Wunderbarer Fischfang und Berufung von 4 Jüngern
(4,18-22)	(1,16-20)	
(8,1-4)	40-45 Heilung eines Aussätzigen	12-16 Heilung eines Aussätzigen
(9,1-8)	2,1-12 Heilung eines Gelähmten	17-26 Heilung eines Gelähmten
Jesus machtvoll in WORTEN Kap. 5 bis 7 Die Bergpredigt 7,28-29 Abschluss der Reden	..... (1,22)	6,20-49 Die Feldrede (4,32)
Jesus machtvoll in TATEN 8,1-4 Aussätzige (Jüdisch)	(1,40-44)	(5,12-14)
5-13 Hauptmann (Heidnisch)	.....	7,1-10 Hauptmann
14-15 Die Schwiegermutter (Jünger)	(1,29-31)	(4,38-39)
16-17 Zahlreiche Heilungen = Jes 53,4	(1,32-34)	(4,40-41)
(11,2-16)	.....	7,11-8,3 Prophet Jesus; Täufer
(12,46-50)	3,31-35 Die wahre Familie Jesu	(8,19-26)
(13,1-53)	4,1-34 Gleichnisse	8,4-18 Gleichnisse
(12,46-50)	(3,31-35)	19-21 Die wahre Familie Jesu
18 Einführung Sturmerzählung	4,35 Einführung Sturmerzählung	22 Einführung Sturmerzählung
19-22,2 2 Männer wollen Jesus folgen	.....	(9,57-62)
23-27 Der gestillte Sturm	35-41 Der gestillte Sturm (am Abend)	22-25 Der gestillte Sturm (ein Tag)
28-34 2 Besessene von Gadara	5,1-20 Der Besessene von Gerasa	26-39 Der Besessene von Gerasa
9,1-8 Der Gelähmte	(2,1-12)	(5,17-26)
9 Berufung des Matthäus	(2,13-14)	(5,27-28)
10-13 Berufung der Fischer	.....	.....
14-17 Altes und Neues	(2,18-22)	(5,33-39)
18-26 Die blutflüssige Frau und die Tochter des Jairus	21-43 Die blutflüssige Frau und die Tochter des Jairus	40-56 Die blutflüssige Frau und die Tochter des Jairus
27-31 2 Blinde	.....	.....
32-34 ein stummer Besessener	.....	.....
(13,53-57)	6,1-6 Jesus in Nazaret	(4,23-30)
9,35 bis 10,40 Aussendung der 12	7-13 Aussendung der 12	9,1-6 Aussendung der 12
13 Gleichnisse	(4,1-34)	(8,4-18)
.....	.....	9,51f. Aufstieg nach Jerusalem
(8,19-22)	.....	57-63 Drei Männer wollen Jesus folgen
(13,54-58) Jesus wird in Nazaret abgelehnt	(6,1-6)	(4,23-30)

Wo die Episode von LK 5,1-11 in Mt und Lk verortet wird, steht dort in Klammern.

Markus hat den Tag in Kafarnaum wie eine Zusammenfassung der Aktivitäten Jesu gestaltet. Die Wunder sind ein Teil davon, unter ihnen die Heilung der Schwiegermutter des Petrus.

Lukas nimmt die Sequenz des Tages in Kafarnaum auf, stellt sie aber in einen größeren Zusammenhang, der von Lk 4,16 bis 4,44 reicht. Man hat so nicht nur eine Zusammenfassung von Jesu Wirken, sondern auch von der Aufnahme, die Jesus findet: zunächst enthusiastisch (4,16-22), dann feindselig (4,23-30). In seiner programmatischen Rede (4,16-21) verkündet Jesus, er bringe die Befreiung. Doch er sagt nicht welche. Indem Lukas festhält, Jesus »bedrohe« das Fieber, wandelt er die Heilungserzählung in einen Exorzismus um, wie die Erzählungen davor und danach. So zeigen uns die drei Exorzismen, dass Jesus gekommen ist, von dämonischer Macht zu befreien.

Matthäus setzt die Heilungserzählung in einen Kontext von zehn Wundern, die an die Bergpredigt anknüpfen. Durch diese Verknüpfung zeigt er, dass Jesus machtvoll in Wort und Tat ist.

Was findet man in einem Evangelium?

Das Evangelium ist ein spezielles literarisches Genre. Einer seiner charakteristischen Züge ist die Fähigkeit, schon zuvor existierende »Untergattungen« und sogar unterschiedliche Stilrichtungen in sich aufzunehmen. Das erklärt sich vielleicht durch die Kompositionsweise der Evangelien. Die Evangelisten haben bereits vorliegende Stücke aufgenommen und sie dann zu einem Text zusammengefügt. Das wiederum hat mit den Erfordernissen bei der Abfassung zu tun. Wenn man ein Wunder darstellen will, dann braucht es dazu einige notwendige Erzählschritte, damit die Geschichte verständlich wird. Warum sollte man von diesem Vorgehen abrücken und versuchen, seiner redaktionellen Arbeit ein anderes Konzept zu geben, wenn doch gewisse bekannte Formen von den Lesern bzw. Hörern erwartet werden?

Folgende »Untergattungen« bzw. Textsorten gibt es im Evangelium

1. Die Wundererzählung. – Sie besteht allgemein aus drei Abschnitten:
• Die Exposition beschreibt die Ausgangssituation.
• Das Wunder im eigentlichen Sinne, über das sich der Evangelist normalerweise nicht auslässt (häufig weiß man auch nicht, wie Jesus genau vorgeht).

• Der Schluss, der für gewöhnlich in zwei Schritten präsentiert wird (zuerst das Ergebnis, dann die Reaktion der Zuschauer).

2. Die Gleichnisse. – Wahrscheinlich von populären Predigern übernommen, ist das Gleichnis eine vielgestaltige, schwer zu definierende Gattung. Manche nähern sich einem kurzen Vergleich an, andere haben die Ausmaße einer richtigen kleinen Erzählung.

3. Die Sprüche. – Das sind Worte Jesu, die man entsprechend ihres Stils klassifizieren kann: prophetisch (Mt 11,20-24), apokalyptisch (Lk 21,34-36; Joh 1,51), rechtlich (Lk 17,3-4; Mk 2,27), weisheitlich (Lk 14,34-35).

4. Die Streitgespräche und Wehreden. – Die Streitgespräche greifen die Debatten auf, die Jesus mit den Vornehmen seiner Zeit, vor allem den Sadduzäern führte (Mt 22,23-34). Die Wehreden vereinigen die Vorwürfe Jesu gegenüber den Pharisäern (Mt 23).
Im Allgemeinen beginnen die Streitgespräche mit einer Handlung oder einem Wort Jesu. Dieses ruft bei seinen Gegnern (oft gespieltes) Erstaunen hervor. Der Wortwechsel wird rasch hitzig. Sehr schnell enthüllt Jesus auch die verborgenen Absichten seiner Zuhörer und zeigt auf, um was es wirklich geht. Jeder muss Farbe bekennen.

5. Die Verheißungen. – Vom Alten Testament her sind sie bekannt (Gen 18,10-15; Ri 13). Man findet sie in den Kindheitserzählungen der Evangelien (Lk 1,15-25; 1,26-38; Mt 1,18-25).

6. Die Apophthegmen. – Das sind kurze Sätze bzw. Aussprüche, die man als wichtig erachtet (von griechisch »apophthegomai« = frei heraus sagen). Oft wird um sie herum eine kleine Erzählung gebildet, die dann auf den Spruch Jesu als Pointe hinausläuft, z. B. die Heilung des Mannes mit der verdorrten Hand (Mk 3, 1-5) oder das Ährenraufen am Sabbat (Mk 2,23-28).

7. Frei umlaufende Sprüche. – Damit sind Sprüche Jesu gemeint, die man festgehalten hat, aber nicht mehr weiß, in welchem Kontext sie einst gesprochen worden sind. Wenn möglich, verbindet man sie mit einer Rede oder einer Erzählung.

8. Die Prophezeiungen. – Eine Prophezeiung kündigt an, was sich in der Zukunft ereignen wird. Sie beschreibt eine nahe Zukunft, wie z. B. dass Petrus Jesus verleugnen wird (Mk 14,30) oder eine eschatologische Zukunft (d. h. am Ende der Zeiten) wie in der »kleinen markinischen Apokalypse« (Mk 13,24-27).

Mk 2,21–22

Lesen Sie den Kontext. Warum findet man Ihrer Meinung nach dort einen »frei umlaufenden Spruch«?

Verschiedene Stile

1. Der epiphane oder theophane Stil. – (Vom griechischen Wort *theos* = Gott und *phainein* = sich zeigen.) Er will die Gegenwart Gottes zum Ausdruck bringen. Die Theophanie am Sinai (Ex 19) dient oft als Modell. Nach dem Buch Exodus weisen Feuer, Blitze und die

Erschütterung des Berges darauf hin, dass Gott anwesend ist. Diese Entfesselung von Naturgewalten bewirkt auf Seiten der Menschen einen Respekt, der mit Furcht gemischt ist. Damit man nicht in eine wörtliche Lesart der Bibel verfällt, muss man sich vor Augen halten, dass es sich dabei großenteils um Bilder handelt. Sie versuchen sich dem anzunähern, was man unmöglich durch eine Beschreibung wiedergeben kann: die Anwesenheit Gottes.

2. Der apokalyptische Stil. – Dieser Stil, der in den Zeiten der Verfolgung entstanden ist, will eine feste Überzeugung des Glaubens ausdrücken: Gott ist der Herr der Geschichte. Er wird am Ende eingreifen, wenn das Böse entfesselt sein wird. Die Sterne fallen vom Himmel, die Erde wird erschüttert, die Himmel zerreißen ... all das sind Bilder, um zwei Geheimnisse zu übersetzen, die selbst unmöglich wiedergegeben werden können: die Gewalt des Bösen und die Macht Gottes.

3. Der midraschartige Stil. – In jüdischer Tradition ist der Midrasch eine Aktualisierung der Schrift. Damit man besseren Zugang zur Schrift findet, werden schwierige Stellen erklärt. Man legt sie in der Form einer Erzählung aus und zieht Vergleiche mit der Gegenwart. Oft nimmt der Midrasch die Gestalt einer Beispielerzählung an. Nach Auffassung der Bibelwissenschaftler tragen die Erzählungen der Kindheit Jesu Züge dieses midraschartigen Stils.

Welches sind die heutigen Methoden zur Interpretation des Evangeliums?

Nach dem Text: Rezeptionskritik

Im Text: Narrative, rhetorische, semiotische Kritik

Dem Text vorausgehend: Kritik der Quellen und literarischen Formen, die den Evangelisten vorliegen; soziologische Kritik ...

Seit Ende des 19. Jh. sind zahlreiche Interpretationsmethoden der Bibel entstanden. Dabei haben sich die einen gegen die anderen oft polemisch abgegrenzt. Die meisten von ihnen findet man zusammengefasst unter der Bezeichnung »biblische Exegese«. Tatsächlich sind sie zumeist komplementär, denn sie betrachten die Texte aus verschiedenen Blickwinkeln: dem Text vorausgehend (die literarische Entstehungsgeschichte des Textes), innerhalb des Textes (die literarische Konstruktion des Textes), nach dem Text (die Geschichte der Rezeption des Textes).

1. Wie erklärt sich die Entstehung des Textes?
Die folgenden Methoden nehmen die »Welt«, die *vor* dem Text liegt, in den Blick, um seine Entstehung zu erklären.
• Was ist das ursprüngliche Milieu des Textes? Auf eine solche Frage antwortet die *soziologische Kritik*. Sie beschreibt das soziale und kulturelle Umfeld, in dem die ersten Christen lebten und erklärt die Komposition des Textes ausgehend von den Werten, den Gruppen, den sozialen Problemen, auf die die Autoren Bezug nehmen.
• Von welchen Texten werden die Autoren inspiriert? fragt die *Quellenkritik*. Wie schon gesehen, werden die Evangelien auf der Basis

von mündlichen und schriftlichen Quellen redigiert. Diese muss man erst aufspüren. Ebenso muss man wissen, was die Autoren aus dem Alten Testament, jüdischen oder heidnischen Schriften entlehnt haben.

- Welche literarischen Gattungen haben die Autoren verwendet?, fragt die *Gattungskritik*. Tatsächlich stand die Redaktion in der Antike sehr stark unter der Vorgabe der literarischen Gattungen. Sie erzwangen jeweils gewisse Formelemente. Wundererzählungen, Erscheinungserzählungen, Apokalypsen etc. sind nach je eigenen, literarischen Formelementen aufgebaut.
- Gibt es mehrere Stufen der Redaktion? fragt die *Redaktionskritik*. Je nach der Entwicklung innerhalb der Gemeinde, kann ein und dasselbe Evangelium mehrere Redaktionen erfahren haben, wie es z. B. beim Johannesevangelium der Fall ist.

2. Wie ist der Text aufgebaut?

Diese Kritikansätze arbeiten mit der Welt *im* Text und befragen sie nach ihrem Aufbau. Sie kümmern sich nicht um die historische Realität der erzählten Ereignisse.

- Welches ist die literarische Konstruktion des Textes? Damit beschäftigt sich die *Formkritik*. *Form* meint hier den *einzelnen Text*. Sie verwendet das Instrumentarium der literaturwissenschaftlichen Interpretation, fragt nach dem Autor, dem Leser, der literarischen Konstruktion des Textes. Oft sind die beiden nachfolgend vorgestellten Ansätze Bestandteil einer formkritischen Analyse:
- Welches sind die logischen Verbindungen zwischen den verschiedenen Textelementen? Diese Frage stellt die *Semiotik*. Sie untersucht die logische Struktur des Textes, die Akteure, die Zusammenhänge von Ursache und Wirkung, die Zeitbezüge usw.
- Verwendet der Text rhetorische Techniken? Danach fragt die *rhetorische Analyse*. Sie untersucht die Argumentationstechniken, welche die Autoren verwenden, um ihre Leser zu überzeugen.

3. Welche Bedeutung hatte der Text in späterer Zeit? Welche Bedeutung hat er heute?

Kritikansätze dieser Art beschäftigen sich mit der Welt, die dem Text *nachfolgt*. Es geht also um den biblischen Text in seiner jeweiligen zeitgenössischen Rezeption. Man kann diese Ansätze deshalb auch als *ideologiekritische* bezeichnen.

Seit ihrem Entstehen hat die Theologie die biblischen Texte in erster Linie analysiert, um von ihnen her ihre theologischen Systeme zu entwerfen und sie auf die Entwicklung der Kirche anzuwenden. Die »Rezeptionskritik« interessiert sich für die Rezeption der Texte in der Vergangenheit und in der Gegenwart. Seit Ende der 1980er Jahre haben neuartige Zugänge, zumeist amerikanischer Herkunft, diesen Zugang in Hinblick auf die expliziten Interessen aufgegriffen und erweitert, so z. B. die feministische Kritik, die Kritik aus dem Blickwinkel der Dritten Welt (Befreiungstheologie) etc.

Das Evangelium nach Markus

STECKBRIEF

Entstehungszeit: um 70 n. Chr.

Autor und Ursprungsgemeinde: der Autor des Markusevangeliums schreibt in Griechisch für Nichtjuden. Das lässt sich aufgrund seiner Erklärungen jüdischer Bräuche (Mk 7,2-4;15,42) und seiner Übersetzungen aus dem Aramäischen (3,17;5,41; 7,11.34; 14,36; 15,22.34) schlussfolgern. Galiläa, Antiochia, das südliche Syrien oder Rom könnten der Entstehungsort gewesen sein. Seit der Notiz des Historikers Eusebius von Cäsarea, Kirchengeschichte III 29,15, dachte man herkömmlicherweise, Markus habe das Evangelium als Schüler des Petrus in Rom geschrieben. Das wäre möglich. In der Tat wird die Gemeinde in Rom von Verfolgungen bedroht. Der Glaube, den Markus darlegt, ist Widersprüchen ausgesetzt und fordert dazu auf, Risiken auf sich zu nehmen.

Der Stil des Markus: Markus ist ganz bewusst volkstümlich. Er ersetzt die koordinierenden Konjunktionen durch »und« oder »sogleich«, was den Eindruck großer Schnelligkeit erweckt. In der Konstruktion seiner Sätze ist er mitunter unpräzise (vgl. 8,24). Sein Sprachschatz ist einfach. Er ist aber ein sehr guter Erzähler, der auf konkrete Details Wert legt und seine Erzählungen in der Gegenwart konstruiert. Da er mehr Erzähler als Analytiker ist, zieht er es vor, die Reflexion aus den Tatsachen entspringen zu lassen. Diese werden manchmal mit großer Schonungslosigkeit präsentiert (siehe die Passionserzählung).

Überblick zum Markusevangelium

Nachfolgend schlägt Ihnen dieser Führer einen Leseparcours in drei Etappen vor: Ein Überblick macht Sie mit den allgemeinen Problemstellungen des Textes vertraut, ein Leseführer gestattet es Ihnen dann, die für Sie interessanten Passagen zu überfliegen und eventuell zu erkunden. Eine Auswahl an Texten wird Ihnen schließlich Einstiegsmöglichkeiten in den Text nahebringen.

Die Leitfrage im Evangelium: »Wer aber ist dieser?«

Wie wir noch sehen werden, beruht der Markustext auf einer Frage: *Wer ist dieser Jesus?* Von Beginn an erhöht der Autor für seinen Leser die Spannung, indem er ihn »Christus« und »Sohn Gottes« (Mk 1,1) nennt. Die Personen im Text sind sich jedoch nicht im Klaren, wer Jesus wirklich ist. Von Zeit zu Zeit stellt sich drängend die Frage:

»Wer ist dieser Mensch?« (2,7; 4,41; 63; 6,14-16; 8,27-29). Jesus unternimmt nichts, um seinen Zuhörern zu helfen. Er verbietet sogar denjenigen, die ihn erkennen, über ihre Entdeckung zu sprechen. Seit dem Buch von William Wrede (1901) nennt man diese Haltung das »Messiasgeheimnis«.

 ## Das Messiasgeheimnis

Finden Sie selbst heraus, wo das »Messiasgeheimnis« zum Tragen kommt.

Zuallererst sind es die Dämonen, die Jesus als »Christus« oder den »Heiligen Gottes« wiedererkennen (1,25.34; 3,11-12). Dann sind Petrus (8,27-30) und die Jünger bei der Verklärung (9,2-9) dabei. Allgemein fordert Jesus von den Geheilten, sie sollen schweigen (1,43-45; 5,43; 7,36; 8,26). Für seine Unterweisungen sucht er einsame Orte auf (6,31-32; 7,24; 9,30). Er wählt die Gleichnisrede, um seine Unterweisung zu verhüllen (4,10-34). Ab dem Einzug in Jerusalem jedoch nimmt die Frage eine dramatische Wendung. Mit seinem triumphalen Einzug in Jerusalem erfüllt Jesus die Prophetie des Sacharja (9,9) über das Kommen des Messias auf einem Esel. Daraufhin entzweit sich die Stadt, und die Priester lassen ihn festnehmen. Vor dem Hohenpriester enthüllt Jesus dann seine wahre Natur: er ist der Christus, der Sohn Gottes (14,61-62). Bei seinem Tod ist es schließlich ein römischer Hauptmann, ein Heide, der bekennt: »Wahrhaft, dieser Mensch war Gottes Sohn!« (15,39).

Fünf Akteure und zwei Zentren

In seiner literarischen Komposition entwickelt Markus das Drama des Messiasgeheimnisses um fünf Akteure (Jesus, seine Jünger, seine Familie, seine Gegner und die Menge) sowie um zwei Zentren (Galiläa und Jerusalem) herum.

1. Die Zentren. – Markus hat dem Leben Jesu einen sehr einfachen Rahmen gegeben. Nach seiner Taufe am Jordan predigt er in Galiläa (1,14–9,50). Dann steigt er nach Jerusalem hinauf, um dort zu sterben und auferweckt zu werden (11,1–16,8). Das Galiläa »der Nationen« oder »der Heiden« hatte den Zuzug von Heiden erlebt und zeigte in den Augen der religiös Verantwortlichen einen eher unreinen Glauben. Doch Jesaja (8,23) hatte prophezeit, dass sich Gott eines Tages den Heiden offenbaren werde. Galiläa symbolisiert also zugleich die Öffnung zu den Heiden sowie den Ort, wo Gott in Erscheinung tritt: Jesus lebt und predigt dort, und seine Botschaft wird dort mit Begeisterung aufgenommen.

Jerusalem erscheint im Gegenzug wie ein Bollwerk des Konservatismus und der Abschottung. Dort strömen die Feinde Jesu zusammen.

Aus Jerusalem kommen die schwersten Attacken, wie z. B. die Anschuldigung, er sei der Dämon selbst (Mk 3,22).

Der Übergang zwischen diesen beiden Zentren bildet der See von Tiberias, dessen Westufer jüdisch ist, während das Ostufer von Heiden bevölkert wird. Immer wieder zieht Jesus seine Jünger zum heidnischen Ufer und bereitet sie so auf ihre Mission der Öffnung auf die Heiden hin vor.

2. Die Akteure. – Um Jesus herum verbünden und trennen sich die Gruppen:

- 1,14–3,6: Jede der Gruppen bildet und situiert sich im Verhältnis zu den anderen.
- 3,7–6,6: Zwischen Jesus, seinen Gegnern und seiner Familie vollzieht sich der Bruch. Abseits der Menge werden die Jünger gesondert belehrt (Gleichnisse und Wunder).
- 6,6–8,26: Eine Verwerfung zwischen Jesus und seinen Jüngern zeichnet sich ab: Sie verstehen weder seine noch ihre Mission. Jesus sendet sie aus und zeigt ihnen, dass alle an seinen Tisch kommen können (Brotvermehrung). Er beauftragt sie zum Dienst an der Menge. Er nimmt sie mit an das heidnische Ufer des Sees. Sie aber bleiben taub und blind.
- 8,27–10,25: Das Unverständnis der Jünger wächst.
- 11,1–13,37: In Jerusalem trifft Jesus auf seine Gegner (Gleichnis von den Winzern).
- 14,1–16,8: Jesus bereitet seine Jünger vergeblich auf das Drama vor. Er stirbt allein. Aber der Engel der Auferweckung bringt die Jünger auf den Weg.

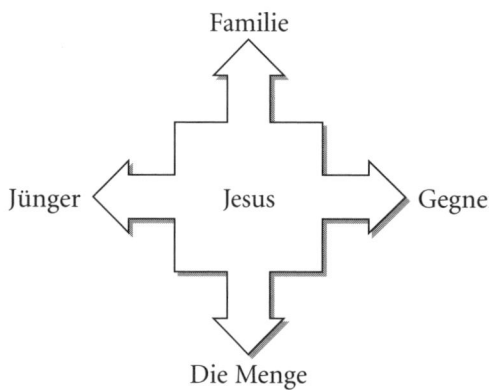

Drei Momente der Offenbarung

Auf dem Hintergrund menschlichen Unverständnisses offenbart Gott dennoch, wer Jesus ist. Dieser beabsichtigte Kontrast zwischen dem Wirken Gottes und dem Fehlen der menschlichen Reaktion bildet einen Gegensatz, der das Markusevangelium strukturiert. Markus versichert: Gott und nur Gott allein offenbart Jesus. Die Menschen haben keinen Anteil an dieser Initiative:

1,9-11: Bei der Taufe verkündet eine Stimme die göttliche Sohnschaft Jesu und seine Erwählung durch Gott.

9,2-10: Bei der Verklärung wird diese Sohnschaft nochmals bekräftigt.

16,1-8: Im Grab verkündet ein Engel die Auferweckung Jesu und bestätigt so dessen Sohnschaft und Erwählung.

Ein Evangelium für eine Kirche in Auseinandersetzung

Als Hinweise dafür, dass das Evangelium nicht einfach ein Protokoll von Jesu Leben ist, findet man im Text zahlreiche Anspielungen auf das Leben der Ursprungsgemeinde.

1. Die Auseinandersetzungen mit dem Judentum. – Obwohl sich Markus an Heiden wendet, findet man in seinem Text Auseinandersetzungen mit dem Judentum. Diese spiegeln vielleicht die Spur einer vorausgehenden Überarbeitung innerhalb einer Gemeinschaft, in der sich die Gläubigen jüdischen Ursprungs anderen Juden widersetzen. Diese Kontroversen werden in mehreren Episoden zusammengefasst.

Die Auseinandersetzungen im Markusevangelium

1. Auseinandersetzungen über das Verhalten der Jünger
• Wer kann Sünden vergeben, außer Gott allein? (2,7)
• Warum isst Jesus mit den Sündern und den Zolleintreibern? (2,16)
• Warum fasten die Jünger nicht? (2,18)
• Warum tun die Jünger das, was am Sabbat nicht erlaubt ist? (3,4)
• Warum nehmen die Jünger ihre Mahlzeit mit unreinen Händen ein? (7,5)

2. Auseinandersetzungen, die dem Judentum entstammen
• Ist die Scheidung erlaubt? (10,2)
• Was soll man tun, um das ewige Leben zu erlangen? (10,17)
• Muss man dem Kaiser Steuern zahlen? (12,14)
• Bei der Auferstehung: Wer wird der Ehemann einer Frau sein, die mehrere Ehemänner gehabt hat? (12,23)
• Welches ist das oberste Gebot? (12,28)

3. Eine Kirche, die sich Verfolgung gegenübersieht. – Die Kirche des Markus ist offensichtlich mit Verfolgung konfrontiert. Das Evangelium hält zahlreiche Ermutigungen bereit, um den rechten Glauben aufrechtzuerhalten. Diese Ermutigungen sind verschiedener Art:
• *Erklärungen*: Man muss Jesus folgen, auch wenn das heißt, bis zum Tod (8,34-38; 13,9-13).
• Ein *Beispiel*: Petrus – er verrät Jesus, ihm wird aber verziehen (14,29-31.66-72).
• *Bilder*: zu ihnen zählt die Sturmstillung. Dieses Bild kann die Hoffnung vermitteln, dass Jesus auch den Sturm der Verfolgung beenden wird (4,35-41; 6,45-52).

Zwei Arten von Auseinandersetzungen
Die Auseinandersetzungen scheinen einerseits Diskussionen zu entstammen, die durch das spezielle Verhalten der Jünger Jesu innerhalb des Judentums aufgeworfen worden sind, andererseits greifen sie die großen Diskussionen des Judentums im ersten Jahrhundert auf.
Welches ist ganz allgemein die Option, die Jesus im Markusevangelium trifft?
Wie entscheidet er die Kontroverse?

Führer zur Lektüre des Markusevangeliums

Piero della Francesca, Taufe Christi, um 1450.

Prolog am Jordan (1,1-13)

Von Anfang an zieht Markus seine Leser ins Vertrauen. Er kündet unverzüglich an, dass Jesus der Sohn Gottes ist. Johannes der Täufer, der ihn tauft, bezeugt dies.

Widerstände gegen die messianische Natur (1,14-8,27)

Seit den Anfängen in Galiläa (1,14-45) kündigt Jesus das Kommen des Reiches Gottes an, doch die Hindernisse häufen sich. Er gerät in Konflikt mit den Schriftgelehrten und den Pharisäern (2,1-3,6) und muss sich zurückziehen (3,7-35). Er beginnt schließlich mit anderen Wegen der Verkündigung: Durch Gleichnisse (4,1-34), durch Wunder (4,35-5,43), mit anderem Predigen und Wundertaten (6,1-13), aber trotz seiner Fragen und seiner Taten, haben die Jünger Mühe zu erkennen, wer er ist (6,14-8,27).

Erstes Glaubensbekenntnis: Das Bekenntnis des Petrus (8,27-30)

Diese kurze Passage schließt mit der ernsten Mahnung Jesu, niemanden etwas zu sagen.

Widerstände gegen das Leiden des Messias (8,31-10,52)

Wenn es auch den Anschein hat, dass die Jünger in Jesus den angekündigten Messias erkennen, ist es für sie dennoch schwer zu verstehen, dass dieser Messias nicht ein glorreicher, sondern ein leidender sein wird. Deshalb sagt Jesus sein Leiden voraus (8,31-10,52) und offenbart sich selbst verklärt (9,2-8). Er verlässt Galiläa und bricht nach Jerusalem auf (11,1-12,44), wo sich sein Geschick zu erfüllen beginnt. Er beschließt seine Handlungen durch eine eschatologische Rede (13) und eine Feier des Passa (14), das als ein Vermächtnis erlebt wird.

Jesus erfüllt sein Geschick als leidender und auferweckter Messias (14,43–16,8)

Das Passa wird durch ein zweites Glaubensbekenntnis, das des Hauptmanns (15,39), und durch die Erzählung von der Entdeckung des leeren Grabes (16,1-8) abgeschlossen.

Einige Texte aus dem Markusevangelium

Nach dem Überblick über das Markusevangelium, hier nun eine Auswahl von Texten, die für Mk besonders charakteristisch sind. Um Abwechslung in die Lektüre zu bringen, erfahren einige von ihnen eine Führung, andere erhalten nur einige Hinweise zur Lektüre.

 Intensive Lektüre: Der erste Vers

Mk 1,1

Anfang des Evangeliums von Jesus Christus, dem Sohn Gottes.

Anfang: Das erste Wort kann man auf zweifache Weise verstehen. Wörtlich bezeichnet es den Beginn des Textes. Auf übertragene Weise ist Jesus, der bis zu seiner Auferweckung das Subjekt des Buches darstellt, der Anfang der guten Nachricht, die sich für seine Leser fortsetzt.

Evangelium: bedeutet die »gute Nachricht« (vgl. S. 53 ff.). Vergleichen Sie diese gute Nachricht mit der von Jesus angekündigten (Mk 1,14-15). Wenn letzterer das Kommen des Reiches Gottes verkündete, ist er hier selbst die gute Nachricht. Der Verkündiger ist zur Verkündigung geworden.

Jesus: Dieser Name erinnert an den menschlichen Aspekt des Zimmermanns, des Sohnes der Maria. Er ist Mensch.

Christus: Von Beginn an bekräftigt Markus seinen Glauben. Dieser Jesus ist der Christus, der von den Propheten angekündigte Messias. Seinen Lesern liefert er den Interpretationsschlüssel. Den Personen im Text, die wissen wollen, wer Jesus ist, enthält er dieses Wissen jedoch vor.

Sohn Gottes: In der Zeit Jesu entsprach dieser Titel teilweise dem Ausdruck »Sohn Davids«, der Titel für den Messias war. Nach Pfingsten wird er Stück für Stück für die Christen seinen eindeutigen Sinn annehmen: Jesus ist der Sohn von Gott Vater.

 Intensive Lektüre: Die Taufe Jesu

Er wurde getauft: Die Anspielung auf die Taufe ist eher zweitrangig. Wichtig ist, dass Gott sich manifestiert (*Theophanie*) und die Sohnschaft Jesu bestätigt.

Der Himmel öffnete sich: In Apokalypsen ein geläufiger Ausdruck, um göttliche Manifestationen anzudeuten.

Die Taube: Das Symbol der Taube bleibt dunkel. Hosea 11,11 vergleicht das Volk Gottes mit einer Taube.

Er sah: Diese Erfahrung ist allein Jesus vorbehalten. Sie betrifft seine eigene Einsetzung als Messias.

Du bist mein Sohn: Was die Stimme aus den Himmeln sagt, vereinigt mehrere alttestamentliche Texte. *Mein Sohn*: Psalm 2,7. *Mein Geliebter*: Gen 22 (Opferung des Isaak). *Wohlgefallen haben an*: Jesaja 62,4; 42,1.

Mk 2,1-12

 Geführte Lektüre: Die Heilung des Gelähmten

1. Die Akteure. – Welche Gruppen treten auf? Was tun sie? Was sind ihre Gefühle in Bezug auf Jesus? Gibt es einen Umschwung?

2. Das Wunder. – Markieren Sie verschiedene Elemente des Wunders (vgl. S. 150). Beachten Sie, dass die Rede, welche das Wunder beschließt, in zwei Schritten erfolgt (V. 5 und V. 11-12), als ob es *zuerst eine Heilung des Herzens* gäbe und *dann eine Heilung des Körpers*. Das Wunder hat immer einen theologischen Sinn: Was sagt es über das Kommen des Gottesreiches aus? Welche Reaktion provoziert es? Beachten Sie, dass das Verb »aufstehen« im Griechischen dasselbe ist wie »auferweckt werden«.

3. Die Auseinandersetzung. – Was denken Sie über die Haltung der Schriftgelehrten? Vergleichen Sie sie mit der, die sie während des Prozesses an den Tag legen (Mk 14,64). Für einen Juden bedeutet die Wendung »deine Sünden sind dir vergeben«, dass sie »von Gott vergeben« sind. Aber Jesus sieht einen Vermittler vor, den »Menschensohn«. Welchen neuen Sinn gibt dies der Vergebung durch Gott?

Mk 10,46-52

Welches sind die Akteure, ihre Handlungen, ihre Worte? Halten Sie die folgende Transformation fest: Ein Blinder – sitzend – am Wegesrand // er sah – er folgte ihm – auf dem Weg. Handelt es sich um den gleichen Weg?

 Geführte Lektüre: Der Blinde von Jericho

Markieren Sie die Elemente, die normalerweise zu einer Heilungserzählung gehören (vgl. S. 150). Beachten Sie, dass die Bitte um Intervention sehr lang ist und dass keine Schlussreaktion vorhanden ist. Das gibt der Episode einen speziellen Sinn. Um sich davon zu überzeugen, schauen Sie den vorausgehenden Kontext an: Die Jünger sind auf dem Weg nach Jerusalem (10,32-34). Was ist das für ein Weg? Sehen die Jünger? (10,35-45) Sind Johannes und Jakobus nicht selbst Blinde? Schauen Sie ebenso den Kontext an (Mk 11). Sieht die Menge, die Jesus wie den Messias empfängt, wirklich klar?

In der Tat ist dieser Text, der sich auf die Metaphorik der Blindheit bezieht, ein Wendepunkt im Markusevangelium. Alle mühen sich darum, in Jesus den Messias zu erkennen, doch alle sind blind. Bartimäus wird zum Modell des echten Glaubenden. Er »sieht« nicht nur mit den Augen des Körpers, er folgt Jesus auf einem Weg, der weniger geographisch denn theologisch ist. Er »folgt« Jesus, d. h. er wird sein Jünger. Deshalb tut er das, wozu der reiche Mann nie den Mut gehabt hätte (10,17-31): Er lässt alles zurück. Und tatsächlich: Für die Menschen ist Jesus nur der Mann aus Nazaret, für den Blinden ist er der Sohn Davids.

 ### *Geführte Lektüre: Die Passion nach Markus*   Mk 14,1-15,41

Markus wendet sich an Nichtgläubige oder wankelmütige Gläubige, damit sie schließlich das bekennen, was der Hauptmann am Fuß des Kreuzes ausspricht: »Wahrhaftig, Jesus ist der Sohn Gottes!« Um das zu bewerkstelligen, geht er zielstrebig vor, ohne das Drama der Passion und den Skandal des Kreuzes zu mildern. In seiner Erzählung ist das Schweigen Jesu beeindruckend. Während seines Wirkens hörte er nicht auf zu sprechen. Aber von nun an schweigt er. Ebenso blitzt die Einsamkeit Jesu in ihrer ganzen Härte auf: Von allen verlassen, sogar von Petrus, geht er seinen Weg hin zum Kreuz.

Die tragischen Elemente sollen den Gehorsam Jesu mit aller Deutlichkeit hervortreten lassen.

Mit dem Komplott gegen Jesus (14,1-2), eskaliert der Konflikt zwischen ihm und den Hohenpriestern. Jesus weiß dies sehr wohl, denn während des Essens bei Simon (14,3-9) interpretiert er die Geste der Frau wie eine Vorbereitung zu seiner Grablegung. Die Erzählung vom Abschiedsmahl (14,22-25) geht der Einsamkeit Jesu voraus. Sie wird gerahmt durch die Ankündigung des Verrats durch Judas (14,18-21) und der Verleugnung durch Petrus (14,27-31). Jesus weiß alles, was sich ereignen wird. Er selbst »führt« seine Passion.

In Getsemani ist Jesus völlig entkräftet und voller Angst (14,32-42). Ganz Mensch hat er Todesangst. Das Wort, das er Gott zuruft, ist wie ein Appell, *Abba!* (Vater!) Dieses Wort erhellt die tragische Szene. Als man ihn gefangen nimmt, verlassen ihn alle (14,43-52), sogar der junge Mann, der ihm zu folgen versucht, aber schließlich nackt entflieht. Während des jüdischen Prozesses (14,53-64) spricht Jesus zum ersten und einzigen Male aus, dass er der Messias ist. Aber dieses Bekenntnis fällt ins Leere. Die Wächter machen sich über ihn lustig (14,65) und Petrus verleugnet ihn (14,66-72). Während des römischen Prozesses (15,1-15) bekennt sich Jesus als König der Juden, während die Menge seinen Tod fordert und Soldaten ihn in einen Purpurmantel hüllen, verspotten und schlagen und mit Dornen krönen (15,16-20). Die Szene am Kalvarienberg (15,21-41) nimmt alle diese Elemente auf. Die Einsamkeit des Weges (keine Frauen voller Mitleid wie in den anderen Evangelien), der Spott der Menschen, die Erschöpfung Jesu. Das Erkennen, wer Jesus wirklich ist, ereignet sich in der Stille und von demjenigen, von dem man es am wenigsten erwartet, einem römischen Hauptmann.

Das Evangelium nach Matthäus

Wenn man von Markus zu Matthäus weitergeht, hat man den Eindruck, in eine andere Landschaft zu wechseln. Bei Markus konnten wir die Vorstellung haben, Jesus von Nazaret mit den Augen des Petrus zu entdecken. Bei Matthäus weiß man hingegen nie, ob man sich am Ufer des Sees von Tiberias im Jahre 30 n. Chr. befindet oder in einer christlichen Gemeinde der 80er Jahre n. Chr., die gerade ihre Liturgie feiert. *Um es noch genauer zu formulieren: Matthäus versetzt uns zur gleichen Zeit an zwei Orte. Er legt bewusst den Jesus der Geschichte und Christus den Herrn, der in seiner Kirche lebt, übereinander.*

STECKBRIEF

Entstehungszeit: nach dem Fall des Tempels (vgl. Mt 22,7), ohne Zweifel um 80 n. Chr.

Autor und Ursprungsgemeinde: traditionell folgte man dem Historiker Eusebius von Cäsarea, der den Kirchenvater Origenes zitiert: Matthäus sei der Zöllner von Kafarnaum (Mt 9,9), der seine Erinnerungen in Aramäisch zusammengestellt habe (Kirchengeschichte VI,25). Gegenwärtig halten die Bibelwissenschaftler aber fest, dass das Matthäusevangelium für Gemeinden vor allem jüdischen Ursprungs geschrieben worden sei, wie folgende Punkte belegen:

- Es gibt Passagen, die auf der Fortdauer des Gesetzes bestehen (5,17-48).
- Der Umstand, dass Matthäus keine jüdischen Sitten erklärt (vergleichen Sie Mt 15,2 mit Mk 7,2-3).
- Die Genealogie Jesu, die zu Abraham, dem Vater der Juden zurückgeht und nicht, wie bei Lukas zu Adam, dem Vater aller Menschen (vergleichen Sie Mt 1,1 mit Lk 3,23-38). Da das Evangelium in Griechisch geschrieben ist, befand sich die Ursprungsgemeinde außerhalb Judäas, vielleicht im Norden Syriens oder dem Norden Palästinas, möglicherweise in Antiochia.

Der Stil des Matthäus: Matthäus ist ein Lehrer. Er ordnet die Worte Jesu in fünf große Reden, um deren Verständnis zu erleichtern. Er besteht auf der Notwendigkeit, die Verkündigung zu verstehen und nicht nur sie zu hören (13,19-23). Aus pädagogischem Anliegen verkürzt er die Erzählungen, indem er die Darstellung der Personen auf ein striktes Minimum reduziert. Was er an Bildhaftigkeit verliert, das gewinnt er so an Klarheit. Ebenso ist er ein Schriftgelehrter, der die Methoden der jüdischen Bibelauslegung studiert hat. Das ganze Evangelium entfaltet sich in einer liturgischen Atmosphäre. Die Leser des Evangeliums, die ihren Herrn in der Gemeinde verehren, finden sich in den Jüngern wieder, die Jesus auf den Straßen von Palästina nachfolgen. Da sich Matthäus auf das Reich Gottes und seinen Vorschein in der Kirche konzentriert, hat man Mt auch das »kirchliche Evangelium« genannt.

Überblick zum Matthäusevangelium

Die Beziehungen zwischen Mk und Mt (und Lk)

Wie bereits gesagt: Wenn man Mk, Mt und Lk parallel nebeneinander stellt, dann scheint es, als ob Mt und Lk über Elemente verfügen, die Mk nicht besitzt. Ob man nun der Hypothese von Q anhängt (vgl. S. 58) oder man eine andere Erklärung annimmt, die Mt oder Lk den literarischen Vorrang einräumt, Tatsache ist, dass es bei Mt und Lk »zusätzliches Material, das sogenannte Sondergut« gibt. Um welches handelt es sich dabei?

1. Das jüdische Gesetzt bleibt in Geltung

• Mehrere gemeinsame Passagen belegen, dass das jüdische Gesetz weiterhin gültig ist. Solange Himmel und Erde bestehen, wird es Gewicht haben (Mt 5,18 <-> Lk 16,17), sogar wenn es nicht so interpretiert werden kann, wie es die Schriftgelehrten und Pharisäer tun (Mt 23,4 <-> Lk 11,46). Vor allem eine Anforderung bringt es mit sich: das Gebet (Mt 7,7-11 <-> Lk 11,9-13).

2. Jesus wird wiederkommen

• In den ersten Zeiten des Christentums herrschte der Glaube an die baldige Wiederkunft Jesu. Mt fügt Passagen ein, welche die Wiederkunft des Menschensohnes zum Gericht vorhersagen (Mt 24,26-27 <-> Lk 17,23-24; Mt 24,37-39 <-> Lk 17,26-30).

3. Die Sendung zu den Juden

• Das Markusevangelium ist eher den Heiden zugewandt. Mt betont eine andere Anforderung: die Sendung zu den Juden. Jesus schickt die Missionare in Galiläa umher, um Buße zu predigen (Mt 10,7-8 <-> Lk 9,1-2; Mt 10,9-15 <-> Lk 10,4-12). Einige dieser Missionare wurden misshandelt und getötet (Mt 23,34 <-> Lk 11,49).

4. Verhaltensregeln

• Mt legt Jesus moralische Ermahnungen in den Mund, die es bei Mk nicht gibt: seine Feinde lieben (Mt 5,45-48 <-> Lk 6,27-36), die andere Wange hinhalten (Mt 5,39-42 <-> Lk 6,29-30), den anderen nicht richten (Mt 7,1-5 <-> Lk 6,37-42), nicht Schätze auf der Erde ansammeln (Mt 6,19-34 <-> Lk 12,33-34), den Worten Jesu folgen (Mt 7,21-27 <-> Lk 6,46-49), dem anderen Menschen nicht das zuzufügen, was man selber nicht will (Mt 7,12 <-> Lk 6,31).

Die Geographie des Matthäus

Matthäus folgt dem Schema von Markus, besteht aber nicht auf der Opposition Galiläa – Jerusalem. Es ist eher Galiläa, das den geographischen Mittelpunkt seines Evangeliums bildet. Während des Wirkens Jesu erscheint es wie ein *jüdisches Gebiet*, dessen Grenzen Jesus kaum überschreitet. Jesus predigt nur den Juden und untersagt es seinen Jüngern, zu den Heiden und Samaritanern zu gehen (10,5-6). Nach der Auferweckung wird Galiläa, wie es Jesaja ankündigte (Mt 4,14-16; vgl. Jes 8,23), Ort der *Öffnung zur Welt* hin. Dort, und nicht in Jerusalem ist es, wo der auferweckte Jesus sich seinen Jüngern zeigt und sie aussendet, damit sie der ganzen Welt das Evangelium verkünden (Mt 28,16-20).

 Reiseweg durch das am meisten jüdische der Evangelien

Finden Sie mit Hilfe einer kommentierten oder mit Anmerkungen versehenen Bibelausgabe (z. B. der Stuttgarter Erklärungsbibel) die biblischen Zitate heraus.

1. Matthäus bezieht sich fortwährend auf die Schrift. – Man zählt 130 biblische Zitate, von denen 43 explizit sind. Diese werden mit Formulierungen wie der folgenden eingeleitet: »Das geschah, damit erfüllt würde, was der Herr durch den Propheten gesagt hat ...«.

2. Matthäus verwendet eine jüdische Art und Weise, sich auszudrücken. – Wenn Sie mit dem Alten Testament vertraut sind, werden Sie keine Schwierigkeit damit haben, die Wiederholungen und Inklusionen (d. h. das Aufgreifen des gleichen Ausdrucks am Ende und am Anfang einer Ausführung) ausfindig zu machen: 5,3.10; 6,25-34 ... Sie können ebenso die Parallelismen entdecken: 16,25; 7,24-27 ... Versuchen Sie schließlich auch einmal, die symbolischen Gruppierungen herauszustellen: 7 Bitten an den Vater, 7 Gleichnisse, 7 Brote und Körbe, 3 Versuchungen, 3 gute Werke (6,1f.), 3 Zehntabgaben (23,23) etc.

Theologische Grundzüge des Matthäus

1. Reich Gottes und Kirche. – Jesus eröffnet das Reich Gottes. Gewiss ist die Kirche nicht mit diesem identisch, aber sie bildet den privilegierten Ort, wo es sich in der Welt manifestiert. Mt konzentriert sich auf dieses Thema: das Reich Gottes und seine anfanghafte Realisierung in der Welt. Jesus verkündet für alle die Ankunft des Reiches, das er durch seine Taten eröffnet. Er bereitet seine Jünger darauf vor, sein Werk weiterzuführen, indem er sie zur Mission aussendet. Erst nach Ostern sind die Jünger wirklich in der Lage, ihre Mission zu erfüllen.

 Matthäus als Ankündigung des Reiches Gottes lesen

Dieser Reiseweg ist eine Alternative zum Lektüreführer weiter unten. Was halten Sie von der thematischen Lektüre?

Jesus predigt allen das Reich Gottes und bereitet die Kirche vor (3–16)

Übergang: Der Vater bezeichnet Jesus als seinen Sohn. Jesus wird vom Satan versucht (3–4)

• **Das Reich Gottes ist da** (5–9).

Jesus manifestiert es durch seine Worte (Bergpredigt 5–7) und seine Taten (Zehn Wunder: 8–9).

- **Jesus sendet seine Jünger zur Predigt aus. Er selbst bricht auf, das Reich Gottes zu predigen** (10–12).
  Er eröffnet seine Mission mit einer Aussendungsrede (10) und macht sich dann selbst auf den Weg (11–12).
- **Die entscheidende Wahl und die Verkündigung des Reiches Gottes** (13,1–16,12).
  Jesus spricht diese entscheidende Wahl in einer Rede mit sieben Gleichnissen aus (13,1-52), auf die eine Reihe von Ereignissen antwortet, welche in das Bekenntnis des Petrus (13,53-16,12) mündet.

Jesus bereitet die Kirche auf ihre Rolle im Reich Gottes vor (17–28)
Übergang: Die Kirche bekennt ihren Herrn (16,13–17,27)
- **Das Reich Gottes geht vom jüdischen Volk auf die Kirche über** (18–23).
  Die Rede über »die Gemeinderegel« (18) bereitet eine neue Gemeinschaft vor. Die darauffolgenden Ereignisse zeigen die Weigerung des jüdischen Volkes, Jesus anzuerkennen (19-23).
- **Einführung des Reiches Gottes im Osterereignis** (24–28).
  Jesus hält eine apokalyptische Rede über das definitive Kommen des Gottesreiches durch ihn (24–25). Sein Tod und seine Auferweckung eröffnen das definitive Kommen des Reiches (26–28). Die Kirche muss nichts anderes tun, als aufzubrechen und es in der Welt zu verkündigen.

2. Ein extremer Anspruch an die Gemeinde. – Das Kommen des Reiches Gottes in der Kirche verlangt von der Gemeinde, dass sie vollkommen ist (5,48). Jesus legt seinen Jüngern sehr strenge Regeln auf. Während es einige Rabbinen einem Mann gestatten, sich von seiner Frau scheiden zu lassen, aus welchem Grund auch immer, begrenzt Jesus diese Erlaubnis allein auf den Fall von Untreue (Mt 5,31-32). Während Schwüre gestattet werden konnten, verbietet sie Jesus (5,33-37). Auf die gleiche Weise werden einige Tatbestände extrem eng gefasst: Beleidigung kann als Mord (5,21-22), lüsterne Gedanken können als Ehebruch gelten (5,27-30).

Führer zur Lektüre des Matthäusevangeliums

Matthäus stellt die Ereignisse des Wirkens Jesu gewöhnlich in numerischen Reihen zusammen (10 Wunder, 5 Heilungen usw.)
Ebenso stellt er die Lehre Jesu in 5 großen Reden zusammen:
- Die Bergpredigt (5–7)
- Die Aussendungsrede (10)
- Die Gleichnisrede (13,1-53)
- Die Gemeinderede (18)

Wir geben hier nur einen formalen und knappen Aufriss des Mt wieder. Eine vollständigere Beschreibung wird unten vorgestellt.

- Die Anprangerung der Schriftgelehrten und Pharisäer (23) gefolgt von der eschatologischen Rede (24–25).

1. Prolog (1–2)
Durch seine Herkunft, seine Geburt und seine Beziehungen mit Herodes besitzt Jesus alle Merkmale des Messias.

2. Fünf Erzählsequenzen, die die Botschaft Jesu darlegen und illustrieren (3–25)
- Das Wirken Jesu (3–4).
- Die Folge dieses Wirkens (8,1–9,34).
Missionarische Aktivität der Apostel, die von den Juden zu den Heiden hin aufbrechen (11,2–12,50).
- Die »Zeichen des Gottesreiches« (13,54–17,27), die das Kommen des Reiches veranschaulichen: der Seewandel, die Zeichen der Zeit, die Segnung des Petrus, die Drachme im Fischmaul.
- Der Aufstieg nach Jerusalem (19–23).

3. Die Passion, die Auferweckung und die Erscheinung des Auferweckten, der seine Jünger zur Mission aussendet (26–28)
Die Sequenz erfüllt die Vorhersage eines leidenden Messias und begründet die universelle Mission der Kirche.

Einige Texte aus dem Matthäusevangelium

Mt 4,1-11

Lesen Sie den Text. Woran denken Sie bei den Stichworten »Wüste«, »vierzig Tage«, »Versuchung«? Schauen Sie, wie jede Versuchung oder Probe aufgebaut ist.

 Geführte Lektüre: Die Versuchungen Jesu

Der Satan trifft Jesus in der Wüste (V. 4 <-> Ex 16,14; V. 7 <-> Ex 17,17; V. 10 <-> Ex 23,20-30; 34,11-17). Jesus geht den Weg seines Volkes nach. Dieses hatte sein Ziel, den Einzug ins verheißene Land, verfehlt, weil es seine Prüfungen schlecht bestand.
Jesus antwortet auf jede Versuchung mit einem Zitat aus dem Buch Deuteronomium. Er durchlebt also seine Versuchungen so, wie das Volk es hätte tun müssen, um daraus erfolgreich hervorzugehen. Die von Jesus wieder aufgenommene Geschichte seines Volkes, wird in ihm zum Erfolg geführt. Der Einzug in das verheißene Land ist von nun an möglich. Jesus verkündet das Reich Gottes.
Die Versuchungen Jesu sind zwar die seinen, doch in ihnen nimmt er zugleich die seines Volkes auf sich.

Mt 5-7

Lesen Sie den Text mit Hilfe der Übersicht Ihrer Bibel. Schauen Sie sich daraufhin die Fragen an.

 Geführte Lektüre: Die Bergpredigt

Diese lange Rede präsentiert eine Zusammenstellung guter Verhaltensweisen.
Akteure und Orte: Wer spricht zu wem, wo? Wer: Natürlich Jesus, aber wie wird er dargestellt? Wo: Um welchen Berg handelt es sich?

An die Stelle welcher alttestamentlichen Gestalt tritt Jesus? An wen richtet sich Jesus? Jesus lehrt die Menge und die Jünger.

Es handelt sich nicht um die erste Verkündigung, sondern um eine Art Katechese.

Beachten Sie Wiederholungen und wiederkehrende Ausdrücke: »ihr habt erfahren«, »dein Vater, der im Verborgenen sieht« etc. Unterstreichen Sie das Wort »Vater«. Bei Mt findet es sich 21-mal, 2-mal bei Mk und 5-mal bei Lk. Von den 21 Stellen bei Mt stehen 16 in der Bergpredigt. Wo genau? Welchen Sinn gibt das der Unterweisung? Finden Sie die Passagen, in denen von »ihr« zu »du« gewechselt wird. Die ersten sind allgemeine Regeln, die für alle überall gültig sind, die letzteren sind Anwendungsbeispiele. Sie sollen jedem helfen, die eigene Art der Umsetzung des Gesetzes in der jeweiligen Situation herauszufinden. *Versuchen Sie, für jede Passage das allgemeine Gesetz und die Anwendungsbeispiele herauszufiltern. Versuchen Sie, auch Beispiele zu finden, die heute passen.*

 ## Geführte Lektüre: Jesus anerkennen und ihm folgen

Mt 16,13-28

Vergleichen Sie die Antwort von Petrus in Mt 16,16 mit Mk 8,29; Lk 9,20; Joh 6,69. Was konnte die Antwort des Petrus sein? Wie erklärt Mt die Antwort im Hinblick auf die spätere Gemeinde? Wie wichtig die Rolle des Petrus in der ersten Gemeinde ist, wird von allen Christen anerkannt. Wurde diese Rolle auf seine Nachfolger übertragen? In diesem Punkt weichen die christlichen Traditionen voneinander ab.

Diese drei Episoden bilden im Matthäusevangelium einen Wendepunkt.

 ## Geführte Lektüre: Die Kindheitserzählungen

Mt 1-2

Bei den Kindheitserzählungen handelt es sich nicht um folkloristische Texte, sondern um Theologie. Wie der erste Satz des Markusevangeliums oder der Johannesprolog dienen diese Erzählungen als Ouvertüre zum Evangelium: Sie verkünden, wer Jesus ist und welchen Auftrag er hat.

Nach dem Stammbaum werden zwei Einheiten zusammengefügt, die eine Folge von fünf Episoden bilden. Jede von ihnen entspricht einem Schriftzitat.
• Die Verkündigung an Josef (1,18-25) <-> Jes 7,14
• Die Sterndeuter (2,1-12) <-> Mi 5,1
• Die Flucht nach Ägypten (2,13-25) <-> Hos 11,1
• Der betlehemische Kindermord (2,16-18) <-> Jer 31,15
• Die Rückkehr nach Nazaret (2,19-23) <-> Jes 42,6
Die erste Einheit (Nr. 1,3,5) ist um das Paar: Engel des Herrn – Josef zentriert. Es verwendet ein bestimmtes literarisches Schema: Situation, Botschaft des Engels sowie der Auftrag, Erinnerung an die Schrift, Ausführung des Auftrags.

Lesen Sie die beiden Kapitel. Versuchen Sie auf dem Hintergrund des Gesamtüberblicks herauszufinden, wie Mt schon von diesem Punkt ab das kommende Leben Jesu vorwegnimmt.

Die zweite Einheit (Nr. 2,4) stellt die beiden Könige gegenüber, nämlich Herodes und Jesus.

1. Der Stammbaum bringt zum Ausdruck, wer Jesus ist: der Christus, Sohn Davids, Anfang der neuen Schöpfung (Vergleichen Sie Mt 1,1 mit Gen 5,1)

2. Die Verkündigung an Josef drückt aus, auf welche Weise Jesus der Sohn Davids ist, trotz der jungfräulichen Empfängnis. Josef, der Gerechte, will das auf wundersame Weise empfangene Kind nicht als sein eigenes ausgeben. Doch Gott bittet ihn, dem Kind den Namen Jesus zu geben, es in seine Nachkonmenschaft eintreten zu lassen und Maria als seine Frau zu sich zu nehmen.

3. Bei der Episode mit den Sterndeutern handelt es sich um eine Auslegung zur Schrift, einem *Midrasch* (vgl. S. 64). Ausgehend von der Erinnerung an den grausamen König Herodes baut Matthäus auf den alttestamentlichen Schrifttexten Jes 60,5 und Num 24,17 eine Erzählung auf. Sie soll zeigen, wie Jesus von den verantwortlichen Juden zurückgewiesen, jedoch von den Heiden anerkannt wird.

Vergleicht man den hebräischen Text mit dem palästinischen Targum (der populären Paraphrase des Textes), erkennt man, dass die Juden Num 24,17 schon sehr früh als Ankündigung des Kommens des Messias verstanden haben. Mt tut nichts anderes, als den symbolischen Ausdruck und die realen Ereignisse zu verbinden.

4. Die Herkunft des Sternes: Numeri 24,17

Im hebräischen Text	*Im palästinischen Targum*
Ein Stern	Wenn der mächtige König
geht in Jakob auf,	aus dem Hause Jakob
wird Oberhaupt,	herrschen wird
ein Zepter wird sich erheben,	und wenn der Messias, das
das aus Israel stammt …	mächtige Zepter in Israel,
	gesalbt sein wird …

5. Die Flucht nach Ägypten zeigt auf symbolische Weise, wie in Jesus der Exodus des Volkes gelingt. Der Zugang zum Reich Gottes ist endlich offen.

Mt 26 und 27

Während Markus in der Passion ein Drama sieht, verbindet Matthäus damit ein Erfüllungsgeschehen. In der Tat schreibt er für Christen jüdischen Ursprungs. Er will ihnen zeigen, wie Jesus die Schrift erfüllt und eine neue Zeit – die der Kirche – heraufführt.

📖 *Geführte Lektüre: Die Passion nach Matthäus*

Die Erzählung von der Verschwörung (26,1-5) will auf einen zweifachen Skandal antworten.

• Wie konnte der Gottessohn zu Tode gebracht werden? Mt bringt die Erzählung über die Wunden Jesu, um zu zeigen, dass er es ist, der die Dinge lenkt, und dass die Autoritäten nichts anderes tun als sie auszuführen. Er legt nahe: der Tod Jesu ist Teil eines verborgenen Plans Gottes.

• Warum hat das jüdische Volk Christus abgewiesen? Die Erzählung rechtfertigt die Juden in ihrer Gesamtheit. Die Schuldigen sind die Führer des Volkes, sie sind es, die sich gegen den Messias sammeln, wie es der Psalm 2 angekündigt hat.

Das Abschiedsmahl (26,26-29) führt die Antwort auf die erste Frage (s. o.) weiter aus. Der Text wird durch die Ankündigung des Verrats durch Judas und die Verleugnung durch Petrus gerahmt. Er zeigt

einen Jesus, der sich vollkommen bewusst ist, was sich ereignen wird und warum dies geschieht. Alles entspricht dem, was die Schrift angekündigt hat (26,31).

Die Erzählung von der Todesangst Jesu (26,36-46) zeigt ihn völlig als Menschen: Ist er etwa doch nicht der angekündigte Messias? Schnell hat er sich wieder im Griff. Im Gebet akzeptiert er den Willen des Vaters. Während seiner Verhaftung lehrt er von Neuem. Er weigert sich, die Macht zu gebrauchen, die ihm der Vater verliehen hat (26,47-56).

Während des jüdischen Prozesses (26,57-68) spricht Jesus stolz und kraftvoll (was bei Mk nicht der Fall ist) und erklärt, dass er von Gott zum Messias eingesetzt werden wird. Die Erzählungen von der Verleugnung durch Petrus (26,69-75) und dem Tod des Judas (27,3-10) erinnern uns auf tragische Weise, dass wir nicht umhin können, diesen Herrn anzuerkennen. Vor allem zeigt Matthäus, dass sich die Prophetie des Sacharja (11,12 f.) erfüllt: Das Volk weist Gott zurück und zahlt ihm einen lächerlichen Sklavenlohn! Während des römischen Prozesses (27,11-26) fügt Matthäus noch die Intervention der Frau des Pilatus hinzu. Sogar die Römer erkennen, dass Jesus gerecht ist.

Der Tod Jesu (27,32-54) markiert für Matthäus das Ende der alten und die Eröffnung der neuen Welt. Er erfüllt die Schrift. Der matthäische Text zitiert sie reichlich. Jesus stirbt offensichtlich verlassen von allen. Das Erdbeben jedoch ist ein Bild für das Ende der Zeiten. Von diesem Augenblick an beginnt die neue Welt.

Die Hohenpriester versiegeln das Grab (27,62-66) und postieren eine Wache. Die Macht des Auferweckten wird sich dadurch nur umso größer erweisen. Sie erinnern an die Ankündigung der Auferweckung und bestärken so die Erwartungen des jüdischen Volkes.

Das Evangelium nach Lukas und die Apostelgeschichte

Auch wenn man normalerweise das Lukasevangelium und die Apostelgeschichte getrennt behandelt, so handelt es sich in Wirklichkeit um ein Werk in zwei Bänden. Es ist also angebracht, die beiden auch zusammen zu lesen.

STECKBRIEF

Entstehungszeit: um 80 n. Chr.

Autor und Ursprungsgemeinde: das Evangelium und die Apostelgeschichte hat ein und derselbe Autor geschrieben. Beide Bücher beginnen mit einer Anrede an einen gewissen »Theophilus«. Das Vorwort der Apg spielt auf das Lukasevangelium an (Lk 1,1-4; Apg 1,1-2). In der Tradition identifiziert man den Autor des Gesamtwerkes mit dem Arzt Lukas, von dem einige paulinische Briefe sprechen (Phlm 24; Kol 4,14; 2 Tim 4,11). Zahlreiche Unterschiede zu den Schriften des Paulus (z. B. im Blick auf dessen Leben) stellen jedoch diese Interpretationen in Frage, auch wenn sich zeigt, dass das Werk unter dem Einfluss des paulinischen Denkens steht. In einem gehobenen Griechisch geschrieben, dürfte es ungefähr 20 Jahre nach dem Tod des Apostels für Gemeinden bestimmt sein, die sich paulinischer Gründung verdanken (in der Türkei oder in Mazedonien).

Der Stil des Lukas: Lk ist das »modernste« der Evangelien. Von seiner griechischen Kultur hat der Autor den Sinn für Klarheit beibehalten. Er ist aber auch in der Lage, die Sprache der griechischen Bibel zu imitieren, die mit hebräischen Wendungen gefärbt ist. Das geschieht speziell in den Kindheitserzählungen. Da er griechische Historiker nachahmt, unterbricht er seinen Erzählungsfaden durch kleine Pausen oder Zusammenfassungen. Dort resümiert er die wichtigsten Punkte, die es zu behalten gilt, oder den Fortgang der Handlung. Drei Summarien zeigen die Aktivitäten der Gemeinde von Jerusalem. Die Verbreitung des Wortes Gottes wird viermal erwähnt (Apg 6,7; 12,24; 13,49; 19,20). Als guter Historiker liegt ihm daran, die Ereignisse in der Geschichte zu verorten (Apg 2,13; 3,1-2). Palästina jedoch, die Weise, dort Häuser zu bauen, oder auch das Klima, kennt er schlecht. Oft begnügt er sich mit sehr vagen chronologischen Angaben. Sein Interesse ist vor allem theologisch ausgerichtet.

Beim Lesen ist man erstaunt von seinem Taktgefühl gegenüber Jesus, den Armen, den Frauen, den Sündern. Es hat seinen guten Grund, wenn ihn Dante einst als den »Evangelisten der Zärtlichkeit Gottes« bezeichnet hat.

Überblick zum Werk des Lukas

Das Hauptthema: Von den Juden zu den Heiden

Verfasst in einer Kirche, die mehrheitlich aus Nichtjuden besteht, versucht das Werk auf folgende Frage zu antworten: Treffen die Verheißungen, die dem jüdischen Volk gemacht worden sind, auch auf die Heiden zu? Unermüdlich gibt Lukas die gleiche Antwort: Weil die Juden die christliche Predigt vom Kommen des Messias zurückgewiesen haben, schickt Gott seinen Boten zu den Heiden, die von nun an die legitimen Erben der Verheißung geworden sind.

1. Im Kontext des Evangeliums. – Das Thema der Öffnung zu den Heiden hin wiederholt sich bei Lukas oft. Von der Geburt Jesu an verkündet Simeon in seinem Hymnus (*Nunc dimittis*), dass Jesus ein Licht für die Völker sein werde (Lk 2,32). Dann lässt das Evangelium seinen Stammbaum bis zu Adam, den Vater der Menschheit zurückgehen (Lk 3,38). Jesus selbst bringt zum Ausdruck, er werde abgelehnt werden, weil ein Prophet in seinem Land nichts gelte (Lk 4,16-30). Im Verlauf des Evangeliums heben zahlreiche Stellen den Glauben der Heiden im Vergleich zum Glauben der Juden hervor. Schließlich gibt der auferweckte Christus seinen Aposteln den Auftrag, den Völkern zu verkünden, sie sollten umkehren, auf dass ihre Sünden vergeben werden (Lk 24,46-47).

Die Samaritaner muss man besonders erwähnen. Jesus trifft sie auf seinem Weg von Galiläa nach Jerusalem. Von den Juden werden sie als halbe Heiden angesehen, da sie als die Nachfahren der Bewohner des israelitischen Nordreiches ihren Glauben korrumpiert hätten. Als sich die Samaritaner in Lk zunächst weigern, Jesus anzuhören, hält er seine Jünger davon ab, sich vom Zorn hinreißen zu lassen. Außerdem rückt er sie in ein gutes Licht, wie im Gleichnis vom Barmherzigen Samaritaner (Lk 10,25-37) und bei der Heilung der Zehn Aussätzigen (Lk 17,11-19).

2. In der Apostelgeschichte. – Das Thema der Öffnung wird noch deutlicher in der Apg herausgestellt. Sie bearbeitet es in drei Etappen:

- *Das Scheitern der Mission bei den Juden* (Apg 3–7). Je länger das Evangelium von Petrus und den Aposteln in Jerusalem verkündet wird, umso mehr zeigen sich die jüdischen Autoritäten der Kirche gegenüber feindlich. Diese Feindschaft erfährt ihren Höhepunkt während der Predigt des Stephanus, der von der Menge zu Tode gesteinigt wird.
- *Von den Juden zu den Heiden.* Dieser Vorgang vollzieht sich in zwei Etappen. Zunächst eine Mission bei den Samaritanern, die ein Erfolg wird (Apg 8,4-25), dann die Bekehrung des Paulus als Vorzeichen der Öffnung auf die Diaspora hin (Apg 9).

 *Die Öffnung zu den Heiden hin*
Hier eine Reihe von Stellen, in denen von der Öffnung zu den Heiden die Rede ist.
Achten Sie auf die Unterschiede in den von Lukas verwendeten Gattungen. Wenn eine Rechtfertigung für diese Öffnung gegeben wird, welche ist das?
Lk 7,9; 8,19-21; 13,22-30; 24,46-47.

• *Die Mission bei den Heiden.* Petrus führt diese Mission ein, als er Cornelius und sein Haus bekehrt. In der Folge wird eine Kirche in Syrien gegründet. Dann billigt das Konzil in Jerusalem die Heidenmission (Apg 15). Die »Taten des Paulus« (Apg 13–28) zeigen, dass sich die Verkündigung immer mehr nach Westen hin orientiert. In allen Orten, die er evangelisiert, wiederholt sich die folgende Reihenfolge: Paulus predigt in der Synagoge, er wird abgewiesen, dann predigt er den Heiden. Er wiederholt so im Kleinen die große Bewegung des lukanischen Werkes.

Der Schluss der Apg jedoch lässt uns diese Abweisung nuanciert betrachten. Paulus trifft in Rom ein, bekehrt eine Anzahl von Juden, bevor er die Notwendigkeit einer Öffnung auf die Heiden hin verkündet. Die Apg endet mit der Hoffnung auf letztendliche Versöhnung zwischen Juden und Heiden.

3. Die Geographie unterstützt das Thema. – Um den »Übergang des Zeugnisses« von den Juden auf die Heiden zu zeigen, teilt Lukas sein Werk geographisch zwischen Jerusalem, der heiligen Stadt des

Judentums, und Rom, der Hauptstadt der heidnischen Welt auf. Das Evangelium ist auf Jerusalem zentriert, wohin Jesus dreimal »hinaufsteigt«. Nach seiner Geburt in Betlehem kommt er ein erstes Mal nach Jerusalem, um im Tempel dargestellt zu werden (Lk 2,22-39). Er verbringt sein Leben in Nazaret und steigt ein zweites Mal hinauf, um sich zu den Gelehrten zu setzen (Lk 240-51). Als er in Galiläa predigt, wird der zentrale Teil des Evangeliums wie ein dritter Aufstieg nach Jerusalem organisiert (Lk 9,51-19,27), wo er sterben muss, denn »ein Prophet darf nirgendwo anders als in Jerusalem ums Leben kommen« (Lk 13,33). Dieser Tod markiert für Lukas die Ablehnung durch die Juden. Von nun an wird das Wort Gottes immer weiter entfernt von Jerusalem verkündet.

Petrus geht von Jerusalem nach Judäa, das jüdische Umland, dann von Judäa in Richtung Küste, die heidnischer ist (Apg 9,32 f.). Dort tauft er einen Heiden. Paulus begibt sich in Gebiete, die immer weniger Juden kennen. Nach Antiochia, dann Kleinasien (wo noch zahlreiche Juden lebten), dann nach Griechenland und schließlich nach Rom (Apg 11,25-28,31).

Das Evangelium der Armen

Typisch für das lukanische Werk ist ein weiterer Punkt. Die Botschaft Jesu richtet sich vor allem an die Kleinen, die Armen und die Sünder. Jesus wird übrigens als »Freund der Zöllner und der Sünder« (Lk 7,34) dargestellt. Er beginnt sein Wirken damit, dass er erklärt, Gott habe ihn dazu ausersehen, den Armen die gute Nachricht zu verkünden (Lk 4,18). Er erklärt, er sei zu den Sündern und nicht zu den Gerechten gesandt (5,32). Das Thema der Armut und der Sünde ist also im Lukasevangelium entscheidend.

 Reiseweg zum Thema Barmherzigkeit und Mitgefühl

1. Die Sünder. – Das Mahl bei Levi (5,27-39); seine Feinde lieben (6,30-35); Jesus als Freund der Sünder (7,34); Jesu Begegnung mit der Sünderin (7,36-50); die drei Gleichnisse zur Barmherzigkeit (15); der Pharisäer und der Zöllner (18,10-14); im Haus des Zöllners Zachäus (19,1-10).

2. Die Armen. – Das Magnifikat (1,53); die Mission Jesu (4,18); die erste Seligpreisung (6,20); der erste Weh-Ruf (6,24); das Festmahl der Armen (14,12-24); der Obolus der armen Witwe (21,1-6).

Hier die Stellen, an denen Lk auf die Armen und Sünder eingeht. Ist seine Definition von Sünde dieselbe wie unsere? Welches ist die Haltung Jesu? Welche Haltung rät er gegenüber den Armen?

Für einen Überblick über die Stellen, die den Heiligen Geist bei Lk behandeln, siehe S. 138 f.
Für das Studium des Gebets in der Bibel, folgen Sie dem Reiseweg des Gebets, siehe S. 145

Das Evangelium des Heiligen Geistes und des Gebets

Im Alten Testament stand der Geist für die Macht Gottes, die seinen Willen auf Erden weitergab. Bei Lukas handelt es sich um eine Größe mit mehr Individualität, welche das Band, das Jesus mit seinem Vater und die Christen mit Jesus unterhalten, personifiziert.

Außerdem ist das Lukasevangelium das Evangelium des Gebets. Dieses ist der privilegierte »Ort« für das Wirken des Geistes. Diese Geisttheologie erreicht in den folgenden Jahrhunderten seinen Höhepunkt in der Identifikation des Geistes mit einer Person der Trinität (Gott, der Vater – Jesus, der Sohn – und der Heilige Geist).

Die Kindheitserzählungen – eine theologische Ouvertüre

Was man die »Erzählungen von der Kindheit Christi« nennt, das bildet in Wirklichkeit einen theologischen Prolog für das gesamte Evangelium. Wie in einer Oper, wo die Ouvertüre dem Publikum erlaubt, die Grundstimmung des Stückes zu erfassen, kündigt Lk seine Hauptthemen in den beiden Kapiteln an.

Führer zur Lektüre des lukanischen Werkes

Untersuchen Sie den Aufbau. Notieren Sie in zwei Kolumnen (je eine für Jesus und Johannes) die Überschriften der einzelnen Episoden. So erhalten Sie die Parallelen zwischen der Kindheit von Johannes dem Täufer und von Jesus. Der Besuch Marias bei Elisabet verbindet beide.
Studieren Sie die Gebete: Magnifikat, Benediktus, Nunc dimittis.
Wenn Sie die Hinweise in Ihrer Bibel lesen, dann erkennen Sie, wie sich das christliche Gebet vom Alten Testament her nährt.
Untersuchen Sie die großen Themen, die Lukas in seinem Werk dann entwickelt.

Das Lukasevangelium

Lk 1–2. – *Die Kindheitserzählungen zeigen den zweifachen Ursprung Jesu.* Er ist zugleich Sohn Gottes und Sohn Davids, der Erbe der Hoffnung des jüdischen Volkes.

Lk 3,1–9,50. – *In Galiläa wird sein göttlicher Ursprung verdeutlicht* in der Taufe, in der Versuchung und durch seine erste Rede in Nazaret. Die Dualität jüdisch/heidnisch tritt anlässlich einer Verkündigung bei den Juden (5–6) zutage. Sie wird durch ein Bekenntnis des Petrus abgeschlossen. Eine Rede bei den Heiden wird schließlich durch das Bekenntnis des Hauptmanns beendet (7–9).

Lk 9,51–19,27. – *Die Reise nach Jerusalem offenbart das Geheimnis Gottes* (9–16). Nach einer ersten Verkündigung über das Geheimnis Gottes, die auf die Frage antwortet »Wer ist der Christus?« (9–11) und die Schwäche der Menschen enthüllt (12–13), predigt Jesus über den Heiligen Geist (17–21) und das Kommen des Gottesreiches.

Lk 20–24. – *In Jerusalem wird das Geheimnis verwirklicht.* Passion, Grablegung, Auferweckung, Aussendung, Himmelfahrt.

Die Apostelgeschichte

Apg 1,1–15,35. – *Von Jerusalem nach Antiochia: Die Taten des Petrus.*
Eine Reihe von Ereignissen, die meist Petrus als Hauptperson haben,
zeigt die Christen in der Kontinuität zur Predigt Jesu. Pfingsten
bringt die Mission in Schwung: die Kirche wird gegründet, das
Leben der kleinen Gemeinschaft beschrieben. Zuerst wird den Juden
(1,1–11,26), dann den Heiden gepredigt (11,27–15,35).

Apg 15,36–28,31. – *Von Antiochia nach Rom: Die Taten des Paulus.*
In der Form einer Reise-Erzählung wird der Handlungsfaden mit
Paulus als Hauptperson weiterentwickelt. Sie führt ihn rund ums
ägäische Meer (15,36–19,21) und dann von Jerusalem nach Rom
(19,22–28,31). Eine immer größere Öffnung zu den Heiden hin wird
deutlich, ohne dass es jedoch zu einer völligen Trennung von den
Juden kommt.

Einige Texte aus dem Werk des Lukas

 Geführte Lektüre: Das Programm Jesu   Lk 4,14-44

Lesen Sie zuerst den Text. Von welchen Orten ist die Rede? Von Galiläa, Judäa, aber auch von der Synagoge (Ort der jüdischen Religion), vom Gebiet außerhalb der Stadt ... Welche Akteure treten auf? Markieren Sie die Schlüsselworte: Geist, Gute Nachricht, die Armen, heute, Elija, seinen Weg gehen (bzw. hinaufsteigen) – Botschaft ...
Stellen Sie das Zitat Jesajas in seinen ursprünglichen Kontext zurück. Welche Resonanz haben in diesem Kontext Wörter wie »arm«, »Freiheit« usw.? Wo beendet Lukas das Zitat Jesajas? Aus welchem Grund? Markieren Sie die Inklusion, die diesen Zusammenhang abgrenzt (Inklusion: Man wiederholt dieselben Elemente am Anfang und am Ende einer Passage, um zu zeigen, dass alles Dazwischenliegende zusammengehört): Lehren bzw. Verkündigen in den Synagogen (V. 15.19.44); alle; die Menge (V. 15.42); die frohe Botschaft ankündigen (V. 18.43), gesandt (V. 18.43). Wie werden die drei Wunder-Erzählungen mit dem Leitwort »befehlen« (V. 35.39.41) zu einer konkreten Verwirklichung dieses Programms?
Achten Sie auf die Inkohärenz der Erzählung. Warum dieser abrupte Wechsel in der Haltung in V. 22? Hat Jesus bei Lk schon in Kapharnaum Wunder gewirkt (V. 23)?
Schauen Sie danach den Gesamttext durch: Wer ist Jesus? Achten Sie auf seine Titel (V. 18.34.41; neuer Elija), die Autorität seines Wortes (V. 32.36), seine Verherrlichung (V.15; sonst verherrlicht man überall nur Gott). Welchen Auftrag hat er (V. 18-19)? Die Befreiung wird durch die drei Wunder konkretisiert (siehe auch Apg 10,38). An wen

Bei Mt bildet die Bergpredigt gefolgt von den Wundern das Rede-Programm Jesu.
Dem entspricht bei Lk Jesu Rede in der Synagoge von Nazaret.
Erarbeiten Sie sich mit der Hilfe der Leitfragen eine Vorstellung von diesem Programm.

richtet sich seine Sendung: an die Juden (seine Heimat, die Synagoge) oder an die Heiden (das Beispiel von Elija und Elischa)? Wie wird Jesus von den Juden aufgenommen? Welches Bewusstsein hat Jesus von seiner Sendung? Achten Sie darauf, wie er seinen Weg nimmt (V. 30.42). Welche Verbindungen stellen Sie zu den Seligpreisungen her?

Apg 1,12–2,47

Nach dem Programm Jesu nun das der Kirche. Die Rede des Petrus, die in die Pfingsterzählung eingefügt wird, ist die programmatische Rede der entstehenden Kirche.
Hier muss man den Gesamtzusammenhang in den Blick nehmen.

Geführte Lektüre: Das Programm der Kirche

Markieren Sie zuerst die inkludierenden Elemente, die diese Einheit abgrenzen: sie, alle (die Gruppe der 120), beharrlich, das Gebet (1,14; 2,42); vereinigt, eins, gemeinsam (das zuletzt genannte Wort gibt die Wendung »epi to auto« wieder, die sogar im Griechischen selten ist: 1,15; 2,44.47). Die Entwicklung verläuft von der »Gruppe der 120« hin auf die Gruppe der »120, denen Gott 3000 weitere Menschen hinzufügt« (2,41.47). Der Text zeigt, was die Kirche braucht, damit sie verkündigen und wachsen kann.

Achten Sie auf die wiederkehrenden Worte in Apg 2. Manchmal werden sie in den Bibelausgaben unterschiedlich übersetzt: Sprache (V. 3.4.11), Dialekt (V. 6.8), Stimmen (V. 6, auch als »Lärm« bzw. »Getöse« übersetzt); sprechen (V. 4.7.11). Machen Sie die Handlungsträger ausfindig. Achten Sie besonders auf die Rolle Gottes, Jesu, des Geistes und der Jünger.

Pfingsten erscheint als Vollendung des Geheimnisses Christi, als Zeichen, dass er erhöht ist. Es erscheint als der Anfang des Geheimnisses der Kirche. Im jüdischen Pfingstfest erinnerte man an den Bundesschluss durch die Gesetzesübergabe am Sinai. Sehen Sie Beziehungen zwischen diesem Ereignis, so wie die Juden darüber reflektiert haben und der Erzählung des Lukas? Das jüdische Fest war ein Fest der Bundeserneuerung (lesen Sie in Jer 31,31 ff. und Ez 36,26 nach). Man las bei dieser Gelegenheit den Psalm 68. Der Geist ist die Gabe des erhöhten Jesus an seine Kirche. Dieser Text will also zeigen: wie die Stimme Gottes einst auf den Sinai herabstieg, so geht sie jetzt von der Kirche als Stimme Gottes in der Welt aus.

Das christliche Pfingsten – eine Neuinterpretation des jüdischen Pfingsten

Lukas greift jüdische Reflexionen über Ex 20,18 auf: »Das ganze Volk erlebte, wie es donnerte und blitzte, wie Hörner erklangen und der Berg rauchte. Da bekam das Volk Angst, es zitterte und hielt sich in der Ferne.« Der Philosoph Philo, ein Zeitgenosse Jesu, schreibt: »Da Gott keinen Mund hat, entschied er durch ein Wunder, dass ein unsichtbares Rauschen in der Luft entstehen soll, ein Windhauch, der sich in Worten artikulierte, der, indem er die Luft in Feuer in der Form von Flammen verwandelte, eine Stimme ertönen ließ, die solcher Art war, dass die, welche weiter weg waren, sie ebenso verstanden wie diejenigen, die in der Nähe waren … Eine Stimme ertönte aus der Mitte des Feuers, das vom Himmel stieg, und sprach in der Sprache, die den Hörern vertraut war, zu ihnen« (De Decalogo 9 und 11). Und Rabbi Jochannan (zwischen 90 und 130 n. Chr.) erklärt, dass »die Stimme sich in 70 Sprachen teilte«. Da es für die Juden 70 heidnische Nationen in der Welt gibt, ist das eine Art und Weise, um auszudrücken, dass das Gesetz sich an alle Menschen richtet.

 ## Intensive Lektüre: Die Verklärung

Die Erzählung von der Verklärung liegt uns auch in Mt 17,1-9 und Mk 9,2-10 vor. Vielleicht auch in Joh 12,28 sowie in 2 Petr 1,16-18. Der Text ist bedeutsam und er erfordert ein vertieftes Studium. Hier müssen wir uns aber mit einigen Anmerkungen begnügen, die Sie am Text belegen sollten.

> 28 Etwa acht Tage nach **diesen Reden** nahm Jesus Petrus, Johannes und Jakobus beiseite und stieg mit ihnen auf einen **Berg**, um zu beten.
> 29 Und während er betete, **veränderte sich** das Aussehen seines Gesichtes, und sein Gewand wurde leuchtend weiß.
> 30 Und plötzlich redeten zwei Männer mit ihm. Es waren **Mose und Elija**;
> 31 sie erschienen in strahlendem Licht und sprachen **von seinem Ende**, das sich in Jerusalem erfüllen sollte.
> 32 Petrus und seine Begleiter aber waren **eingeschlafen**, wurden jedoch wach und sahen Jesus in strahlendem Licht und die zwei Männer, die bei ihm standen.
> 33 Als die beiden sich von ihm trennen wollten, sagte Petrus zu Jesus: Meister, es ist gut, dass wir hier sind. Wir wollen drei **Hütten** bauen, eine für dich, eine für Mose und eine für Elija. Er wusste aber nicht, was er sagte.
> 34 Während er noch redete, kam eine **Wolke** und warf ihren Schatten auf sie. Sie gerieten in die Wolke hinein und bekamen Angst.
> 35 Da rief eine Stimme aus der Wolke: Das ist mein auserwählter Sohn, auf ihn sollt ihr hören.
> 36 Als aber die Stimme erklang, war Jesus wieder allein. Die Jünger schwiegen jedoch über das, was sie gesehen hatten, und erzählten in jenen Tagen niemand davon.

 ## Geführte Lektüre: Die zehn Aussätzigen

»*Jesus, Meister, hab Erbarmen mit uns!*« Der Glaube der zehn Aussätzigen wird an den Anfang gestellt. Sie fordern Jesus durch seinen »Vornamen« heraus, wie der Dieb unter dem Kreuz (23,42), der ebenfalls das Heil erhalten wird. »*Meister*«: Lukas ist der einzige, der Jesus mit diesem Titel, der an Macht denken lässt, anredet (5,5; 8,24; 9,33-49). »*Hab Erbarmen*« appelliert an die Zärtlichkeit und Barmherzigkeit Gottes.

Lk 9,28-36

Diese Reden: Es handelt sich um eine Belehrung über das Leiden.
Berg: Die Manifestation von Jesu Göttlichkeit »auf dem Berg« spielt auf die Manifestation Gottes auf dem Sinai an.
Veränderte sich: Um Jesu Herrlichkeit zu beschreiben (d. h. die Manifestation der Göttlichkeit Jesu) verwendet Lukas ein sehr vertrautes Bild (weiße Kleidung) und eine etwas verhüllende Ausdrucksweise.
Mose und Elija: Die Gegenwart der beiden Propheten dient dazu, Jesus eine messianische Statur zu verleihen. Mose ist der Erbe der Verheißung und Elija der Prophet, der vor dem Kommen des Messias erscheinen soll.
Sein Ende: gemeint ist Jesu Tod.
Eingeschlafen: eine deutliche Parallele zur Ölbergszene vor Jesu Gefangennahme (Lk 22,39-46).
Hütten: Petrus zeigt einen rituellen Reflex. Das Laubhüttenfest erinnert an die Zeit des Exodus in der Wüste.
Wolke: traditioneller Ort der Manifestation Gottes.

Lk 17,11-19

Das Wort »ziehen bzw. gehen« erscheint am Anfang und am Ende. Was lässt das über die Art erkennen, mit der Jesus sein Leben und das eines Jüngers betrachtet?

Wie wird der dankbare Aussätzige gekennzeichnet? Nacheinander als »einer der Zehn«, »Samaritaner« (V. 16), »Fremder« (V. 18). Man liest hier den lukanischen Universalismus heraus: die Samaritaner (vgl. Apg 8) und die Heiden verstehen die Botschaft besser als die Juden.

Jesus Sohn Gottes«: der Aussätzige wirft sich vor ihm auf den Boden und dankt. Das tat man üblicherweise nur Gott gegenüber. Das Heil ist künftig allen, Juden und Heiden eröffnet, allein durch den Glauben an Jesus.

📖 Geführte Lektüre: Die Geburt Jesu (Lk 2,1-20)

Zwischen zwei Aspekten muss man unterscheiden: dem Ereignis und der Interpretation dieses Ereignisses.

1. Das Ereignis: (V. 16). – Wenn man die Folklore wegnimmt, mit der es ausstaffiert worden ist, dann erscheint das Ereignis selbst ein wenig banal zu sein: weil es keinen Übernachtungsplatz in einer Herberge gibt, hat sich eine werdende Mutter an den einzigen Ort zurückgezogen, wo es still ist und wo man es warm hat: den Stall.

2. Die Interpretation des Ereignisses (V. 8-20). – Engel und Hirten tun sich zusammen, um die Geburt zu verkünden, während der Glanz Gottes das Ganze beleuchtet (V. 9.14.20). Der Engel »verkündet« die gute Nachricht (er »evangelisiert«). Dieses Wort, das um die 15 Mal in der Apostelgeschichte vorkommt, fasst die Aktion der christlichen Missionare (Apg 8,4.12.25) zusammen. Vergleichen Sie V. 12 mit Apg 2,36; 5,42; 11,20; 13,33-36; Phil 3,20.

---

¹⁵ Als die Engel sie verlassen hatten und in den Himmel zurückgekehrt waren, sagten die Hirten zueinander: Kommt, wir gehen nach Betlehem, um das Ereignis (das Wort: *rhéma*) zu sehen, das uns der Herr **verkünden** ließ.

¹⁶ So eilten sie hin und fanden Maria und Josef und das Kind, das in der Krippe lag.

¹⁷ Als sie es sahen, erzählten sie (das Wort: *rhéma*), was ihnen über dieses Kind gesagt worden war.

¹⁸ Und alle, die es hörten, **staunten** über die Worte der Hirten.

¹⁹ Maria aber bewahrte alles, was geschehen war, in ihrem Herzen und dachte darüber nach.

Verkünden lassen: Dieses Wort drückt fast immer die Offenbarung aus, die Gott oder Jesus gegenüber den Jüngern gemacht hat. Sie geben es ihrerseits an alle weiter: Joh 15,15; 1 Kor 15,1; 2 Kor 8,1; Eph 1,9; 3,3.5; 6,19.
Um die Hirten zu kennzeichnen, hat Lukas auch auf die christlichen Missionare als Modell zurückgegriffen. So werden sie zum Modell für das, was jeder Christ in der Welt tun sollte.

Staunten: Es bilden sich zwei Gruppen. Zwei Haltungen begegnen Jesus und dann seinen Jüngern. »Alle staunten«: dieses Wort bezeichnet bei Lk eine Haltung der Annahme, die nur vorübergehend und ohne tiefere Wurzeln ist (4,22; vgl. 8,13). Im Gegensatz dazu verweist Maria auf diejenigen, die das Wort hören und in sich heranreifen lassen.

Wort: Beachten Sie die Bedeutungsverschiebung des Wortes »Wort« (auf griechisch *rhéma*): die Hirten haben ein gesprochenes Wort gehört (V. 17). Sie kommen, um das ins Leben gekommene Wort zu sehen: ein kleines Kind (V. 15). Das Wort ist Fleisch geworden.

Das Evangelium nach Johannes

Welch ein eigenartiges Buch, dieses vierte Evangelium. Seine Worte sind sehr einfach, fast alltäglich, und dennoch versuchen die Bibelwissenschaftler auch weiterhin, deren Tiefe zu erfassen. Mystiker erklären es zu ihrem Lieblingsbuch. Wie die synoptischen Evangelien erzählt auch Johannes das Leben Jesu. Doch unterscheidet er sich sehr von ihnen.

Entstehungszeit: Der Text zeigt die Spuren mehrerer aufeinander folgender Redaktionen. Die Endredaktion muss um 95-100 n.Chr. erfolgt sein.

Autor und Gemeinde: Es ist möglich, dass die Gestalt des geliebten Jüngers (der in anderen Evangelien fehlt und den man mit dem Apostel Johannes identifiziert hat) am Ursprung des Evangeliums steht. Vor allem aber hat die Geschichte der Gemeinde den Text geprägt. Man erkennt mehrere Einflüsse:

- Der Einfluss *griechischer Philosophie*, die von Philosophen wie Platon, Aristoteles und den Stoikern geprägt ist. Der jüdische Theologe und Philosoph Philo von Alexandrien strebte eine Synthese von griechischem Denken und jüdischem Glauben an. Die Gemeinde lebt in solch einem Umfeld. Viele Themen zeigen das an. Ebenso der Umstand, dass Jesus als der *Logos*, das Wort bezeichnet wird.
- Die *Gnosis*, eine schwer zu definierende, weil vielgestaltige Geistesströmung. Gemeinsame Grundlage ist die Vorstellung, das Heil durch Erkenntnis und Wissen zu erlangen. Das Johannesevangelium, das Christus als denjenigen darstellt, der die Geheimnisse Gotte enthüllt, trägt einige gnostische Züge.
- Das *Judentum*: Vor allem hängt Joh vom jüdischen Glauben ab. Dieser Glaube wird jedoch im Hinblick auf Jesus meditiert und neu interpretiert. Der Exodus, das Passalamm, das Manna, das Wasser, der Weinstock weisen auf die Geschichte Christi voraus. Jesus ist der Hirte, das Licht, vor allem aber ist er derjenige, der wie Gott sagt: »Ich bin«.

Der Stil des Johannes: im Gegensatz zu den Synoptikern, die die Episoden aneinanderreihen, entschließt sich Johannes dazu, großen zusammenhängenden Einheiten den Vorzug zu geben. Zum Beispiel vermehrt er die Wundererzählungen nicht, sondern wählt sieben von ihnen aus (wovon fünf ihm eigen sind) und verbindet sie mit Gesprächen und Lehrreden. Das Denken schreitet spiralförmig voran. In jeder Einheit findet man immer dieselben Elemente. Sie werden aber Stück für Stück vertieft. Oft wird gesagt, Johannes habe einen sehr einfachen Stil. Das rührt daher, dass er von konkreten Dingen wie Wasser oder Brot ausgeht. Von dieser Einfachheit sollte man sich aber nicht täuschen lassen. Seine Spra-

STECKBRIEF

che ist viel tiefer als sie auf den ersten Blick erscheint. Die Dinge des Alltags haben symbolische Qualität. Sie erlauben es, die Welt Gottes wachzurufen. Genauer gesagt, sie schaffen ein Band mit ihr. Schließlich ist Joh ein liturgisches Evangelium. Die gesamten Teile sind wie Lieder rhythmisch gestaltet.

Überblick zum Johannesevangelium

Die johanneische Geographie

Die Geographie der Synoptiker ist einfach und vor allem theologisch. Die des Joh ist zunächst geographisch! Der Autor kennt das Land gut. Wenn er bei einem historischen Aspekt (z. B. der Chronologie der Passion) mit den anderen nicht übereinstimmt, tendiert man bis heute dazu, ihm den Vorzug zu geben. Die Archäologie hat die Exaktheit gewisser Details offenbart, wie z. B. die Existenz eines Bades mit fünf Säulenhallen im Norden des Tempels.

Nach den Synoptikern predigte Jesus in Galiläa und stieg dann am Passafest hinauf nach Jerusalem. Sein öffentliches Leben konnte sich innnerhalb weniger Monaten abspielen. Nach Johannes dauerte es mehr als zwei Jahre. Tatsächlich geht Jesus drei Passafeste lang nach Jerusalem hinauf: 2,13; (5,1 ?); 6,4; 11,55. Johannes berichtet auch von häufigen Reisen von Galiläa nach Judäa. Dort hält sich Jesus lange auf, vor allem in Jerusalem (1,19-51; 2,1-23; 5,1-47; 7,14-20,31).

Einige Ausdrücke, die für die Welt des Joh charakteristisch sind

Das Wort »Stunde« kehrt ziemlich häufig wieder. An neun Stellen scheint es aber einen speziellen Sinn zu haben. Jesus oder Johannes erklären, dass »die Stunde« noch nicht gekommen sei (2,4;7,30; 8,20). Am Palmsonntag jedoch ist Jesus zu Tode geängstigt, weil die Stunde gekommen ist (12,23.27). Kapitel 13 beginnt feierlich: »Es war vor dem Passafest. Jesus wusste, dass seine Stunde gekommen war, um aus dieser Welt zum Vater hinüberzugehen...« (13,1). Christus selbst bestätigt es seinen Jüngern (16,32) und sagt es nochmals in seinem Gebet zum Vater (17,1). So bewegt sich Jesus während eines ganzen Teils des Evangeliums auf seine Stunde zu. Diese kommt beim Abendmahl. Dies ist die Stunde seines Aufgangs zum Vater.

1. Der Gegensatz hoch – tief. – Es gibt Gottes Universum oben, das Geist und Freiheit, Licht und Liebe ist. Und es gibt die Welt unten, die Fleisch und Sklaverei, Hass und Dunkelheit ist. Jesus gehört seit

Die »Juden« und die »Welt«
Wir erinnern uns: bei der Bedeutung des Wortes »Jude« muss man bei Johannes sehr achtsam sein. Manchmal meint es ganz einfach den »Bewohner des Landes«, manchmal nimmt es einen sehr speziellen Sinn an und meint: »diejenigen, die Christus nicht annehmen«. In diesem Sinne ist der geborene Jude Johannes kein »Jude«, der Jesus ablehnt. Ein ungläubiger Heide könnte vom speziellen Sinn her als »Jude« bezeichnet werden. Die Verwechslung der beiden Sinnrichtungen hat leider nicht wenig dazu beigetragen, den Antisemitismus zu begünstigen.
Ebenso bezeichnet das Wort »Welt« die Menschheit, die Gott so sehr liebt, dass er ihr seinen Sohn gesandt hat. Oft aber ist »Welt« gleichbedeutend mit dem »Feind« Christi (12,31; 15,18).

jeher dem Universum oben an. Als Wort Gottes ist er hinabgestiegen in die Welt, um uns Gott zu offenbaren, uns die wahre Erkenntnis (oder Gnosis) zu geben. Sein Ostern ist die Stunde seines Aufgangs zum Vater. Die Erzählung seines ganzen Lebens wird von zwei großen Liedern gerahmt: der Hymne auf das Wort, das vom Himmel herabsteigt, um Mensch zu werden (1,1-15) sowie dem Hohepriesterlichen Gebet des inkarnierten Wortes, das zu seinem Vater zurückgeht (Joh 17). Obwohl er allein herabgestiegen ist, so zieht er bei seiner Erhöhung alle diejenigen mit, die an ihn glauben (14,3).

2. Glauben. – Am Schluss drückt Johannes sein Ziel ganz deutlich aus: diese Zeichen »sind aufgeschrieben, damit ihr glaubt, dass Jesus der Messias ist, der Sohn Gottes, und damit ihr durch den Glauben das Leben habt in seinem Namen« (20,30-31). Johannes will also zum *Glauben* leiten. Dieser besteht darin, Jesus als den Messias und Gottessohn anzuerkennen. Dieser Glaube, der eine lebendige Zustimmung bezeichnet, ist bei ihm eine andere Bezeichnung für die Liebe. Glauben bedeutet, das *Leben* des Sohnes zu haben. Ihn abzulehnen heißt, den Tod zu wählen.

Das ewige Leben in Jesus

Obwohl die johanneische Gemeinde jüdischen Ursprungs war, hat sie mit dem Rest des Judentums ganz und gar gebrochen. In der Tat kommt für sie das Heil nicht aus dem Gesetz, sondern allein aus Jesus. Dieser erklärt: »Ich bin der Weg, die Wahrheit und das Leben. Keiner kommt zum Vater denn durch mich« (14,6). Jesus ist in gewisser Weise »der verpflichtende Weg« zum ewigen Leben. Kapitel 20 schließt im Übrigen mit folgender Bemerkung: »Noch viele andere Zeichen, die in diesem Buch nicht aufgeschrieben sind, hat Jesus vor den Augen seiner Jünger getan. Diese aber sind aufgeschrieben, damit ihr glaubt, dass Jesus der Messias ist, der Sohn Gottes, und damit ihr durch den Glauben das Leben habt in seinem Namen« (Joh 20,30-31). Der Glaube an Jesus ist das Mittel, um das ewige Leben zu gewinnen.

Wie stellt sich Joh das ewige Leben vor? In einer Passage (5,28-29) weist er auf das Gericht und die Auferweckung des Leibes hin. An anderen Stellen sieht er im ewigen Leben eine Wirklichkeit, die der Glaubende schon besitzt (3,36; 5,24; 6,47).

Der Paraklet

Jesus bleibt für die johanneische Gemeinde auch nach seinem Tod in der Gestalt des »Parakleten« gegenwärtig (den man mit dem Heiligen Geist identifiziert). Das Wort stammt aus dem Griechischen und bedeutet »Beistand« oder »Tröster«. Dieser Paraklet unterstützt und stärkt die Gemeinde nach dem Weggang Jesu (14,16) und hilft ihr dabei, seiner Lehre zu folgen (14,25-26). Der Kirche ermöglicht er, die Botschaft Jesu zu aktualisieren.

Führer zur Lektüre des Johannesevangeliums

Johannes war von dieser »Stunde Jesu« fasziniert: Jesu Tod ist zur gleichen Zeit seine Erhöhung! Christus wird zum Kreuz erhöht wie auf einen Thron der Herrlichkeit. Von dort gießt er den Geist über die Welt aus. Darin erweist sich *die Liebe*. Aber dieses Geheimnis ist zu reichhaltig und es hat sich zu rasch ereignet. Nach Johannes weiß Jesus sehr gut, dass seine Jünger den Sinn nur schwer begreifen. Deshalb entfaltet er ihn während seines Wirkens in *Zeichen*. Jesu Wunder, aber auch in noch umfassenderer Weise seine Werke (Worte und Taten), zeigen das Werk, zu dem ihn der Vater beauftragt hat. Die Worte und Taten rufen auf der Seite der Adressaten zwei unterschiedliche Reaktionen wach: die einen *kommen zum Glauben* und gehen somit *ins Leben*, die anderen verweigern sich und *wählen den Tod*.

Das Buch der Zeichen (1–12)

1. Die Zeichen kündigen das von Gott geschenkte Leben an (1–6). – Die Jünger legen Zeugnis ab: die Gemeinde (1,12-14), Johannes der Täufer (1,19-44), die ersten Jünger (1,35-44). Eine Reihe von Episoden kündigt diese Lebensgabe an: das Zeichen von Kana zeigt die Herrlichkeit Jesu (2,1-12); durch die Vertreibung der Händler aus dem Tempel gibt Jesus ein Zeichen: der wahre Tempel ist sein Leib (2,13-25); er erklärt Nikodemus, dass der Glaube eine neue Geburt ist (3,1-21) und Johannes der Täufer legt sein letztes Zeugnis (3,22-36) ab.
Bei der Samaritanerin geht Jesus vom Symbol des Wassers aus, das Leben ist (4,1-42). Dann befasst sich ein ganzer Textkomplex mit dem Wort, das Leben schenkt (4,43–5,47). Das Thema des Lebensbrotes wird breit entwickelt (6). Der Schlusspunkt dieses Textes bereitet die beiden folgenden Abschnitte vor: einige Jünger lehnen es ab, zu glauben und kehren so zu den Gegnern zurück, denen Jesus im zweiten Abschnitt gegenübertreten wird. Petrus verkündet den Glauben der treu gebliebenen Gruppe. (Das entspricht dem Bekenntnis von Caesarea bei den Synoptikern). Diese treue Gruppe tritt im Verlauf der Erzählung in den Hintergrund. Später wird sie wieder auftreten. Einstweilen ist Jesus allein mit seinen Gegnern konfrontiert.

2. Jesus und diejenigen, die seinen Tod wollen (7–12). – In diesem Abschnitt steht Jesus seinen Gegnern allein gegenüber. Sie wollen seinen Tod. Aber indem sie ihn zurückweisen, wählen sie ihren eigenen Tod. Man begreift dies im Verlauf der scharfen Auseinandersetzungen mit den Juden während des Laubhüttenfestes, als sich Jesus zum Licht und zur Quelle des Geistes erklärt (7,1–8,2). Die Heilung des Blindgeborenen zeigt die Auseinandersetzung um die Gestalt Jesu (9). Dann zeigt sich Jesus als der Hirte, der sein Leben für die Seinigen hingibt (10,1-12), die »Auferstehung und das Leben« (11,46–12,50). Die letzten Episoden führen uns in das Zentrum der Stunde (11,46–12,50). Die Gemeinde kann in diesem ersten Teil erfahren, was der wahre Glaube ist (12,37-50).

Die Stunde Jesu (13–20)

Johannes stellt das letzte Mahl Jesu als eine *Abschiedsrede* dar. Christus verabschiedet sich von seinen Jüngern und hinterlässt ihnen seine Anweisungen: ihre geschwisterliche Liebe wird von nun an die Weise sein, in der Jesus in der Welt gegenwärtig bleibt.
Der Prozess zeigt gut die Dramatik um die Person Jesu. Man verurteilt Jesus zum Tode. In Wirklichkeit ist aber er es, der die »Welt« richtet. Sein Tod wird zur Quelle des Lebens, die aus seiner geöffneten Seite strömt (Jes 47,2 und Sach 13,1). Sie ist Symbol für die Taufe und den Geist. Seine Erscheinungen nach Ostern (Kapitel 20–21) bestätigen seine Botschaft des Lebens.

Einige Texte aus dem Johannesevangelium

 Geführte Lektüre: Das Ziel des Evangeliums

»Diese Zeichen aber sind aufgeschrieben, damit ihr glaubt, dass Jesus der Messias ist, der Sohn Gottes, und damit ihr durch den Glauben das Leben habt in seinem Namen« (Joh 20,31).
»Ich habe euch dies alles geschrieben, damit ihr wisst, dass ihr das ewige Leben habt, ihr, die ihr an den Namen des Sohnes Gottes glaubt« (1 Joh 5,13).

Joh 20,31 und 1 Joh 5,13

Vergleichen Sie die beiden Schlüsse. Unterstreichen Sie die gemeinsamen Themen. Welches Ziel wird von jedem der beiden Schriften in den Blick genommen?
Man hat 1 Joh auch das Buch der christlichen Erfahrung genannt. Was denken Sie darüber?

 Portraits von Gläubigen

Anstatt ein Thema auf abstrakte Weise zu behandeln, zieht es Johannes vor, Personen zu präsentieren, die einen Typus oder ein Modell darstellen. Eines der johanneischen Lieblingsthemen ist der Glaube.

Hier in Auswahl eine Reihe von »Portraits von Gläubigen«:

1. Die ersten Jünger: der Glaube entsteht aus dem Zeugnis (1,33-52). – *Achten Sie darauf, wie jeder von einem anderen bei der Hand genommen wird, um zu Christus geführt zu werden.*

2. Nikodemus: wissen, dass man wiedergeboren wird (3,1-21). – Nikodemus ist ein Gelehrter, ein Rabbi, der mit Jesus von gleich zu gleich diskutieren kann. *Worin besteht für ihn der Glaube?*

3. Die Samaritanerin: an den Messias, den Retter der Welt glauben (4,4-42). – *Wenn Sie von der Begegnung mit der Samaritanerin lesen, achten Sie darauf, wie Jesus von konkreten Realitäten ausgeht, dem Wasser, dem tatsächlichen Leben dieser Frau. Wie bringt er sie dazu, sein Geheimnis zu entdecken?*

4. Der königliche Beamte: an das Wort Gottes glauben (4,46-54). – *Achten Sie auf den Gebrauch des Verbs »glauben«.* In V. 50 glaubt der königliche Beamte dem Wort Jesu und folglich wird er das Wunder sehen (das noch aus dem natürlichen Bereich stammt). In V. 53 stellt er das Wunder fest und glaubt. Achten Sie auf die Reihenfolge: sehen (mit den Augen des Körpers) und glauben – glauben, um zu sehen (mit den Augen des Herzens). Bei Joh findet man das häufig.

5. Der Blindgeborene: Wer ist tatsächlich blind (9,1-41)? – Gegenübergestellt werden ein Blinder, der das Wesentliche sieht und die Sehenden, die dem Wesentlichen gegenüber blind sind. *Versuchen Sie, die Schritte herauszufinden, mit denen es Jesus nach und nach erreicht, dass der Blinde entdeckt, wer er ist.*

6. Petrus und der andere Jünger: sehen, um zu glauben (20,1-10). – Achten Sie darauf, welchen Anweg der »andere Jünger« zum Glauben nimmt. Er sah und glaubte, denn die Jünger hatten die Schrift noch nicht auf die Auferstehung Jesu hin verstanden. Das bedeutet, wenn der Auferweckte ihnen (bzw. uns) das Verständnis der Schrift erschlossen hat, kein »sehen« mehr nötig sein wird, um zum Glauben zu kommen. Die Schrift reicht aus, um erkennen zu lassen, wer Jesus ist.

7. Thomas: glauben, um zu sehen (20,24-29). – Thomas wird hier als der Typus des Menschen dargestellt, der zweifelt. *Zu welchem Glauben will uns Jesus führen?* (Siehe schon die Antwort des Petrus in 6,69).

Geführte Lektüre: Das Zeichen der Brote

1. Das Wunder der Brotvermehrung (6,1-15) ist parallel zu fünf anderen Erzählungen verfasst, die man bei den Synoptikern findet. Wie diese sieht Johannes in der Handlung Jesu, in der er sich als gnädig erweist und die Brote verteilt, eine Vorwegnahme des Abendmahls. Aber Johannes macht daraus vor allem ein messianisches Mahl. Es ist das Fest, zu dem der Messias einlädt und das man für das Ende der Zeiten erwartete. Johannes stellt die Initiative Jesu

Joh 6,1–59

Dieser wichtige Abschnitt ist einer der längsten im Johannesevangelium. Er spielt am Ende der Verkündigung Jesu in Galiläa und fasst das Wesentliche seines Dienstes zusammen. Kapitel 5 hat gezeigt, dass die Juden Jerusalems nicht zum Glauben gekommen sind. Kapitel 6 stellt die Ungläubigkeit der Menschen Galiläas dar. Außer der kleinen Gruppe der Zwölf (und sogar aus ihren Reihen wird einer Verrat üben) weigert sich Israel zu glauben.

heraus (er macht alles, er verteilt). Die Menge erkennt ihn als den Propheten und will ihn zum König machen.

2. Der Gang auf dem Wasser (6,16-21). – verdeutlicht die Person Jesu. Es ist ein königlicher, hoheitsvoller Gang des »Ich bin« in all seiner Herrlichkeit. Indem sie die göttliche Macht Jesu zum Greifen nahe bringt, will die Erzählung die Jünger darauf vorbereiten, die Botschaft vom Brot des Lebens anzunehmen. Jesus wird von den Menschen gesucht, und er beginnt seine Rede über seine Werke und das Brot (6,22-29).

3. Das Brot des Lebens (6,30-59). – *Unterstreichen Sie die wiederkehrenden Worte und ihren Ort im Text.* (Unsere Bibelausgaben übersetzen mit »essen« zwei verschiedene Verben. In den Versen 54.56.57.58b ist es das sehr realistisch anmutende Verb »zerkauen«). *Achten Sie darauf, wie gewisse Ausdrücke eine Inklusion bilden. Stellen Sie die Einwände in den Versen 30.40-41.52 heraus. Johannes lässt hier eine Debatte ganz bewusst wieder aufleben.*

Sie werden bemerkt haben, dass sich die wichtigen Worte des Textes alle in einem Zitat in V. 31 wiederfinden. Diese Rede ist vielleicht eine Homilie (Jesus predigt übrigens in einer Synagoge: V. 59), die nach den Regeln der jüdischen Predigt aufgebaut ist. Man geht von einem Schriftwort aus, normalerweise aus dem Pentateuch. Daraus greift man jedes einzelne Wort auf, um es zu aktualisieren. d. h. um zu zeigen, wie es sich auf die Zuhörer bezieht. Dem Brauch nach erscheint im Verlauf des Kommentars ein zweites, aus den Propheten stammendes Zitat (V. 45 umschreibt hier Jes 54,13). Man gebraucht dabei gerne den Kontrast: »nicht ..., aber ..., denn ...«, wie in den Versen 32-33 und 46-47.

Nach dem Zitat von V. 31 und dem Kontrast von V. 32 grenzt eine Inklusion (V. 35 und V. 48) eine erste Einheit ab. Von V. 49 an, der V. 31 wieder aufgreift, beginnt eine zweite Einheit. V. 58 dient dem Ganzen als Schluss.

- *Von welchem Brot spricht Jesus in V. 35-48?* Beachten Sie die Häufigkeit des Wortes »glauben« bzw. seines Äquivalents »kommen zu«. Das Thema des »Wortes Gottes«, das man annimmt, das man durch den Glauben »aufgegessen« hat, ist weit verbreitet. So z. B. in dem Wort: »Der Mensch lebt nicht vom Brot allein, sondern von jedem Wort, das dem Mund Gottes entspringt« (Dtn 8,3 oder auch Weish 16,26; Ez 3,1f.).

- *Von welchem Brot spricht Jesus in 49-58?* Vergleichen Sie »mein Fleisch für das Leben der Welt« und »mein Leib hingegeben für euch« (Lk 22,19). Die Geschichte der Textentstehung ist sehr umstritten. Denkbar ist, dass sich Jesus allein als das inkarnierte Wort darstellte, das seine Zuhörer »essen«, d. h. durch den Glauben annehmen sollten. Nach Ostern verstehen die Jünger, dass sich Jesus am Abend des letzten Mahls auch in einer anderen Weise hingegeben hat: sein eigenes Selbst (Fleisch und Blut), für uns hinge-

Im Zentrum (V. 12-13) steht die göttliche Herkunft, die den Gläubigen angesagt ist. Die übrigen einander entsprechenden Strophen, wiederholen sich nicht einfach.

Die Verse 9-11 stellen das Kommen des Wortes in die Welt und zu seinem jüdischen Volk (zu den Seinen) dar.

V. 14 feiert die Inkarnation. Die Verse 1-5 situieren das Wort in seiner Ewigkeit und seiner schöpferischen Kraft. Die Verse 16-18 betonen die Offenbarung, die durch Jesus Christus erfüllt worden ist.

geben, wird uns zur Speise. Johannes hätte also die gesamte Rede unter einer eucharistischen Perspektive neu gelesen.

Intensive Lektüre: Der Prolog (Joh 1,1-18)

Dieser großartige Hymnus ist schwer zu verstehen. Er fasst in sehr einfachen Worten eine lange theologische Reflexion zusammen. In einem ersten Zugang könnten Sie einmal versuchen, dessen Aufbau herauszufinden und beobachten, wie sein Denken in der Schrift wurzelt.

Im Hinblick auf den Aufbau beginnen Sie damit, die wiederkehrenden Worte sowie die Passagen, die einander entsprechen, zu markieren. Dieser Hymnus scheint in konzentrischer Form konstruiert zu sein, und zwar nach einem biblisch geläufigen Verfahren.

Was die biblische Verwurzelung des Denkens betrifft, beachten Sie die Hinweise in Ihrer Bibel. Hier nur einige Punkte:

Im Anfang. Das Evangelium beginnt wie die Genesis. Das Kommen Jesu ist ein neuer Anfang für die Welt (siehe ebenso Mk 1,11).

Wenn man Christus als *Logos* (»Wort«) bezeichnet, ordnet man ihn in den biblischen Kontext ein: Gott schafft durch sein Wort (Gen 1; Jes 40,26; Ps 33,6) oder durch seine Weisheit (Weish 7,22). Die Weisheit war vor allen Dingen. Sie lebt an seiner Seite (Spr 8,23-36; Weish 7,22-30). Diese Weisheit, d. h. Gott selbst, ist gekommen, um bei den Menschen zu wohnen (Sir 24,1-22). Manchmal wird sie mit dem Gesetz identifiziert, der Gegenwart Gottes bei seinem Volk. Aber wenn man Christus als den Logos bezeichnet, dann verortet man ihn auch im stoischen Denken. Dort ist dieser Logos das Prinzip, das die Welt zusammenhält.

Johannes: gemeint ist Johannes der Täufer.

Es wohnte, ganz wörtlich »es zeltete unter uns«. Das griechische Wort »skene« (Zelt) scheint auf die Schechina anzuspielen, die »Einwohnung«, d. h. die Gegenwart Gottes in der Welt und bei seinem Volk. Jesus ist der wahre Tempel, von dem die Herrlichkeit Gottes für uns ausstrahlt.

Evangeliar des Bischofs Bernward von Hildesheim, Bildseite zum Prolog des Johannesevangeliums, um 1015 (s. S. 164).

3. Teil

Die Briefe des Neuen Testaments

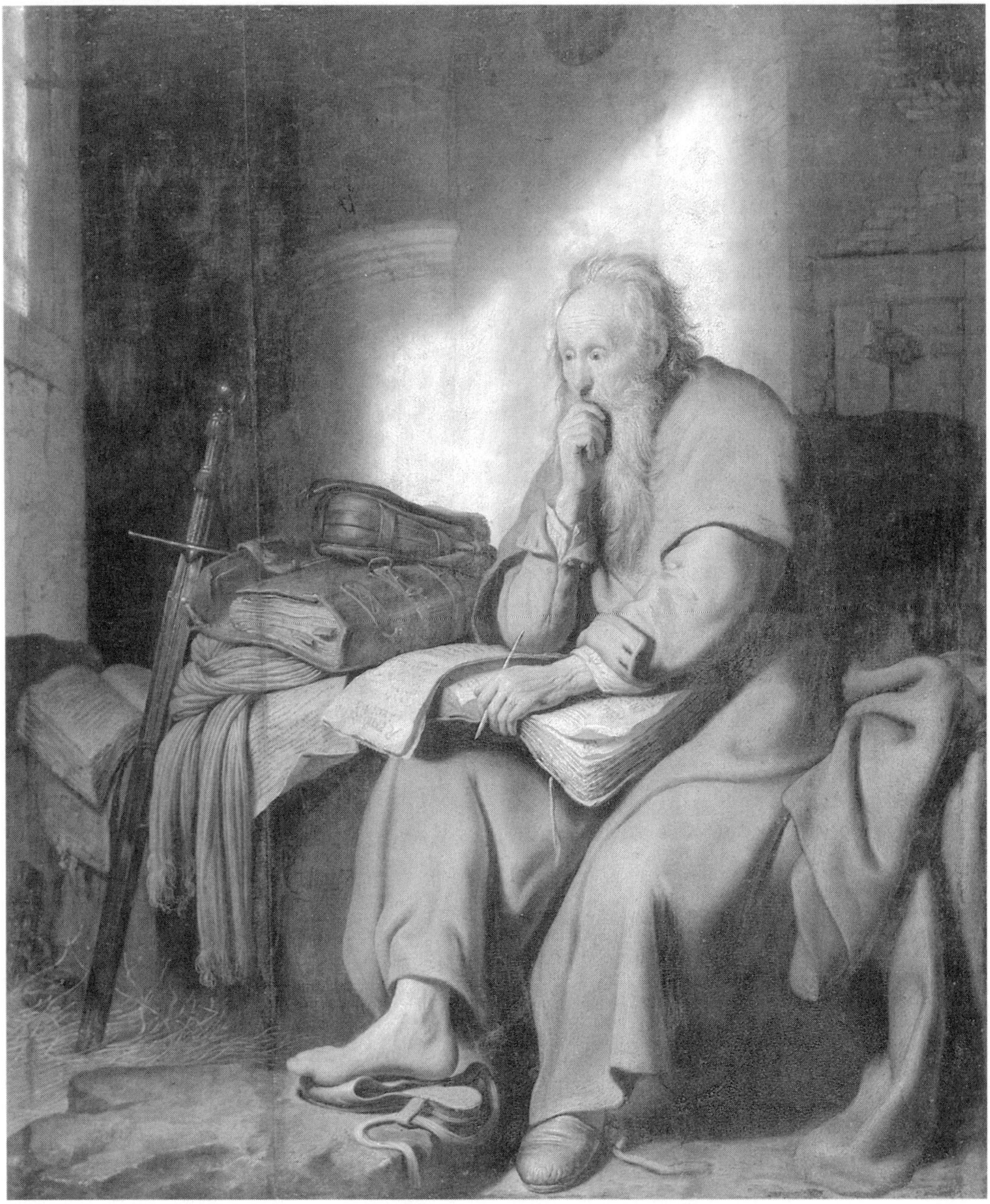

Rembrandt, Paulus im Gefängnis, 1627.

Die Briefe des Paulus

Paulus geht der Ruf voraus, ein sehr schwieriger Autor zu sein. Das ist wohl wahr, aber man wird ihm mit diesem Urteil nicht gerecht. Einige Passagen in seinen Briefen bleiben sogar für die Exegeten rätselhaft. (Das gilt bereits für den Autor von 2 Petr 3,16. Schauen Sie einmal diesen Text an.) Wenn man sich jedoch der Mühe unterzieht, sich mit den Schriften des Paulus vertraut zu machen, dann merkt man, dass sich sein Denken als sehr logisch und einfach erweist und dass er ein einziges Ziel verfolgt. Die Anstrengung wird durch das, was man in seinen Briefen entdeckt, sogleich belohnt. Zudem dringt man mit ihm in die früheste Theologie des Christentums ein. Die Schriften des Paulus sind die ersten Dokumente dieser neuen Religion. Die Theologie des Paulus, die ganz vom Judentum durchdrungen ist, besitzt die Frische und die Tiefe des Anfangs. Darüber hinaus wird man mit den religiösen Erfahrungen und Gefühlen eines bestimmten Menschen vertraut werden. Paulus spricht sehr viel von sich. Darin könnte man ihn, um mit Augustinus zu sprechen, als einen der »Väter« der Autobiographie ansehen. Er beschreibt seine Konversion, seine mystische Erfahrung und seine Zuneigung zu seinen Gemeinden. Schließlich wird man ihn in die Geschichte der ersten Gemeinden einordnen, von der der Apostel viel erzählt. Weit davon entfernt ein ideales Portrait von sich und den Gemeinden anzufertigen, beschreibt er die Konflikte und Auseinandersetzungen, von denen viele für die Geschichte des Christentums entscheidend waren.

Das Leben des Paulus teilt sich in zwei zeitlich ungefähr gleiche Hälften. 30 Jahre lang ist er Pharisäer. Er wird um das Jahr 6 n. Chr. geboren und stößt um 36 n. Chr. zur Jesusbewegung. Während den darauf folgenden 30 Jahren ist er, nunmehr Christ geworden, der unermüdliche Missionar, der rund um das Mittelmeer Gemeinden gründet und mit diesen neu gewonnenen Christen korrespondiert. Er stirbt in den 60er Jahren des 1. Jh. n. Chr.

 **Wie viele Briefe hat Paulus geschrieben?**

Das Neue Testament hat 13 Briefe, die Paulus zugeschrieben werden. 7 davon sind von ihm selbst verfasst, 4 möglicherweise von jemand anders.

Aus der Feder des Paulus stammen:

Römerbrief
Galaterbrief
1. und 2. Korintherbrief
1. Thessalonicherbrief
Philipperbrief
Philemonbrief
Diskutiert wird die Authentizität beim
2. Thessalonicherbrief
Kolosserbrief
Unter dem Namen des Paulus erscheinen
1. und 2. Timotheusbrief
Titusbrief
Epheserbrief

Paulus

Paulus der Pharisäer

Geboren wurde er in Tarsus, der Hauptstadt von Zilizien in Kleinasien mit mehr als 300 000 Einwohnern. Diese Stadt war für ihre Rhetoriklehrer bekannt. Paulus repräsentiert das Judentum der Diaspora an der Nahtstelle zweier Kulturen. Als pharisäischer Jude stu-

Die Bekehrung des Paulus

Von der Bekehrung des Paulus gibt es mehrere Versionen. Eine Erzählung von Paulus selbst (Gal 1,15-17) und zwei Erwähnungen in seinen Briefen (1 Kor 9,1; 15,8) sowie drei Erzählungen, die in die Apg eingeflochten sind (Apg 9,1-9; 22,4-16; 26,9-18).

Versuchen Sie die zuletzt genannten Texte so zu studieren, als ob es sich um synoptische Evangelien handelte (vgl. S. 58f.). Lesen Sie sie also synoptisch.

Was sind die Unterschiede? Welche Bedeutung haben sie? Stellen Sie dann eine Liste mit dem Verlauf der Ereignisse auf. Was ist deren innerer Antrieb? Wer nimmt Einfluss? Um welche Art von Ereignissen handelt es sich?

Behandeln Sie danach die Erzählungen des Paulus. Wie beschreibt er seine Erfahrung? Welche Unterschiede zur Apostelgeschichte können Sie hierbei feststellen?

diert er in Jerusalem im Schülerkreis eines der berühmtesten Rabbis seiner Zeit, Gamaliel (Apg 22,3 und 5,34). Man weiß nicht, wo er sich in den Jahren der Predigt Jesu, den er nicht gekannt zu haben schien, aufhält. Von Beruf war er Zeltmacher. Er versteht den großen, rauen Stoff, das Ziliz zu weben, auf das man in seiner Heimat Zilizien spezialisiert war. Jüdischer Sitte entsprechend war er wahrscheinlich verheiratet.

Er besaß von Geburt an das »römische Bürgerrecht«, das wohl seine Eltern erworben hatten. Die Apostelgeschichte berichtet, er habe davon bisweilen mit Stolz Gebrauch gemacht (Apg 22,25-28). Zweifellos hat er heidnischen Unterricht genossen. Er gebraucht die literarischen Techniken der Antike und zitiert gelegentlich auch aus deren Dichtern (1 Kor 15,33; vgl. Apg 17,28). Sein Doppelname Saul (ein jüdischer Name) und Paulus (ein griechischer Name) zeigt seine Zugehörigkeit zu diesen zwei Kulturkreisen.

Als ernsthafter Pharisäer hatte Paulus nur eine Leidenschaft: Gott zu dienen, indem er das Gesetz minutiös praktizierte. »Mein Leben ist das Gesetz«, konnte er sagen. Als er um 34 n. Chr. nach Jerusalem zurückkehrt, ist er über die Predigt des Petrus und der anderen Apostel beunruhigt. Weil er Theologe ist, nimmt er wahr, wie sehr die Reden der Apostel dazu angetan sind, das Judentum zu erschüttern. Sie stellen Jesus, der doch zu Recht als Gotteslästerer von den Autoritäten verurteilt worden war, auf die gleiche Ebene mit Gott. Als unbeugsamer Pharisäer, dem es um die Reinheit des Gesetzes geht, ist er entschlossen, diese neue Sekte zu bekämpfen. Er begrüßt den Tod des Stephanus, und er bricht nach Damaskus auf, um die Anhänger des Stephanus, die dort Zuflucht gefunden haben, zu verfolgen.

Auf dem Weg nach Damaskus

Als er nach Damaskus unterwegs ist, hat Paulus ein Erlebnis, das er als eine Offenbarung des auferweckten Jesus versteht (Gal 1,15-17; 1 Kor 9,1; 15,8; Apg 9,1-9; 22,4-16; 26,9-18). Der verherrlichte Herr, der ihm erscheint, ist der Verfluchte vom Kreuz. Die ganze Theologie des Paulus nimmt seinen Ausgang in dieser Umkehrung des Erwarteten. Jesus war durch das Gesetz verurteilt worden, dessen Hüter die religiösen Autoritäten waren. Er war von Gott verflucht worden, der nichts getan hatte, um ihn zu befreien, wie geschrieben steht: »Verflucht ist der, der am Holz hängt« (Dtn 21,23; vgl. Gal 3,13). Doch Gott hatte »diesen Verfluchten« verherrlicht! Also erklärt er sich mit ihm einverstanden. Das Gesetz, das ihn verurteilt hatte, ist demnach von Gott selbst verurteilt worden! Für Paulus bricht damit der Sinn seines Lebens zusammen. Aber inmitten dieser großen schmerzhaften Leere hat sich der Glaube an Jesus aufgerichtet. Von nun an wird Paulus sagen: »Mein Leben, das ist Christus«. Hier steckt im Keim seine ganze Theologie wie eine Intuition, die ein ganzes Leben auf den Prüfstand stellt.

Einige wichtige Punkte davon werden wir anschauen:

1. Gerechtfertigt durch Glauben. – Als Pharisäer glaubte Paulus, dass er durch die Praxis des Gesetzes gerechtfertigt werde. Er dachte, dass alles, was er tat, seine Anstrengungen, seine »Werke« wie er sagte, ihn vor Gott gerecht machen werde. Er entdeckt, dass allein Christus »gerecht« macht. Es geht also nicht darum, sein Heil zu »machen«, sondern es dankbar durch den Glauben aus der Hand Gottes zu empfangen. Wenn man an Gott glaubt, sein ganzes Sein an Christus hängt, auf ihn ganz und gar vertraut, wird man durch ihn gerettet, wird man gerechtfertigt. Das soll aber offenkundig nicht heißen, es reiche aus, nur zu glauben und sich dann so zu verhalten, wie es einem beliebt. Wenn man glaubt, wenn man wirklich liebt, dann versucht man, konsequent zu leben. Die Werke, die man vollbringt, tut man nicht deshalb, *damit* man den anderen zwingt, einen zu lieben, sondern *weil* man sich geliebt weiß.

2. Die Gnade Gottes. – Sie wird ein Schlüsselwort der Theologie des Paulus. Er entdeckt, dass er von Gott geliebt wird aus Gnade, aus Barmherzigkeit. Gott liebt uns, nicht *weil* wir »gut sind«, sondern *damit* wir es werden. Das ist die Quelle der Freude und der Sicherheit für Paulus und den Gläubigen. Sie verlassen sich nicht darauf, was sie tun oder was sie sind, sondern sie verlassen sich auf die Liebe Gottes, der treu ist.

3. Der gekreuzigte Jesus Christus. – Der Verfluchte vom Kreuz ist verherrlicht … Paulus versucht, das zu verstehen. Wenn Gott ihn verherrlicht, dann deswegen, weil dieser Tod in seinem Plan Eingang gefunden hat. Man muss also die Schrift neu lesen. Besonders die Gedichte des leidenden Gottesknechtes aus Jesaja geben ihm eine Antwort: Jesus war nicht wegen seiner eigenen Sünden verurteilt worden, sondern er »wurde wegen unserer Sünden zermalmt, (…) durch seine Wunden sind wir geheilt« (Jes 53,5). Das Kreuz, das stets von der Auferweckung her beleuchtet wird, steht von nun an im Zentrum der Theologie des Paulus.

In der Betrachtung des Gekreuzigten entdeckt er sich als Sünder, aber als ein Sünder, der begnadigt worden ist. Seine Sünden hin und her zu wälzen, kann nur zu unfruchtbaren Gewissensbissen führen. Auf dem Antlitz der anderen erkennt man seine Sünde, man erkennt es im Bösen, das man ihnen angetan hat. Paulus sieht das in der Qual des Kreuzes. Was er aber vor allem anderen sieht, das ist das Verzeihen. Die Erkenntnis der Sünde ist von nun an eine Gnadenhandlung Gottes, der durch Jesus Christus rein macht.

4. Die Kirche als Leib Christi. – »Warum verfolgst du mich?« fragt Jesus denjenigen, der die Christen verfolgt. Paulus erfasst die innige Verbindung zwischen Jesus und seinen Jüngern. Sie bilden einen

Das Wirken des Paulus – eine Chronologie
Es ist schwierig, hier historische Sicherheit zu erzielen. Alle Daten sind nur Annäherungen.

30-33	Kreuzigung Jesu
um 34	Bekehrung des Paulus
um 49	Konzil in Jerusalem
50-51	1 Thess – der erste Paulusbrief
51-52	Paulus vor Gallio in Korinth
55-56	1. und 2. Korintherbrief
um 57	Römerbrief
um 64-68	Tod des Paulus

einzigen Leib – die Kirche. Hier ist künftig das ethische Fundament des Paulus: Durch den Glauben und die Taufe habt ihr Christus angezogen, ihr seid sein Leib geworden, lebt also dementsprechend.

5. Apostel Jesu Christi. – »Wir können darüber nicht schweigen«, sagen die Apostel. Wenn einem aufgeht, dass man geliebt wird und darin sogar den Sinn des Lebens erfährt, kann man gar nicht anders, als es anderen mitzuteilen. Jesus Christus zu predigen, wird für Paulus ein vitales Interesse (1 Kor 9,16), ihn allen Menschen, Juden wie Nichtjuden, zu verkünden, ein Erfordernis der Liebe.

6. In der Tradition von Antiochia. – Paulus besaß alles, was man brauchte, um der Anführer einer Sekte zu werden: Er war intelligent, leidenschaftlich, von Gott unmittelbar erwählt ... Und trotzdem, so betont Lukas, wird er von der Hand des Hananias, der weder durch sein Wissen noch seinen Mut (Apg 9,13) herausragt, getauft. Auch wenn diese Episode ein wenig legendarisch anmutet, so bringt sie zum Ausdruck, dass die Berufung bei Damaskus, so außergewöhnlich sie auch gewesen war, Paulus dennoch dazu bringt, sich demütig in die Tradition der Kirche einzureihen. Es wäre nämlich falsch zu glauben, Paulus habe bei Damaskus bereits eine fertige Theologie empfangen, die er in der Folge nur umzusetzen hätte. Wie er selbst sagt, hatte ihn niemand anderes als Christus selbst »ergriffen« (Phil 3,12). Dann bildet sich in Antiochia allmählich seine Theologie heraus, von der er selbst einer der Missionare wird. Sie wird sich in der Folge präzisieren, je nach den Schwierigkeiten, die er in seinen Gemeinden vorfindet.

Die Sorge um die Gemeinden

Paulus ist kein Theologe, der von der Wirklichkeit abgehoben ist. Er trägt die Verantwortung für die Gemeinden, die er gegründet hat. Auch wenn er sie nicht unmittelbar leitet – er überlässt diese Sorge anderen vor Ort – so antwortet er in seinen Briefen auf ihre konkreten Fragen. Diese Texte haben also eine starke Verankerung im alltäglichen Leben der Gemeinden und liefern uns wertvolle Zeugnisse über ihre Schwierigkeiten und die Antworten, die sie dazu erhalten haben.

1. Die Hierarchien verändern. – Die Mitglieder der paulinischen Gemeinden stammen aus allen sozialen Schichten. Oft fällt es ihnen schwer, die sozialen Hierarchien zu überschreiten. Reiche essen mit Reichen, während die Armen Hunger haben (1 Kor 7). Paulus besteht darauf, neue Beziehungen zu errichten, die auf Geschwisterlichkeit gründen.

Wie zum Beispiel im Brief an Philemon eben dieser dazu ermuntert wird, seinen Sklaven Onesimus wie seinen Bruder zu betrachten, so werden alle Christen aufgefordert, sich als Glieder eines Leibes zu betrachten.

2. Die Werte verändern. – Wenn die Christen auch viele von den Werten der sie umgebenden Gesellschaft teilen, so lädt sie Paulus ein, zu unterscheiden zwischen dem, was von Gott kommt und dem, was von der »Welt« kommt und großenteils unter dem Einfluss schlechter Kräfte steht. Die Welt ist ein Ort der Finsternis, an dem die Christen wie »Leuchten« (Phil 2,15) scheinen sollen. Was Ehe, Sexualität, Familien- und Handelsbeziehungen betrifft, so lehrt Paulus Verhaltensweisen, die sich sehr von denen der Antike unterscheiden.

3. Die männlichen und weiblichen Rollen verändern. – Die Frauen spielen in den Gemeinden des Paulus eine herausragende Rolle. Er führt Phoebe als »Diakonin« an, das Paar Priska und Aquila als wertvolle Mitarbeiter (Röm 16,3-5), Andronicus und Junia sind ein anderes Paar, das unter den »Aposteln« auftritt (Röm 16,7) etc. Diese Rolle darf in einer mediterranen Welt, die von Ägypten und dem Orient beeinflusst ist, wo die Frauen eine sehr viel größere Rolle innehatten als in Griechenland, nicht erstaunen. Im jüdischen Kontext, den Paulus kennt, ist sie jedoch überraschend.

1. und 2. Thessalonicherbrief oder das Problem der Wiederkunft Christi

Entstehungszeit: 50-51 n. Chr. in Korinth. Das älteste erhaltene Schreiben des Christentums.

Adressaten: die Christen in Thessalonich, in Mazedonien, einem heidnischen Gebiet.

Wahrscheinlich von einfacher sozialer Herkunft, glauben sie an eine rasche Wiederkehr eines »Christus der Armen«, der gekommen ist, sie zu retten.

Ziel: Nach einer Verfolgung und dem Tod von Gemeindemitgliedern befürchtet Paulus, dass die Christen von Thessalonich den Glauben verlieren. Sie waren der Überzeugung, dass Christus bald wiederkommen werde, doch jetzt zählt die Gemeinde ihre ersten Toten. Werden sie nicht bei der Wiederkunft Christi am Ende der Zeiten fehlen?

Autor: Einige Forscher meinen, 2 Thess stamme nicht von Paulus.

Die Verfolgung

Die Gemeinde von Thessalonich hat eine Verfolgung erlitten und Paulus seinerseits hatte Sorgen in Philippi gehabt.
Wie könnten Sie diese Verfolgungen charakterisieren? Welche Rolle lässt Paulus sie für den Glauben spielen? Hier die Quellen:
1 Thess 1,6-7; 2,2.13-16; 3,1-5; 2 Thess 1,3-7.

Fragen, auf die Paulus antwortet

Nach einer Zeit der Verfolgung sind die Thessalonicher etwas desorientiert. Obwohl alle überzeugt waren, mit eigenen Augen die Wiederkunft Christi zu sehen, sind nun einige gestorben, ohne diese Wiederkunft bzw. die *Parusie* erleben zu können. Um auf die Angst der Thessalonicher zu antworten, spricht Paulus die Frage der *Escha-*

tologie bzw. der Reflexion auf das Ende der Zeiten an. Er glaubt immer noch, dass das definitive Kommen Christi ganz nahe ist.

Noch eine andere Schwierigkeit taucht auf. Aus der unmittelbaren Wiederkunft Christi folgern einige Thessalonicher: wozu überhaupt weiterarbeiten, wenn nur noch wenig Zeit bleibt? Wie die anderen Christen wird Paulus Zeit brauchen, um einzuräumen, dass die Verzögerung vor dieser Ankunft – die Zeit der Kirche – lang sein kann (sie dauert im Grunde bis heute noch an!).

Von diesen manchmal schwierigen Texten halten wir einige wichtige Punkte fest:

• *Die Hoffnung macht den Gläubigen nicht untätig.* Man muss so weiterleben, als hätte man noch Zeit vor sich. Alles aber in dem Wissen, dass der Herr nahe ist.

• *Die Fragen nach dem »Wie« des Endes führen nicht weiter.* Es reicht zu wissen, dass wir nach unserem Tod für immer mit dem Herrn sind (1 Thess 4,17). Um die Wiederkunft Christi in Erinnerung zu rufen, lässt sich Paulus von Erfahrungen inspirieren, die den Thessalonichern wohl bekannt sind: die Parusie (*parousia* meint im Griechischen »Ankunft« bzw. »Besuch«) des Kaisers, der im Triumph in seine Stadt einzieht.

• Ebenso findet man in diesen Briefen einen ersten Entwurf einer Reflexion auf den Dienst des Apostels. Er besteht im Wesentlichen darin, das Wort zu verkündigen. Das erfordert Selbstbewusstsein und Treue. Paulus wird diese Themen in 2 Kor wieder ausführlich aufnehmen.

 Lektüreführer: 1. Thessalonicherbrief

Um Sie bei der ersten Lektüre von 1 Thess zu unterstützen, hier einige Hinweise:

1. Erinnerung an die Beziehungen zwischen Paulus und den Thessalonichern (1,1–3,13). – In diesem Teil erinnert Paulus an die Gründungsgeschichte der Gemeinde von Thessalonich und die Konflikte, auf die er dort stieß:

• *Ein Akt der Gnade* (1,2-10): Paulus dankt Gott für die Gründung der Gemeinde von Thessalonich. Diese besteht ganz offensichtlich aus Heiden, die sie sich von der »Götzenverehrung« abgewendet haben (1,9).

• *Paulus rechtfertigt sein Verhalten* (2,1-12) vielleicht wegen Anschuldigungen, die Thessalonich erreicht haben.

• *Ein zweiter Akt der Gnade* (2,13-16): Paulus vergleicht die Verfolgungen in Thessalonich mit denen der Gemeinden in Judäa.

• *Die Sorge des Paulus* (2,17–3,13): Paulus erzählt, warum er sich um die Gemeinde von Thessalonich sorgt. Nachdem er zuerst schlechte Nachrichten erfahren hat, freut sich Paulus an dem, was ihm Timotheus jetzt berichtet: der Glaube der Gemeinde sei fest geblieben.

2. Ermahnungen für das rechte Verhalten (4,1-12). – Nach dieser Einführung bzw. Erklärung erteilt Paulus der Gemeinde seine Ratschläge. Er behandelt zunächst die moralischen Irrtümer.

- *Man soll sich sexueller Verfehlungen enthalten* (4,1-8): Paulus missbilligt die Freiheit einiger Mitglieder der Gemeinde.
- *Man soll gegenseitige Liebe praktizieren* (4,9-10): Paulus kritisiert die Spannungen in der Gemeinde.
- *Man soll leben, um zu arbeiten* (4,11-12): Paulus spielt hier sicher auf die mangelnde Motivation gewisser Mitglieder der Gemeinde an, die auf die Wiederkunft Christi warten, ohne etwas zu tun.

3. Belehrung über die Wiederkunft des Herrn (4,13–5,11). – Nach Moral und Theologie präzisiert Paulus seine Lehre über die Parusie.

- *Das Schicksal der Toten* (4,13-18).
- Über *Zeit und Stunde* (5,1-11): Die Thessalonicher scheinen ein wenig ungeduldig in Bezug auf die Wiederkunft Christi zu sein. Wann nimmt man an der Parusie, die Paulus verspricht, teil? Paulus ermuntert sie, sich zu gedulden und nicht zu versuchen, in göttliche Pläne einzudringen.

4. Ermahnungen und Schluss (5,12-28).

Intensive Lektüre: Das Schicksal der Toten

1 Thess 4,13–17

> 13 Brüder, wir wollen euch über die Verstorbenen nicht in Unkenntnis lassen, damit ihr nicht trauert wie **die anderen**, die keine Hoffnung haben.
> 14 Wenn Jesus – und das ist unser Glaube – gestorben und auferstanden ist, dann wird Gott durch Jesus auch die Verstorbenen zusammen mit ihm zur Herrlichkeit führen.
> 15 Denn dies sagen wir euch nach einem **Wort des Herrn**: Wir, die Lebenden, die noch übrig sind, wenn der Herr kommt, werden den Verstorbenen nichts vorausbaben.
> 16 Denn der Herr selbst wird vom Himmel herabkommen, wenn der Befehl ergeht, **der Erzengel ruft** und die Posaune Gottes erschallt. Zuerst werden die in Christus Verstorbenen **auferstehen**;
> 17 dann werden wir, die Lebenden, die noch übrig sind, zugleich mit ihnen auf den Wolken in die Luft entrückt, dem Herrn entgegen. Dann werden wir immer beim Herrn sein.

Die anderen: gemeint sind die Anhänger der heidnischen Religionen, die anders als ihre einstigen Mitgläubigen, nicht zu den Christen zählen.

Wort des Herrn: um welches Wort es sich handelt, weiß man nicht.

Der Erzengel ruft: Paulus wird hier offensichtlich von den Apokalypsen seiner Zeit inspiriert (vgl. S. 171), vielleicht auch vom Einzug der Herrscher in ihre Stadt.

Auferstehen: Paulus sieht also das Gericht in zwei Etappen: eine allgemeine Auferweckung, die bewirkt, dass es nur noch Lebende gibt, dann eine Vereinigung mit Christus in den Himmeln.

Vorschlag zum Studium: 2. Thessalonicherbrief

2 Thess steht dem 1 Thess sehr nahe. Es wäre nicht sinnvoll, ihn auf genau die gleiche Weise wie 1 Thess zu studieren. Um in 2 Thess einzudringen, nachfolgend eine kleine Übung zur Interpretation. Dadurch werden Sie die exegetischen Probleme erfassen und verstehen, wie die Forscher arbeiten.

Über die Authentizität von 2 Thess sind die Bibelwissenschaftler geteilter Meinung. *Stammt er von Paulus oder nicht?*

Hier die zusammenfassenden Argumente, die sie für die eine oder die andere Meinung ins Feld führen. Überprüfen Sie Ihre Überlegungen anhand der Texte und bilden Sie sich Ihre eigene Meinung.

Argumente **gegen** die paulinische Echtheit

1. 1 Thess gleicht 2 Thess. Vergleichen Sie 1 Thess 2,9 mit 2 Thess 3,8; 1 Thess 1,3 mit 2 Thess 1,11; 1 Thess 3,4 mit 2 Thess 3,10; 1 Thess 4,5 mit 2 Thess 1,8; 1 Thess 5,9 mit 2 Thess 2,14. Hätte Paulus den gleichen Brief zweimal geschrieben?

2. Einige Merkmale im Wortschatz sind nicht paulinisch. Man kann z. B. anführen: »wir müssen (Gott) danken« (2 Thess 1,3; 2,13), »lasst euch nicht aus der Fassung bringen« (2 Thess 2,2), »die Wahrheit glauben« (2 Thess 2,12), » damit (das Wort des Herrn) sich ausbreitet« (2 Thess 3,1).

3. Unterschiedliche Theologie. – Zwei Punkte haben die Aufmerksamkeit erregt. Die Erwartung der Parusie ist verschieden. In 1 Thess scheint Paulus die Parusie zu seinen Lebzeiten zu erwarten (1 Thess 4,15.17), in 2 Thess erwartet er sie nach einem »Geheimnis der Unruhe« (2 Thess 2,7), das sich erst ereignen muss. Der »Mensch der Gesetzeswidrigkeit« hat in den anderen authentischen Briefen des Paulus kein Äquivalent (2 Thess 2,1-12).

4. Verherrlichung der Christusgestalt. Wenn man 1 Thess und 2 Thess vergleicht, dann erkennt man, dass Paulus im einen Brief Gott den Vorrang gibt, im anderen Christus. Vergleichen Sie 1 Thess 1,4 mit 2 Thess 2,13; 1 Thess 3,11 mit 2 Thess 2,16. Diese Zentrierung auf die Christusgestalt, so die Exegeten, sei typisch für eine spätere Epoche der Kirche.

Argumente **für** die Authentizität

1. 1 Thess gleicht 2 Thess. Einige Exegeten drehen die dargestellten Argumente der Gegner einer Echtheit um, indem sie sich die Frage stellen: Warum hätte man sich die Mühe gemacht, einen bereits existierenden Brief zu kopieren, um daraus eine Fälschung zu machen?

2. Einige Züge des Vokabulars scheinen nicht paulinisch zu sein. Hier erfolgt nochmals eine Umkehr der Argumente. Alle Briefe des Paulus zeigen ein eigenes Vokabular. Der Anteil in 2 Thess ist nicht signifikant.

3. Der Brief scheint nicht nach 70 n. Chr. geschrieben worden zu sein. In der Tat legt ein Hinweis (2 Thess 2,4) nahe, dass der Tempel noch steht.

4. 2 Thess teilt mit 1 Thess die gleichen Themen. Man findet in drei gleiche Themen wieder: die Verfolgung (1 Thess 2,14-16; 3,1-8 und 2 Thess 1,3-10), die Wiederkunft (1 Thess 4,13-18; 5,1-11 und 2 Thess 1,4-10; 2,1-12), die Trägheit gewisser Mitglieder der Gemeinde (1 Thess 4,10-12 und 2 Thess 3,6-13). Die zwei Briefe scheinen also im gleichen Kontext verfasst zu sein und aus der gleichen Periode zu datieren.

Die drei Jahre von Ephesus: Der Glaube und das Gesetz

Zwischen 53 und 58 hält sich Paulus drei Jahre in Ephesus auf. Er schreibt einige Briefe an die Korinther, an die Galater und ohne Zweifel an die Philipper. Von Korinth aus, wo er den Winter 57-58 verbringt, schreibt er an die Römer.

Eine Frage treibt ihn um: Was bedeutet, »von Jesus Christus gerettet sein«? Diese Briefe geben ihm Gelegenheit, die Rolle Christi in der Heilsgeschichte, im Zentrum der gläubigen Gemeinde zu vertiefen, wo Christus in der Predigt, dann im »Herrenmahl« und im gelebten Leben wie eine Opfergabe anwesend ist.

Als Jude meinte Paulus, das Heil durch das Tun des Gesetzes zu finden. Obwohl es heilig ist, weil es Gott gegeben hat, wird es dennoch durch das Kommen Jesu Christi in Frage gestellt. Um zu verstehen, liest Paulus auf seine Weise die Heilsgeschichte neu.

1. Ein erster Bund. – Lange vor Moses hat Gott mit Abraham einen einseitigen Bund geschlossen. Er verpflichtete sich allein, ohne Bedingung seitens des Menschen, ihm eine Zukunft und ein Land zuzusichern (Gen 15). Wenn Gott »gerecht« ist, d. h. wenn er treu zu seinen Verpflichtungen steht, muss er Abraham und seinen Nachkommen das Glück schenken, wie auch immer ihr Verhalten sein möge.

2. Das Gesetz – zweite Verpflichtung Gottes. – Das Volk verhält sich schlecht, doch Gott gewährt ihm eine zweite Verpflichtung: einen gegenseitigen Bund. Er verspricht, seinem Volk das Heil zu schenken unter der Voraussetzung, dass es seine Gebote respektiert. Das Gesetz ist also nach Paulus dem Volk von Gott als eine Art »Geländer« gegeben worden, weil das Volk gesündigt hatte. Da es nicht in der Lage war, Gott aus Liebe zu gehorchen, soll es ihm durch den Zwang des Gesetzes gehorchen. Gott verhält sich wie ein Vater seinem Sohn gegenüber: zwischen ihnen gibt es keinen Vertrag, der Vater vertraut seinem Sohn. Wenn aber dieses Vertrauen aufhört, wird der Vater immer noch aus Liebe seinen Sohn mit seiner Hand halten und ihn zwingen, bis er ohne diesen Zwang handelt. So ist das Gesetz gegeben worden, um das Volk in der Liebe Gottes zu halten. Das Gesetz ist heilig, denn es stammt von Gott.

3. Die Sackgasse. – Aber durch ein Geheimnis, das Paulus nicht ganz erhellt, verfehlt das Gesetz sein Ziel. Es ist in der Tat so, dass es die Sünde vermehrt. Es sagt, was man tun muss, ohne die Kraft zur Erfüllung zu geben. Das Volk sündigt weiter. Was aber nun hinzukommt: es sündigt mit vollem Bewusstsein. Gott befindet sich in einer Sackgasse: gerecht und treu zu seinem Bunde mit Abraham, muss er seinem Volk das Heil schenken. Gerecht und treu zu seinem

Das Formular der paulinischen Briefe

Paulus ist davon beeinflusst, wie man in seiner Epoche schreibt. Doch er verändert die Art und Weise und schreibt viel längere Briefe.

Anschreiben: Man begann einen Brief folgendermaßen: »Der X dem Y, sei gegrüßt!« Paulus nennt seinen Namen, ebenso seine Mitarbeiter. Er nennt seine Adressaten und grüßt sie.
Lesen Sie in der Folge alle seine Anschreiben. Wie verändert Paulus dieses Formular?

Gebet: Man richtete ein kurzes Gebet an die Götter:
Lesen Sie nachfolgend die Danksagungen. Überprüfen Sie, ob Paulus in einer Danksagung die Themen seines Briefes ankündigt. Warum hat ein Brief keine Danksagung?

Briefkorpus: Die Briefe des Paulus besitzen in der Regel zwei Teile: einen lehrhaften Teil, in dem der Apostel einen wichtigen oder von seinen Mitchristen falsch verstandenen Punkt seiner Lehre entwickelt. Dann gibt es noch einen pastoralen (bzw. ermahnenden oder paränetischen) Teil, in dem Paulus die praktischen Konsequenzen aus der Lehre, die er in Erinnerung gerufen hat, zieht.

Schlussgruß: Paulus beendet seine Briefe, indem er Neuigkeiten über seine Mitarbeiter gibt und die Christen grüßt. Er schließt mit einer kurzen Segensformel.

Bund am Sinai, muss er das Volk, das das Gesetz nicht beachtet, in den Tod laufen lassen, den es durch seine Taten verdient!

4. Christus führt aus der Sackgasse. – Doch Gott folgt einer glücklichen Entdeckung der Liebe. Da am Ende des vom Gesetz markierten Weges der Tod liegt, wird er selbst durch seinen Sohn den Tod überwinden. Dieser Tod wird für alle Geltung bekommen.

Der Tod Christi ist auch der Tod aller Sünder in ihm. So ist Gott seinem Bund vom Sinai treu. Aber er bleibt auch seinem Versprechen treu, das er Abraham gemacht hat. In Christus können die Menschen, die sich so des Todes entledigt haben, zum Leben und zum Glück gelangen.

5. Der Glaube an Christus und das Ende des Gesetzes. – Paulus sagt, dass es für den Menschen wichtig ist, »in Christus« zu sein. Vereint mit ihm durch den Glauben und der Taufe vollzieht der Gläubige den Übergang vom Tod zum Leben. Er findet das Heil nicht in den Handlungen, die er tut, sondern im Glauben an Jesus. Das Gesetz verliert demnach seinen ersten Rang. Am wichtigsten ist es, durch die Taufe auf Jesus Christus wieder neu geschaffen zu werden.

Galaterbrief

Die etwas außergewöhnlichen Galater sind keltischen Ursprungs. Impulsiv und freiheitsliebend haben sie die Predigt des Paulus mit Begeisterung angenommen und sich Christus zugewandt. Aber auch andere Prediger sind zu ihnen gekommen und haben begonnen, sie »zu judaisieren«, d. h. ihrem christlichen Glauben jüdische Bräuche hinzuzufügen. Als ehemalige Heiden begeben sich die Galater auf diese Weise unter das »Joch« des jüdischen Gesetzes. Ohne Zweifel glauben sie, recht zu handeln, aber Paulus spürt die damit verbundene Gefahr: Wenn man etwas zum christlichen Glauben hinzufügen muss (z. B. jüdische Bräuche), dann zeigt das an, dass der Glaube an Jesus nicht ausreicht, um gerettet zu werden. Paulus setzt hier mit Leidenschaft und seiner ganzen Theologie zum Gegenangriff an. Schließlich muss er den Christen in Galatien nur eine Frage stellen: »Erinnert euch, was ihr durch euren Beitritt zu Jesus Christus geworden seid! Seid ihr den Verpflichtungen eurer Taufe treu?«

STECKBRIEF

Entstehungszeit: zwischen 54 und 56, während der Jahre in Ephesus.

Adressaten: die »Kirchen in Galatien«. Die Galater waren Kelten, die sich zwischen Kappadozien und Kleinasien um Ankara und Pessinus herum niedergelassen hatten. Man weiß nicht genau, ob Paulus auf die römische Provinz (die auch Iconium, Lystra und Derbe umschloss; vgl. S. 159 ff.) anspielt oder auf die Galater im ethnischen Sinne (die mehr im Norden, Nähe Ankara zu lokalisieren sind).

Ziel: Paulus versucht seine Gegner zu kontern. Es scheinen unterschiedliche gewesen zu sein: konservative christliche Juden, die wollen, dass die Christen heidnischen Ursprungs sich beschneiden lassen. Nichtjüdische Christen, die sich den ersteren angeschlossen haben, wie Gal 6,13 beweist. Das bedeutet auch: einige sind im Begriff, sich beschneiden zu lassen. Schließlich Christen, die dem Judentum anhängen und die an besondere Zeiten und an Dämonen glauben (Gal 4,8-11).

 Lektüreführer zum Galaterbrief

Nachdem Paulus sehr schnell zur Sache kommt (1,1-12), verteidigt er in drei Schritten das von ihm gepredigte Evangelium.

1. Woher stammt sein Evangelium (1,13–2,21)? –
• Paulus hat es direkt von Christus bekommen (1,13-24).
• Er hat es also nicht von den Aposteln empfangen und diese haben nichts an ihm gefunden, was zurückzuweisen wäre (2,1-10).
• Wenn einige (wie Petrus in Antiochien) zu ihrem früheren Verhalten zurückgekehrt sind, haben sie Unrecht (2,11-21).

2. Warum entfernt sich sein Evangelium vom Gesetz (3,1–4,11)? –
• Vier Argumente, um sich zu überzeugen, dass allein der Glaube genügt und das man des Gesetzes nicht bedarf (3,1-18):
  – Die Galater wurden ohne das Gesetz evangelisiert. Gott hat diese Evangelisierung für gültig erklärt. Warum also das Gesetz wieder hinzufügen?
  – Abraham ist von Gott als gerecht erklärt worden, wohingegen das Gesetz erst später mit Moses gekommen ist (3,6-9).
  – Diejenigen, die an das Gesetz glauben, stehen unter einem Fluch (was Paulus nicht präzisiert), doch Christus rettet vor diesem Fluch (3,10-14).
  – Gott hat Abraham eine Nachkommenschaft ohne das Gesetz versprochen (für Paulus sind die Christen diese Nachkommenschaft). Wie könnte das Gesetz dieses Versprechen entwerten (3,15-18)?
• Ein Argument, um sich zu überzeugen, dass das Gesetz nur zeitlich war (3,19–4,11): Wie kann Paulus das Gesetz derart zurückweisen, während es von Gott doch gewollt ist? Seine Antwort ist einfach: weil es zeitlich ist! Das Gesetz arbeitet wie ein *Pädagoge* (d. h. ein beauftragter *Sklave*, der die Kinder in die Schule bringt), welcher das Kind zum Wissen hin begleitet, der aber nicht mehr gebraucht wird, wenn das Kind groß geworden ist.

3. Wohin führt sein Evangelium? – In die Freiheit (4,11–6,10). Nach einem direkten Appell an die Galater, sie mögen sich an ihre anfängliche Haltung erinnern (4,11-20), nimmt Paulus sein theologisches Exposé auf.
• Das Gesetz ist Sklaverei, der Glaube ist Freiheit (4,21–5,1). Mit einer rabbinischen Exegese, die unseren Denkweisen fremd ist,

begründet Paulus, dass das Gesetz Sklaverei ist, denn es wird durch Hagar, die Dienerin Abrahams symbolisiert, während der Glaube die Freiheit ist. Für ihn steht Sara, die freie Frau Abrahams.

- Die Beschneidung ist Sklaverei (5,2-12).
- Die Freiheit beinhaltet jedoch keineswegs die Abwesenheit von Grenzen (5,13–6,10). Wenn man sich vom Gesetz befreit, darf man nicht in die Sklaverei der Sünde fallen. Zweifellos, um sich gegenüber Anschuldigungen zu verteidigen, die in seinem Evangelium einen gefährlichen Aufruf zur Permissivität sehen, warnt Paulus die Galater vor den Fallstricken des »Fleisches«, dem Teil des Menschen, der der Sünde zufällt. Befreit vom Gesetz, soll sich der Christ dem Geist unterwerfen, der ihn ebenfalls von der Sünde befreit.

Gal 3,1–6

Ihr unvernünftigen: Paulus verwendet eine sehr beleidigende Bezeichnung. Er will, dass die Galater reagieren.
Vor Augen: Anspielung auf die Predigt des Paulus.
Den Geist empfangen: die Predigt des Paulus war von außergewöhnlichen spirituellen Manifestationen begleitet. Niemals hat er ihnen das Gesetz gepredigt. Dennoch haben sie den Geist erhalten. Das Gesetz dient zu nichts.
Fleisch: bezeichnet hier die Sünde.
Abraham: Paulus greift seine Theorie des ersten Bundes auf. Abraham wurde gerettet, nicht weil er das Gesetz beachtete (das mit Mose kam), sondern weil er an Gott glaubte.

Gal 2,1–10

Lesen Sie die beiden Texte. Entwerfen Sie ein vergleichendes Bild der Ereignisse.

 Intensive Lektüre: Die Erfahrung der Galater

> [1] Ihr **unvernünftigen** Galater, wer hat euch verblendet? Ist euch Jesus Christus nicht deutlich als der Gekreuzigte **vor Augen** gestellt worden?
> [2] Dies eine möchte ich von euch erfahren: **Habt ihr den Geist** durch die Werke des Gesetzes oder durch die Botschaft des Glaubens **empfangen**?
> [3] Seid ihr so unvernünftig? Am Anfang habt ihr auf den Geist vertraut, und jetzt erwartet ihr vom **Fleisch** die Vollendung.
> [4] Habt ihr denn so Großes vergeblich erfahren? Sollte es wirklich vergeblich gewesen sein?
> [5] Warum gibt euch denn Gott den Geist und bewirkt Wundertaten unter euch? Weil ihr das Gesetz befolgt oder weil ihr die Botschaft des Glaubens angenommen habt?
> [6] Von **Abraham** wird gesagt: Er glaubte Gott, und das wurde ihm als Gerechtigkeit angerechnet.

 Geführte Lektüre: Die Versammlung in Jerusalem

Diese Episode hat eine Parallele in Apg 15.
Welches sind die Gemeinsamkeiten? Welches die Unterschiede? Welche Details fügt Paulus hinzu? Vergleichen Sie dann die Zusammenstellungen der Entscheidungen Gal 2,9-10 und Apg 15,22-29. Was hat Paulus verstanden? Wo könnte das Missverständnis liegen?

1. und 2. Korintherbrief

Korinth: ein geschäftiger Hafen, eine kosmopolitische Stadt mit vielleicht 600 000 Einwohnern, von denen die Hälfte Sklaven sind. Die Stadt hat einen besonderen Ruf: »In Korinth leben«, das bedeutet Freiheit der Sitten. Dort in Korinth mit seiner kleinen christlichen Gemeinde, die Christus mit Begeisterung anhängt, wird Paulus die christliche Ethik »erfinden«. Der Brief, den er ihnen schreibt, versucht aufzudecken, wie der Glaube an Christus und die Taufe die verschiedenen menschlichen Situationen in neuer Weise erleben lassen. Die Korrespondenz mit Korinth ist bewegt. Wir verfügen wenigstens über fünf Briefe, die in zwei endgültigen Briefen zusammengestellt wurden.

Entstehungszeit: die Korrespondenz läuft während der Jahre in Ephesus (53-58).
Ziel: die Korrespondenz mit Korinth versucht auf Turbulenzen zu antworten, welche Unruhen in der Gemeinde und die Ankunft von Judaisten verursacht haben.

STECKBRIEF

Lektüreführer zur Korrespondenz mit den Korinthern

1. Die erste Krise in Korinth: 1 Kor. – Als Paulus Korinth verlässt, lässt er eine neue, aber lebensfähige Gemeinde zurück, mit der er in ständiger Verbindung steht. Drei Faktoren führen jedoch zur Krise.
– Paulus beauftragt einen Nachfolger in der Person von Apollos. Im Gegensatz zu Paulus erfreute er sich einer großen rhetorischen Leichtigkeit. So hatte er in Korinth großen Erfolg. Noch intellektueller als Paulus, ein noch besserer Redner erfreute er diese Griechen, die an Rhetorik gewöhnt waren. So kam es denn, dass sich in Korinth »eine Partei des Apollos« herausbildete. Apollos versuchte jedoch, keine »Parallelgemeinde« zu gestalten. Er predigte, zweifellos aus Neigung und kultureller Herkunft ein Christentum, das viel mehr von der griechischen Philosophie inspiriert war, als das des Paulus.
– Zu dieser ersten Fehlentwicklung tritt eine soziale Spaltung hinzu. Im Kult spielen sozialer Rang und Reichtum eine Rolle. Die einen essen, während die anderen Hunger haben.
– Schließlich konnten die Korinther nicht anders, als die Botschaft des Evangeliums nach ihren eigenen Maßstäben beurteilen. Die christliche Freiheit, die ihren Paulus gepredigt hatte, war als eine Aufforderung zum Individualismus verstanden worden. Ebenso war der Aufruf zu einer neuen Welt wie eine Lobrede auf unbändige Schwärmerei gelebt worden. Zahlreiche Phänomene mystischen oder ekstatischen Typs, wie die »Zungenrede«, hielten in die Gemeinde Einzug.
Paulus erhält die schlechten Neuigkeiten und sogar einen Hilferuf, um die Gemeinde aus der Krise zu führen. Er sendet Timotheus, seinen treuen Mitarbeiter, mit einem Brief, dem jetzigen 1 Korintherbrief. Dieser besteht aus zwei Teilen. Der erste kritisiert direkt die Agitation einiger Gemeindemitglieder in der Kirche von Korinth, während der zweite Teil eine Art »Antwort-Katalog« auf die Fragen bildet, die sich die Korinther stellen.
• *Die Kirche wieder aufrichten* (1,10–6,20). Am Beginn des Briefes, als

Einige Texte, mit denen Sie beginnen könnten:
• Das Hohelied der Liebe (1 Kor 13).
• Der älteste Abendmahlsbericht (1 Kor 11,17-34).
• Das alte Glaubensbekenntnis, das wir schon studiert haben (1 Kor 15,1-11).
• Der Glaube an die Auferweckung Christi und unsere Auferweckung.

Paulus nur auf die Empörung hört, in die er beim Erhalt der schlechten Stimmen aus der Gemeinde geriet, schlägt er einen ironischen Ton an. Er verspottet die Leute, die Apollos gefolgt sind, indem er sie als »Schöngeister« taxiert und klar und fest betont, dass der Glaube keine Sache menschlicher Weisheit sei (1 Kor 1,19-25). Er persifliert den Anspruch der Griechen, alles zu durchdenken und danach zu streben, sich groß zu machen. Diesem intellektuellen Hochmut stellt er eine *Theologie des Kreuzes* gegenüber. Ein bildhafter Ausdruck bringt dieses neue Verständnis Gottes zur Geltung: Gott wählt in endgültiger Weise das, was keinen Wert hat. Eine Torheit wird zur Glaubensüberzeugung. Ein Gekreuzigter wird Christus, die Schwäche Gottes wird die Stärke Gottes. Dann brandmarkt Paulus die Skandale, von denen man ihm berichtet hat. Zug um Zug bringt er drei für die Gemeinde von Korinth schandhafte Verhaltensweisen zur Anzeige: die Tatsache, dass ein Mann mit der Frau seines Vaters lebt (1 Kor 5,5 ff.), die Anrufung heidnischer Gerichte und schließlich die Maxime: »Alles ist erlaubt«, was nur dazu dient, die verwerflichen Handlungen zu billigen.

• *Antwort auf die gestellten Fragen* (7,1–15,58). In diesem zweiten Teil antwortet Paulus auf die Fragen, die man ihm gestellt hat. In Kap. 7,1 nimmt er Stellung zu Fragen, die die Sexualität betreffen. Kap. 8 enthält seine Haltung in der Angelegenheit des Genusses von Götzenopferfleisch. In Kap. 9 geht er auf der Angriffe gegen seine Berufung ein. In Kap. 10–11 nimmt er zu den Ungleichheiten in der Gemeinde Stellung, in Kap. 12–14 zu spirituellen Phänomenen. Kap. 15 schließlich ist der Frage der Auferweckung Christi gewidmet, dem Fundament des christlichen Glaubens.

2. Eine Reihe von Krisen in Korinth: Der 2 Korintherbrief.

– Der ungeschickte Brief, den Paulus sendet, bringt die Korinther nicht auf seine Seite. Die Mehrheit scheint bereit zu sein, auf andere Prediger, die näher am Judentum stehen, zu hören. Der Apostel schickt einen weiten Brief durch seinen Boten Titus. Dieser ist diplomatischer und mit der Mission beauftragt, die Korinther in den Schoß der paulinischen Gemeinden zurückzuführen. War der Brief, den Titus überbrachte, der vorliegende 2. Korintherbrief? Seit langem antwortet die Mehrheit der Exegeten darauf mit »Nein«. Es gibt zu viele Unterschiede in den Akzenten und den Themen in ein und demselben Brief. Außerdem überschneiden sich die Kapitel 8 und 9 teilweise und scheinen für sich alleine eine Einheit zu bilden: zwei kleine Briefe (oder zwei Versionen des gleichen Briefes), welche die Kollekte für die Armen Jerusalems anregen.

Der 2 Kor ist also möglicherweise aus mehreren Einzelbriefen komponiert worden:
A: 2 Kor 8; B: 2 Kor 9; C: 2 Kor 2,14–7,4; D: 2 Kor 10-13; E: 2 Kor 1,1–2,13 und 7,5-16.

• *Ein Brief, der die Gemüter beruhigen soll: Brief C.* Vor der Erregbarkeit der Korinther gewarnt, schreibt Paulus einen äußerst diplomatischen Brief, dessen Ausdrucksweisen sorgfältig ausgewählt und abgewogen sind: Brief C. Er versucht die Partei, die sich gegen ihn stellt, zu spalten. Indem er den Abgrund aufzeigt, der die so genannten »Pneumatikern« von den Judaisten trennt, d. h. gläubig gewordener Juden, die die anderen dazu drängen wollen, jüdische Bräuche zu leben, hofft Paulus die taktische Verbindung, die sie vereinte, zu überwinden. Deswegen zeigt er auf, dass die Rückkehr zu Mose, wie es die Judaisten wollen, ein absurdes Unternehmen ist. Mose, der Mittler Gottes par excellence, verhüllte sein Gesicht, um seinen israelitischen Mitbrüdern nicht zu zeigen, dass der Glanz seines Gesichtes, der vom langen Zusammensein mit dem Herrn herrührte, verschwunden war. Dieser Schleier erstreckt sich für den Apostel auf alle Bücher: Er wird zum Schleier, der über der Schriftlektüre liegt. Paulus aber, hat solche Gewissheit, dass er sich nicht fürchtet, von der Herrlichkeit Gottes geblendet zu werden und er hat keine Angst davor, dass dieser Glanz verschwindet. Wenn die Unterscheidung zwischen den beiden Parteien einmal vorgenommen ist, kann er den Konflikt auf seinen richtigen Platz zurückstellen: alles ist nur eine Frage der Personen! Dann verteidigt er sich selbst, erklärt seine Sendung als Apostel und rechtfertigt sein Verhalten in Korinth. Er selbst ist nur ein unwürdiger Empfänger, ein Tongefäß: sein ganzes Verhalten, seine Zurechtweisungen, seine Handlungen waren von Christus her inspiriert, da dieser in ihm lebe. Schließlich gibt er, in einer bewegenden Ermahnung die Zuneigung zu erkennen, die ihn mit den Korinthern verbindet.

• *Die Gemüter beruhigen sich trotzdem nicht: Brief D.* Den Judaisten ist es gelungen, einige Mitglieder der Gemeinde davon zu überzeugen, dass ihre apostolischen Gaben denen des Paulus überlegen sind. Paulus ist von Bitterkeit überwältigt. Der von ihm verfasste Brief D fließt von Sarkasmus und Leiden über. Verhöhnt man ihn? Nun gut, er wird sich rechtfertigen! Die drei Kapitel (10–12) sind eine persönliche Apologie. Er unterstreicht seine eigene Autorität, die man nicht mit einer offensichtlichen Freundlichkeit verwechseln darf.

• *Auf dem Weg zu einer Lösung des Konfliktes in Korinth? Brief E.* Im ersten Teil des gegenwärtigen 2 Kor sowie in der Passage 6,5-16 schlägt Paulus einen versöhnlichen Ton an. Die Dinge haben sich beruhigt. Paulus muss sich gegen eine eher liebevolle Anklage verteidigen: Er habe versprochen zu kommen, es aber nicht eingehalten. Er antwortet auf eine friedvolle Weise: Das einzige Motiv seiner »Verstellung« sei nur sein Zartgefühl gewesen. Er habe nicht intervenieren wollen. Er führt die Ermahnungen seiner vorausgegangenen Briefe an und empfiehlt so Nachsicht für den Aufwieg-

 Das Leben in der kirchlichen Gemeinschaft

1. Die Autorität in den Gemeinden
Die Qualitäten der Gemeindeleiter: 1 Thess 5,12-13; 1 Tim 1,5-7; 3,1-13; 4,6-7.12-16; 5,1-2.17-25; Tit 1,5-9; 2 Tim 2,24-26; 4,1-5; 1 Petr 5,1-4.

2. Die verschiedenen Gruppen in der Gemeinde
– Die Frauen: 1 Kor 11,3-16; 14,34-36; Kol 3,18; Eph 5,22-24; 1 Tim 2,9-15; 1 Tim 5,3-16;
– Ehemänner: Kol 3,19; Eph 5,25-33; 1 Petr 3,1-7;
– Eltern und Kinder: Kol 3,20; Eph 6,1-4;
– Herren und Sklaven: Kol 3,22–4,1; Eph 6,5-9; Tit 2,9-10; 1 Petr 2,18-20.

3. Die Qualitäten des Christen
- Prüfung des christlichen Verhaltens:
1 Thess 5,13-22; Röm 12; Phil 4,4-9; Eph 4,25-32; 5,3-21; 1 Tim 6,6-19; Tit 2,1-8; 2 Tim 2,3-7.19-23; 1 Petr 3,8-12; Jak 1,9-15;2,1-13;
- Der Vorrang der Liebe und der Sorge für andere: 1 Thess 4,9-10; 1 Kor 8,4-13;10,27-33;12,31-14,1; Gal 5,13-14; Röm 13,8-10; Eph 5,1-2; 1 Petr 4,8; Jak 5,19-20;
- Sexualmoral und Ehe:
1 Thess 4,3-8; 1 Kor 7,1-16.25-40;
- Die christliche Freiheit: 1 Kor 10,23-24.

4. Der Christ und die Welt
- Das Verhalten »gemäß der Welt«: Gal 5,19-21; Jak 4,1-17; 5,1-6;
- Das Problem des Reichtums: Jak 1,10-11; 5,1-6; 1 Tim 6,9-19.

ler der verworrenen Lage in Korinth. Dieser sei schon dadurch genug gestraft, sich in der Öffentlichkeit desavouiert gesehen zu haben.

• *Zwei kleine Briefe, um die Kollekte für Jerusalem zu organisieren (A und B):* die Kapitel 8 und 9 vereinigen zwei kleine Gelegenheitsbriefe, die Paulus der Gemeinde in Korinth geschickt hat, um eine Sammlung zugunsten Jerusalemer Urgemeinde, die viel ärmer als die Gemeinden Griechenlands war, zu organisieren. Diese Briefe zeigen, wie komplex die Verbindungen des Paulus mit Jerusalem waren. Trotz der Widerstände gegenüber seiner Sendung versteht er es, eine Form der Gemeinschaft aufrechtzuerhalten.

 *Geführte Lektüre: Mähler mit Götzenopferfleisch*

1 Kor 8

Welches sind die Argumente des Paulus?
Welche Lösung predigt er letztendlich?
Darf man nun Fleisch essen oder nicht?
Als Hilfe bei diesem Studium können Sie die Analyse von S. 190 ff. heranziehen.

In diesem Text antwortet Paulus auf eine ganz praktische Frage: Darf man Fleisch essen, das aus Götzenopfern stammt? In Judäa war es möglich, Götzenopferfleisch zu umgehen, in heidnischen Gebieten jedoch nicht. Dort brachten Tempel ausgiebig Fleisch in den Verkauf, das vorher den Göttern angeboten worden war. Wenn man außerdem ein gesellschaftliches Leben führen, einer Bruderschaft angehören wollte, einem Berufsverband oder einem Stadtrat angehörte, dann musste man an Mählern teilnehmen, bei denen man solches Fleisch servierte. Paulus antwortet auf dieses Problem.
Man kann zwei Teile unterscheiden: eine theoretische Lösung (8,1-6) und den Blickpunkt der Nächstenliebe (8,7-13). Die Hauptschwierigkeit besteht darin herauszufinden, was Paulus das »Wissen« nennt. Man muss festhalten, dass sich über die Unterscheidung zwischen denen, die das Wissen haben, und denen, die es nicht haben, die Unterscheidung zwischen »Starke« und »Schwache« legt. »Wissen« haben hieße demzufolge, im Christentum fortgeschritten zu sein.

 Geführte Lektüre: Die verschiedenen Charismen

1 Kor 12,1–12

In diesem Text nimmt Paulus die spirituellen Manifestationen und die Gaben Gottes in den Blick, die einer Person gegeben sind (predigen, auslegen, in Zungen reden etc.) und die man Charismen nennt. Paulus hält zunächst fest: die Hauptgabe besteht darin, dass man sagen kann »Jesus ist der Herr«, d. h. also den Glauben zu haben (1-3). Dann zeigt er, dass die Vielheit der Gnadengaben ihre Einheit in Gott hat (4-7). Am Schluss macht Paulus deutlich, dass jede dieser Gaben nur zur Auferbauung der Gemeinde angewandt werden darf.

Dieser lange Text bietet keine speziellen Probleme. Können Sie Beziehungen herstellen zwischen den von Paulus beschriebenen Schwierigkeiten und denjenigen, die in der Apostelgeschichte erzählt werden? Welche Differenzen sehen Sie zwischen der Erzählung der Bekehrung des Paulus (Apg 9,1-18) und dem, was er in 2 Kor 12,1-5 berichtet?

Philipperbrief

Die Briefe des Paulus sind in der Regel Gelegenheitsschreiben. Er antwortet auf Fragen einer Gemeinschaft oder reagiert auf einige Missstände in der Lehre oder Moral. Sein Brief an die Philipper (der möglicherweise drei kleinere Briefe in sich vereinigt) scheint vermulich deswegen geschrieben zu sein, weil Paulus den Philippern sehr zugetan ist. Sie sind die einzigen, von denen er eine finanzielle Unterstützung annimmt. Er besaß genug Vertrauen in ihre uneigennützige Zuneigung, um zu wissen, dass er durch diese Hilfe nicht gebunden sein würde. In diesem Brief öffnet er sein Herz, spricht von seiner Freude und seinem Leiden (er ist von den Römern ins Gefängnis geworfen worden und musste Krankheit und Mutlosigkeit erfahren).

Entstehungszeit: zweifellos in den Jahren von Ephesus gegen 53-57 n. Chr.
Adressaten: die christliche Gemeinde von Philippi in Mazedonien.
Ziel: Neuigkeiten austauschen und die Philipper zum Glauben ermuntern.

◁——— STECKBRIEF

 Elemente für eine Lektüre des ganzen Briefes

Dieser Brief bietet keine großen Schwierigkeiten. Um ihn besser zu verstehen, muss man sich klar machen, dass er aus zwei Teilen mit sehr unterschiedlicher Grundstimmung besteht.
1. Ein Brief der Ermutigung (1,1–3,1)
In diesem Brief beglückwünscht Paulus die Philipper zu ihrem Glauben und teilt ihnen Neuigkeiten mit. Nach der Danksagung (1,1-11) spricht Paulus von sich selbst:
• *Neues über seine Inhaftierung* (1,12-26).
• *Rückkehr zu seinem Leben: ein Leben, das des Evangeliums würdig ist* (1,27–2,18).
• *Ankündigung, dass Timotheus und Epaphroditus gesandt werden* (2,19-30).

2. Ein Brief, der zur Vorsicht mahnt (3,2–4,19)
Im Zentrum dieses Teils steht die Mahnung zur Vorsicht gegenüber Christen, die die Rückkehr zum Gesetz predigen (3,2-41). Man findet hier eines der Themen des Galaterbriefes wieder. Dann entwickelt Paulus eine Reihe von Ermahnungen (4,2-7) und schließt den Brief (4,8-23).

 Geführte Lektüre: Philipper 3

Paulus ist den Angriffen von Juden ausgesetzt, genauer gesagt Christen, die »judaisieren«, d. h. zu jüdischer Praxis zurückkehren. Sie sind der Meinung, durch ihren Gehorsam Sicherheit vor Gott zu erlangen: 13,1-3 und 18-19. Paulus hat Gründe dafür, Vertrauen in sich selbst zu haben (3,4-6). Worin sieht er diese Gründe (3,7-13)? Achten Sie auf das, was die Passivität ausdrückt. Es ist Christus, der alles tut. Worin besteht die Aktivität des Christen? Wie sind diese beiden Aspekte miteinander verbunden? Entdecken Sie die Ausdrücke, die die Einheit mit Christus anzeigen? Wie würden Sie den Glauben in dieser Passage definieren?

Philemonbrief

Der kleine Brief an Philemon ist der persönlichste Brief des Paulus. Man kann daraus erahnen, wie das Leben in einer Gemeinde war, die in einer heidnischen Umwelt entstanden ist. Man wundert sich, dass Paulus nicht die Abschaffung der Sklaverei fordert. Doch er macht Besseres. Indem er die Gleichheit, ja sogar die Geschwisterlichkeit unter allen, Herren wie Sklaven, verkündet, bekämpft er von innen her diese Institution.

Diesen Brief können Sie ohne Schwierigkeiten als Ganzes lesen.
Hätte Paulus Ihrer Meinung nach die Abschaffung der Sklaverei forden sollen?
Warum schreibt Paulus an die ganze Gemeinde, wenn er doch an Philemon eine so persönliche Bitte richtet?

STECKBRIEF

Entstehungszeit: eher am Ende seiner Jahre in Ephesus (53–58).
Adressat: Philemon, der Herr des Sklaven Onesimus, aber auch die Gemeinde, die sich im Haus des Philemon versammelt.
Ziel: Von Philemon zu erreichen, dass er seinem flüchtigen Sklaven Onesimus verzeiht. Letzterer ist Christ geworden.

Römerbrief

Als Summe der Theologie des Paulus dient der Römerbrief als Einführungsschreiben bei einer Gemeinde, die der Apostel noch niemals gesehen hat. Dieser Brief hat zu Recht den Ruf, schwierig zu sein. Da er ziemlich lang ist, schlagen wir vor, ihn Stück für Stück zu lesen.

Entstehungszeit: um 57 n. Chr.
Adressaten: die Christen von Rom, eine Gemeinde, die Paulus nicht persönlich kennt.

STECKBRIEF

Ziel: Die Exegeten sind über das Ziel des Römerbriefes, der eine Art theologische Summe des paulinischen Denkens darstellt, geteilter Meinung. Man vermutet bei Paulus verschiedene Absichten:

- Er stellt sich einer Kirche vor, von der er sich Unterstützung erhofft. In der Tat kündigt er in Röm 15,22-24 seine Absicht an, nach Spanien zu gehen und bittet in Rom um Hilfe für diese Reise.
- Er löst den Konflikt zwischen den »Starken« und den »Schwachen« in Rom. Die Unterscheidung wird in den Kapiteln 14–15 gemacht.
- Er regt dazu an, für die Kollekte zu spenden, die er für die Gemeinde in Jerusalem tätigt (Röm 15,25-29).
- Der Brief soll als Rundschreiben dienen, um verschiedenen Gemeinden das paulinische Denken bekannt zu machen. Diese These stützt sich auf die Tatsache, dass eine Reihe von Manuskripten die Adresse an die Römer auslässt und Röm 15,1-33 (erste Reihe von Grüßen, die vielleicht für die Gemeinde von Rom bestimmt ist) und Röm 16,1-20 (eine zweite Reihe von Grüßen, die vielleicht für die Gemeinde in Ephesus bestimmt ist) auf unterschiedliche Weise platzieren.
- Schließlich dient der Brief als geistiges Vermächtnis: Paulus deutet an, dass seine Reise nach Jerusalem ihn in den Tod führen könnte (Röm 15,31).

Lektüre des Römerbriefes 1: Definition des paulinischen Evangeliums

Röm 1,16–8,39

Der erste Teil des Römerbriefes ist eine Zusammenfassung der Theologie des Paulus. Man findet dort also alle Themen wieder, die einem bis dahin begegnet sind.

1. Die Situation der Menschheit: Alle Menschen haben gesündigt (1,18–3,20). – Paulus beginnt mit einer Bestandsaufnahme des Zustands des Menschen, indem er zeigt:

- Wenn Gott dem Gesetz folgen würde, müsste er jeden Menschen verurteilen, sei er nun dem Gesetz unterstellt oder nicht: Der Heide erweist Gott nicht die Ehre und hat seinen Leib und seinen Geist entehrt. Der Jude hat sein Herz verhärtet (1,18–2,16).
- Trotz des Gesetzes, dem er sich verpflichtet fühlt, gibt es für den Juden, der es nicht beachten kann, kein Privileg (2,17–3,8).
- Juden und Griechen sind der Sünde unterworfen (3,9-20).

Der Mensch ist also auf zweifache Weise bedroht:

- Die menschliche Natur ist korrumpiert.
- Alle Menschen sind der Sünde schuldig und müssen dem Gericht

Gottes unterstellt werden. Das Folgende zeigt, dass Gott diese beiden Bedrohungen beseitigt.

2. Erlösung aus der Situation der Sünde: Alle Menschen werden durch den Glauben an Christus gerettet (3,21–5,21). Paulus sammelt die Argumente, stellt sie nebeneinander, ohne sie wirklich zu koordinieren. Sie sind also zusammen zu behandeln:

- Die Rechtfertigung kommt aus dem Tod Jesu (3,21-26). Folglich können sich die Juden nicht mit dem Gesetz brüsten (3,27-31).
- Die Rechtfertigung aus dem Glauben findet sich in der Schrift, speziell in der Geschichte Abrahams. Man trifft hier wieder das Argument, das Paulus im Brief an die Galater vertreten hat (Kap. 4).
- Die Rechtfertigung aus dem Glauben ist die Wiederherrichtung der privilegierten Beziehung mit Gott, die man »Versöhnung« nennen kann (5,1-11).
- Wie die Sünde durch einen Menschen (Adam) in die Welt gekommen ist, so wird auch die Gnade durch einen einzigen, Jesus Christus, kommen.

3. Erlösung für die Verderbtheit der menschlichen Natur: Taufe und Leben im Geist (6,1–8,39). – Gott begnügt sich nicht damit, den Menschen einmal zu verzeihen, so dass sie von neuem sündigen könnten. Er bessert sie ganz entschieden dank der Taufe und der Gabe seines Geistes.

- Die Taufe symbolisiert die Teilnahme am Tod, am Begraben- und am Auferwecktwerden Christi. Durch die Taufe stirbt man der Sünde und lebt wieder als freier Mensch auf Gott hin (6,1-23).
- Da der Mensch in seinem ersten Zustand stirbt, ist das Gesetz, das ihn regierte, nicht mehr gültig (7,1-6). Mehr noch: da es in sich gut ist, kann es schädlich werden, wenn es zur Sünde treibt (7,7-25).
- Um an der göttlichen Herrlichkeit teilzuhaben, muss man sich unter den Einfluss des Geistes Gottes stellen, anstatt unter den des Fleisches (8,1-30).

Röm 6,1–7,6

Paulus möchte auf einen Einwand, der aus den vorherigen Darlegungen entstehen könnte, antworten. Er zeigt auf, dass die Christen nicht mehr sündigen dürfen. Wie man es bei ihm gewohnt ist, gründet er die Ethik auf der Lehre.

 Geführte Lektüre: Die Taufe

Halten Sie einige wichtige Worte fest, die diesem Text Farbe verleihen: »taufen« (das Wort bedeutet im Griechischen »hineintauchen in«); »dienen, Diener« (oder Sklave 6,6.19; lesen Sie 1 Thess 1,9); »sich zur Verfügung stellen« (dieses Wort bezeichnet in der griechischen Bibel häufig die Hingabe seiner selbst an Gott im Kult, z. B. Dtn 10,8; 17,12; 18,5.7; 21,5 und in Röm 6,13 (2 x); 6,16.19; 12,1; »gehorchen«: 6,12.16 (3 x).19. Dieses Verb definiert manchmal den Christen: Röm 10,16; 1 Petr 1,2.14.22.

Achten sie auf die Oppositionen: einst / jetzt; alt / neu (6,4; 7,6); Tod / Leben; Lohn / Unentgeltlichkeit (»verdient« man seinen Himmel?). *Achten Sie auf die Vergleiche zwischen dem Schicksal Christi und dem des Gläubigen. Schauen Sie besonders auf die Ausdrücke, die eine Ähn-*

lichkeit andeuten. Durch wen ist Christus auferweckt worden (siehe 6,14; 8,11; Kol 2,12)?

Schauen Sie noch auf die Zeiten der Verben: Was steht in der Vergangenheit, was in der Zukunft?

Ausgehend von all diesen Beobachtungen: Welchen Sinn erhält die Taufe in dieser Passage?

 ## Geführte Lektüre: Das Leben im Geist

Röm 7 hat uns den »geteilten« Menschen gezeigt. Auch wenn einige Passagen unklar sind (mit ihrem Bezug auf das irdische Paradies und das Gesetz), können wir uns leicht in dieser tragischen Beschreibung wiederfinden. Gibt es eine Hoffnung? (Vorsicht beim Wort »Fleisch«: bei Paulus bezeichnet es nicht die Sexualität, wie wir sagen »die Sünde des Fleisches«, sondern den ganzen Menschen in dem Maße, wie er sich Gott verweigert).

Röm 8 zeigt, wie der Geist den Gläubigen zur Einheit führt. Beachten Sie, wie er ihn zur Gemeinschaft mit Gott, mit sich selbst, mit anderen, ja sogar mit dem Kosmos führt.

Studieren Sie das Liebeslied auf Gott, das diesen ganzen Teil beschließt (Röm 8,31-39). Achten Sie auf den Kontext des Prozesses. Auf was kann man sich stützen, um als Sieger hervorzugehen: auf sich selbst? Auf Gott? Welche Rolle spielt Gott? Christus? Welches ist die letzte Sicherheit des Gläubigen?

Weitere Bilder für die Taufe bei Paulus

- Bad; rein gewaschen werden: 1 Kor 6,11; Eph 5,26; Tit 3,5
- Christus angezogen haben: Gal 3,27; Kol 3,9
- das Siegel (= Zeichen des Eigentümers) empfangen haben: 2 Kor 1,21 f.; Eph 1,13; 4,30
- Erleuchtung: Eph 5,14.

 ## Lektüre des Römerbriefes 2: Welches ist der Ort Israels?

Röm 9,1–11,36

1. Gott ist seiner Barmherzigkeit niemals untreu (9,6-29). – In einem ersten Moment befreit Paulus Gott vom Verdacht der Ungerechtigkeit. Gott ist seiner Barmherzigkeit nicht untreu, denn er ist dem wahren Israel treu, welches Kind Abrahams im Glauben an Jesus Christus ist.

2. Israel hat sich geweigert, den Appell Gottes zu hören (9,30–10,21). – Während Israel seine eigene Heilshoffnung verfolgt, hat es den Willen Gottes verkannt (9,30–10,4). Gott jedoch hatte durch die Schrift angekündigt, dass er den Glauben bevorzugen würde (10,5-13). In der Gegenwart nun, hat er seine Apostel gesandt (10,14-21).

3. Gott wird trotzdem ganz Israel retten (11,1-32).
- Ein »Rest« aus Israel hat den Glauben angenommen (11,1-10). Es sind die Christen jüdischen Ursprungs.
- Die Verstockung Israels war von Gott nicht gewollt, damit es zu Fall kommt, sondern damit das Rettungsangebot auch zu den Heiden gebracht werde (11,11-16).
- Israel wird wieder kräftig wie ein Ölbaum werden, den man gelichtet hat, um einen Pfropfreis einzulassen, nämlich die Heiden, die ihn stärken (11,17-24).

Das paulinische Evangelium ruft eine Schwierigkeit hervor: Warum glauben die Juden in ihrer Mehrheit nicht an Jesus? Hat sich Gott etwa von Israel abgewendet?

Paulus antwortet darauf in drei Schritten.

Schließlich kann Paulus mit einer Meditation auf das Geheimnis der Bekehrung Israels (11,25-32) und einem Loblied auf Gott (11,33-36) enden.

Nach den langen theologischen Ausführungen des zweiten Teils beschreibt Paulus das durch die Taufe gewirkte neue Leben.

1. Regeln für das Leben in der Gemeinde (12,1-16). – Das Ideal des Christen liegt darin, sich Gott hinzugeben (12,1-2). Jeder soll entsprechend seinen Talenten an der Gemeinde teilnehmen und Werke der gegenseitigen Liebe wirken (12,9-16).

2. Die Gemeinde und die Außenstehenden (12,16–13,14). – Die Nächstenliebe muss sich auch auf die Nichtchristen erstrecken (12,16-21). Man soll die staatlichen Mächte respektieren (13,1-7) und Nächstenliebe praktizieren (13,8-14).

3. Lösung für das Problem der Starken und Schwachen (14,1–15,13). – Im Vokabular des Paulus sind die »Schwachen« diejenigen, die der Praxis des Judentums anhängen. Sie glauben, gewisse Speisen seien unrein und einige Tage des Kalenders würden einen besonderen Wert besitzen. Damit die »Starken« und die »Schwachen« zusammenleben können, ist es notwendig, dass keiner den anderen verurteilt (14,1-12), dass keiner die Ursache für den Fall des anderen ist (14,13–15,6) und dass jeder den anderen so annimmt, wie Christus alle Menschen angenommen hat (15,7-13).

Um die Argumentation des Paulus im Römerbrief zu erfassen, ist es unerlässlich, die Vorstellung des »Restes« zu verstehen.

Der »Rest« (Röm 11,1-10) – eine Vorstellung, die aus dem Alten Testament übernommen wird

1. Im Alten Testament: die zwei Sinnrichtungen des Wortes »Rest«. – Die Vorstellung des »Restes« entstammt der Geschichte Israels. In deren Verlauf hat Israel zahlreiche Katastrophen erfahren, seine Bevölkerung wurde häufig dezimiert.

• Die frühen Propheten (Amos, Proto-Jesaja, Micha) nennen diejenigen, die eine Katastrophe überlebt haben, den »Rest« (Am 5,15; Jes 37,4; Ez 9,8). Sie waren von Gott erwählt worden, um Israel weiter zu tragen.

• Die nachexilischen Propheten, unter ihnen besonders Ezechiel, sind sich sehr schnell darüber klar geworden, dass zum historischen »Rest« Israels nicht immer die besten zählten. Sie haben also den Begriff des »Restes« vertieft. Ebenso wie es Reste gegeben hat, die von Gott auserwählt waren, um eine gegebene Katastrophe zu überleben, so wird es am Ende der Zeiten einen Rest geben, der das Letzte Gericht überleben wird. Dieser Rest ist das heilige Volk.

2. Im Neuen Testament: der »christliche« Rest. – In unserem Text hat »Rest« einen anderen Sinn: Er bezeichnet die Gesamtheit der Juden, die zum Glauben an Christus gefunden haben und Christen geworden sind. Dieser Rest spielt eine sehr wichtige Rolle im Plan Gottes, den der Apostel beschreibt. Da es einen »Rest« gibt, der aus Israel stammt, ist das an Abraham ergangene Versprechen weiterhin gültig und Gott bleibt seinem Versprechen treu.

Die Nachfolger des Paulus

Als Paulus (der Tradition und den Bibelwissenschaftlern zufolge) möglicherweise zwischen 64 und 67 n. Chr. stirbt, war sein Wirken mehr oder weniger erfolglos geblieben. In der Tat scheinen die Gemeinden wieder von der Jerusalemer Richtung, die dem Judentum viel näher stand, an die Hand genommen worden zu sein. Auch scheint es, als seien seine Ideen auf längere Zeit daraus verschwunden. Ein unvorhergesehenes Ereignis wird das paulinische Denken wieder auf den Plan rufen: der Fall des Tempels im Jahre 70 n. Chr. sowie die neue Richtung, die das Judentum einschlägt (vgl. S. 28 f.). Von nun an wird die paulinische Intuition eines vom Gesetz losgelösten Christentums brennend aktuell. Schüler des Apostels trauen sich, seine Briefe zirkulieren zu lassen, und sie verfassen neue Schreiben, um sich der Aktualität anzupassen.

Antike römische Straße.

Sind nun die Schriften, die unter dem Namen des Paulus erschienen sind, falsch? Haben sie einen geringeren Wert? Ganz gewiss nicht! Die Nachfolger des Paulus hatten den Mut, diese Briefe erscheinen zu lassen und sich in eine alte Tradition einzureihen: die des Schülers, der das Werk seines Lehrers unter dessen Namen fortschreibt. So fügten ein Deutero- dann ein Tritojesaja ihre Prophetien dem ersten Jesaja an. Ein zweiter Sacharja führte das Werk des ersten fort. Die Schüler taten nichts anderes als das Werk des Meisters fortzuschreiben. Sie hielten die Unterweisungen, die der Meister nicht mehr überarbeiten konnte, schriftlich fest. Die Erkenntnisse, die er nur flüchtig skizziert hatte, vervollständigten sie.

Kolosserbrief

Entstehungszeit: wahrscheinlich nach dem Tod des Paulus, gegen 80 n. Chr.

Autor und Adressaten: der Brief wird an die Christen von Kolossä gesandt, von denen der Autor sagt, er habe sie noch niemals besucht (Kol 2,1). Das erscheint für Paulus sehr unwahrscheinlich, da sich die Gemeinde nur einige Kilometer von Ephesus entfernt befindet und der Apostel dorthin zahlreiche Abgesandte geschickt hatte.

STECKBRIEF

Schöpfung und Erlösung im Kolosserbrief

Eines der großen Themen im Brief an die Kolosser besteht in der großartigen Sicht der Schöpfung und der Erlösung. Sie übersteigt das, was Paulus in seinen Briefen vorgestellt hatte.

1. Die Schöpfung. – Am Anfang zeugte der »unsichtbare Gott«, der »oben« »im Licht« wohnt (1,15; 3,1; 1,12), einen »Sohn« nach seinem eigenen Bild. »Der Erstgeborene der ganzen Schöpfung«»existierte vor allen Dingen« (1,13.15.17). Dieser Sohn ist es, der alle Dinge geschaffen hat (1,16-17). Man sieht, der Autor verlässt die traditionelle Sicht der Schöpfung, um sich einer Theologie der Präexistenz Christi, wie der bei Johannes anzunähern.

2. Das Böse in der Welt. – Dennoch wenden sich die Dinge in dieser Schöpfung zum Bösen. Obwohl es der Autor nicht näher erklärt, erkannte die Erde die Autorität der Finsternis (1,13) und vollendete die bösen Taten (1,21). Auch die Menschen kannten das Böse. Sie sind eingeschlossen in einem Körper »aus Fleisch« (2,11), sie sind den »Elementen der Welt« (2,8) und den »Fürsten und Gewalten« (2,15) unterworfen.

3. Die Erlösung. – Glücklicherweise griff Gott erneut in seine Schöpfung ein, um sie mit sich zu »versöhnen« (1,20). Der Sohn verließ seine herausragende Stellung und legte einen »Körper aus Fleisch an« (1,22), so wie man sich mit einem Kleidungsstück bekleidet. Er wurde ans Kreuz genagelt, doch er trug den Sieg über die bösen Mächte davon, die die Welt beherrschten (1,15). Gott weckte zuerst ihn, dann die Toten auf (2,12) und machte ihn zum »Erstgeborenen der Toten« (1,18). Schließlich sitzt er zur Rechten Gottes (3,1).

Kol 1,15–18

Beginnen Sie damit, die einander entsprechenden Elemente zu unterstreichen, dann die verwendeten Präpositionen (in, durch, auf …) sowie die Titel, die Christus verliehen werden. Einige stammen aus dem Alten Testament. Welche Bedeutung hat das?

STECKBRIEF

 Geführte Lektüre: Der Herr der Welt

Es gibt zwei Strophen um einen Scharniervers herum. V. 16d-17a fasst die erste Strophe, V. 17b-18a die zweite Strophe zusammen. Die erste stellt den Ort und die Rolle Christi im Universum dar: Welche sind das? Die zweite stellt den Ort und die Rolle Christi in der mit Gott versöhnten Menschheit in der Kirche dar: Welche sind das?

Epheserbrief

Entstehungszeit: möglicherweise nach dem Tod des Paulus, gegen 80 n. Chr. Sicher nach dem Kolosserbrief.
Autor und Adressaten: obwohl dieser Brief den traditionellen Titel »An die Epheser« trägt, meinen die meisten Exegeten, dass er nicht allein für die Christen von Ephesus geschrieben worden ist. Tatsächlich lassen viele gute Manuskripte die Erwähnung von

Ephesus aus, die man in Eph 1,1 findet. Paulus konnte der Autor nicht gewesen sein, da er in diesem Brief behauptet, nie Kontakt mit den Ephesern gehabt zu haben (Eph 1,15; 3,1-3), obwohl er mehr als vier Jahre mit ihnen verbracht hat! Wenn der Brief nicht allein an die Epheser geschrieben war, muss man mit den Kritikern zugeben, dass es sich um ein Rundschreiben an mehrere Gemeinden handelt, die sich möglicherweise rund um Ephesus befanden.

 Geführte Lektüre: der Brief an die Epheser

Eph 1,15–3,21 und Eph 4,1–6,20

1. Theologischer Teil

Der theologische Teil bietet einige Schwierigkeiten. Diese können jedoch häufig dadurch verringert werden, wenn man eine Studienbibel zur Hand nimmt. Man sollte bei folgenden Themen verweilen, die das Denken des Paulus weiterführen:

Man kann den Brief in zwei Teile unterteilen: einen theologischen Teil (1,15-3,21) und einen pastoralen Teil (4,1–6,20).

- *Die Erhöhung Christi und der Christen* (1,15–2,10). Nach dem Autor des Briefes hat Jesus den Ehrenplatz an der Seite Gottes erhalten: den Platz an seiner Rechten. Da die Christen an seinem Leib durch den Glauben teilhaben, sind sie selbst miterhöht.
- *Die Erhöhung des Apostels Paulus* (3,1-13). Auch Paulus erhält einen ausgesuchten Platz, den er ohne Zweifel zu seinen Lebzeiten nicht beansprucht hätte. Er hat in der Tat die Aufgabe bekommen, die Geheimnisse Gottes zu enthüllen.
- Das Geheimnis von Gottes Plan (2,11-22). Hier handelt es sich um den Höhepunkt des Briefes. Er übersetzt sehr gut eine tiefe Hoffnung des Paulus, die er zu seinen Lebzeiten nicht realisiert gesehen hat: die Versöhnung von Juden und Christen in einer Kirche. Es handelt sich um eine zweifache Versöhnung: die mit Gott und die Versöhnung der Juden und Christen im selben Leib Christi.

2. Pastoraler Teil

Dieser pastorale Teil entwickelt mehrere Themen:

- Ein Thema, dass sich direkt aus der Thematik des Briefes ergibt: Die Einheit des Leibes Christi (4,1-16). Der Epheserbrief entwickelt die paulinische Theologie der Einheit des Leibes Christi. Die pastorale Tendenz dieser Idee drückt sich klar aus. Die Kirche muss in der Einheit wachsen, indem sie die Funktion, die jedem Mitglied zukommt, respektiert.
- Ein Thema, das von Paulus übernommen wurde: Der alte und der neue Mensch (4,17–5,22).
- Ein neues Thema: Die »Haustafel« (5,21–6,9). Wie im Kolosserbrief 3,18–4,1 findet man im Epheserbrief eine Reihe von konkreten Anweisungen für den christlichen Haushalt.

Beschreiben Sie die chronologische Linie. Versuchen Sie, die dargestellten Ereignisse zu ordnen: vor der Erschaffung der Welt, während des Kommens Christi, während des Kommens des Geistes, in der Zukunft.

Diese großartige Hymne konzentriert die Unterweisung an die Epheser. Hier wird ein Stück Liturgie greifbar. Ihr Aufbau zeigt eine trinitarische Form: Erwählung und Vorherbestimmung durch den Vater (3-6), Erlösung durch den Sohn (7-12), Heiligung durch den Geist (13-14). In diesem Text haben Vater, Sohn und Geist eine aktive Rolle: Welche Rolle kommt jedem zu?

Im Gegenzug dazu haben die Menschen eine passive Rolle: Was erhalten sie?

Was die Menschen betrifft, muss man unterscheiden zwischen den »wir« des Autors (die Apostel) und den »ihr« der Adressaten (die Mitglieder der Gemeinde). Welche verschiedenen Rollen spielen sie? Wie soll man die »kosmische« Vereinigung von Vers 10 verstehen? Worin fasst dieser Hymnus die Themen des Epheserbriefes zusammen?

Die drei Pastoralbriefe teilen ein Anliegen: Das soziale Leben der Christen zu regeln.

Die Pastoralbriefe

Nach dem Tod des Apostels von einem seiner Schüler geschrieben, zeigen die drei Briefe (1 und 2 Timotheus, Titus) sehr gut, womit sich Paulus am Ende seines Lebens beschäftigt hat: den Glauben an Jesus Christus, der von den Aposteln empfangen wurde, unversehrt zu erhalten. Die Kirche erscheint in diesen Briefen schon strukturiert mit verschiedenen Ämtern, besonders dem Bischofsamt und den Diakonen. Diese Briefe gestatten uns außerdem, die Liturgie der Alten Kirche kennen zu lernen, dank der Lieder, die sie zitieren: 1 Tim 2,5-6; 3,16; 6,15-16; 2 Tim 2,11-13.

STECKBRIEF

Entstehungszeit: nach dem Tod des Paulus, möglicherweise um 80 n. Chr.

Autor und Adressaten: Die Pastoralbriefe stammen sicher nicht von Paulus, denn man kann beträchtliche Unterschiede im Stil, in der Theologie sowie der kirchlichen Organisation herausarbeiten. Oft wird behauptet, dass die Adressaten, Timotheus und Titus, in Wirklichkeit die Autoren waren. An welche Gemeinden die Briefe gerichtet waren, weiß man nicht. Waren es Gemeinden in Ephesus? Kreta? Thessalonich?

1. Das christliche Haus in die römische Sozialordnung einbetten (1 Tim 5,1–6,2; Tit 2,1-10). – Der Autor fordert, dass der Kern des Familienlebens darauf beruhe, dass die Kinder ihren Verpflichtungen gegenüber Vater und Mutter sowie den Älteren nachkommen und dass die Christen die sozialen Hierarchien der Zeit respektieren sollten (der Mann steht über der Frau, der ältere Mensch über dem jungen Mann, der Verheiratete über dem Witwer, der Herr über dem Sklaven). Diese Regeln werden in den »Haustafeln« zusammengefasst.

2. Die Hierarchie in der Kirche respektieren. – Der Bischof und die Ältesten konstituieren die respektierte Quelle der Autorität (1 Tim 4,14). Diakone werden eingesetzt (1 Tim 3,8-13). Außerdem wird geregelt, wie die Gemeinde mit ihren Witwen umgehen soll (1 Tim 5,3-16).

3. Die Lehre in der Kirche überwachen. – Die wahrhaftige Lehre ruht in der apostolischen Tradition (1 Tim 1,11). Vor falschen Propheten muss man sich hüten.

4. Der Anfang der Theorie von der Inspiration (2 Tim 3,15-16). – »Die ganze Schrift ist von Gott inspiriert und nützlich, um zu belehren, zu widerlegen, aufzurichten«. Mit »Schrift« ist das Alte Testament gemeint. Der Text erhebt Anspruch auf die Legitimität einer christlichen Exegese.

Frage zum Gesamtzusammenhang
Gehen Sie nochmals die Passagen durch, in denen die Autoren der Pastoralbriefe die soziale Ordnung behandeln. Welches Bild der Kirche in dieser Zeit lässt sich skizzieren? Worin ähnelt oder unterscheidet sie sich von der heutigen Kirche?

Apostelbriefe

Jakobusbrief

STECKBRIEF

Entstehungszeit: möglicherweise um 80 n. Chr. oder später.
Autor und Adressaten: Die Tradition schreibt ihn Jakobus, dem
Herrenbruder zu. Doch ist dieser Brief ohne Zweifel sehr spät zu
datieren (Ende erstes bis Anfang zweites Jh. n. Chr).
Brief oder Rede: Man wird sich bei der Lektüre schnell darüber
klar, dass es sich eher um eine Rede als um einen Brief handelt. Die
zahlreichen Anspielungen an das Hören belegen das.

Der Brief an Jakobus ist zweifellos von einem Christen jüdischen Ursprungs geschrieben worden. Zusammen mit dem Matthäusevangelium gibt er uns einen kleinen Einblick in die Richtung, die manchmal »Juden-Christentum« genannt wird und die ab dem 2. bis 3. Jh. n. Chr. verschwand.

Die großen Themen des Jakobusbriefes

1. Die Kritik am Verfall der paulinischen Gemeinden. – Der Brief
kritisiert mehrere Aspekte, die schon von Paulus her bekannt sind.
Es handelt sich um eine Kirche, die sich den Reichen zugewandt hat.
Die von Jakobus getadelte Gemeinde hat, wie einst in Korinth, den
Reichen einen herausragenden Platz eingeräumt. Diese jedoch
unterdrücken die Armen (2,1-9). Es handelt sich des weiteren um
eine Gemeinde, die anscheinend dem Glauben den Vorrang gibt,
dabei aber die guten Taten (die »Werke«) vernachlässigt. Es handelt
sich um eine Gemeinde, die nicht sehr organisiert ist. Die Unterweisung im Glauben erfolgt nach Belieben. Die Mitglieder der
Gemeinde lehren, wenn sie sich »inspiriert« fühlen. Das führt zu den
Verfallserscheinungen, die Jakobus kritisiert.
2. Die Rückkehr zum Judentum. – Jakobus antwortet auf diese Verirrungen, indem er auf Prinzipien verweist, die jüdischen Ursprung
sind. Er wirbt für ein Glaubenskonzept, das dem Judentum entstammt. Er erinnert an den monotheistischen Glauben (2,19), wie
er im *Sch^ema Israel* (Dtn 6,4) zum Ausdruck kommt. Im Gegensatz
zu Paulus, der darauf bestanden hatte, das Heil aus dem Glauben zu
erhalten, erinnert Jakobus an die Wichtigkeit des Gesetzes, speziell
an die Praxis dessen, was er das »königliche Gesetz« nennt: Seinen
Nächsten wie sich selbst zu lieben. Ohne das Handeln, ohne die
Werke des Gesetzes ist der Glaube tot (2,14-26).

Frage zum Gesamttext: Jakobus
*Gehen Sie nochmals die Passagen durch, in denen Jakobus die
Gemeinde behandelt. Welches Idealbild von Kirche stellt sich Jakobus
vor?*

Hebräerbrief

Entstehungszeit: wahrscheinlich um 90 n. Chr.
Autor und Adressaten: Einst Paulus zugeschrieben, hat dieser Brief nichts Paulinisches an sich. Der Autor ist offenkundig ein Christ, der sich ganz vom Judentum gelöst hat. Er wendet sich an Christen, die sich ebenfalls vom Judentum gelöst haben.
Brief oder Rede? Beim Hebräerbrief handelt es sich um eine Predigt, an die ein Begleitbrief angehängt ist (Kap. 13).

STECKBRIEF

Der Hebräerbrief spielt im Neuen Testament eine wichtige Rolle, da er die vom Judentum losgelöste Position aufzeigt, die die Kirche nach und nach eingenommen hat. Er erläutert die Überlegenheit des Neuen über den Alten Bund. Er ermahnt, sich fest im christlichen Glauben zu halten.

1. Die Überlegenheit der christlichen Offenbarung
- *Christus ist den Propheten überlegen* (1,1-3).
- *Christus ist den Engeln überlegen* (1,3–2,18), die Mose das Gesetz übergeben haben, denn er thront über ihnen (1,1-14) und er wurde erhöht auf den Rang des Hohenpriesters (2,5-18).
- *Christus ist Mose überlegen* (3,1-6): während Mose Diener Gottes ist, ist Jesus sein Sohn.
- *Der Neue Bund in Christus ist dem Alten überlegen* (8,6-13).

2. Die Überlegenheit des christlichen Kultes
- *Jesus ist der Hohepriester par excellence* (4,14–7,13): Wie Melchisedek ist Jesus in den Rang des Hohen Priesters erhoben worden, aber er übertrifft ihn. Denn anstatt sich an der titularen Würde nur vorübergehend zu erfreuen, ist Jesus der Hohepriester für immer.
- *Das Opfer Jesu übertrifft das des Tempels* (8,1–10,18): Jesus ist zugleich Hoherpriester, das Opfer (weil er sich geopfert hat), die Opfergabe und der Tempel. Sein Opfer übertrifft das des Tempels. Er ist *der* Hohepriester schlechthin. Er bringt nicht das Blut des Widders dar, sondern sein eigenes. Die Stiftshütte der Juden war nur eine irdische Kopie des himmlischen Heiligtums, wo er sein Opfer an Gott vollendet. Vor allem muss das christliche Opfer nicht erneuert werden. Es ist ein für allemal gültig.

3. Die Notwendigkeit des christlichen Glaubens
An zahlreichen Stellen besteht der Autor auf dem Glauben an Christus, der die notwendige Folge des herausragenden Opfers sein muss. Er zeigt, dass es notwendig ist, der »kleine Rest« zu werden, der weiterhin an Gott glaubt (3,7–4,13). Es ist wichtig, im Glauben nicht wankelmütig zu werden, denn es wird für die, die Jesus verlassen, keine Nachsicht geben (5,11–6,20). Es ist also erforderlich, ein Leben zu führen, das Christus beharrlich nachahmt (10,19–13,25).

Der Hebräerbrief ist ein schwieriger Text. Folgen Sie dem Führer zur Lektüre Schritt für Schritt.

1. Petrusbrief

Dieser Brief wird eher selten gelesen. Das ist bedauerlich, denn neben einigen Lehren, die nur einen historischen Wert haben, entspricht er ganz und gar der zeitgenössischen Situation der Kirche. Petrus wendet sich an die *Christen, die in der Welt (Diaspora) verstreut sind.* Sie bilden keine nationale oder ethnische Gruppe mehr, sondern eine Art großer »*Bruderschaft*« *über die Welt hin* (5,9). Sie ist vereint durch den gleichen Glauben und zeigt ein soziales und ethisches Verhalten, das sich stark von dem der Zeitgenossen abhebt.

STECKBRIEF

Entstehungszeit: nach dem Fall des Tempels in den Jahren 80–90 n. Chr.

Autor und Adressaten: obwohl er einst Petrus zugeschrieben worden ist, stammt 1 Petr aus mehreren Gründen nicht aus der Hand des Apostels:
- Der Brief ist in gutem Griechisch geschrieben, was für einen Fischer aus Galiläa ziemlich ungewöhnlich wäre.
- Er ist an christliche Gemeinden gerichtet, die in der Zeit des Petrus nicht existiert zu haben scheinen: Bithynien und Pontus, Kappadozien.
- Er richtet sich an Christen, die nichts vom Judentum wissen (vgl. 1,14.18; 4,3).
- Er spiegelt einen Gegensatz zur römischen Macht wider, der zu Lebzeiten des Petrus nicht bestand.

Arbeitsvorschlag
Lesen Sie den lehrhaften Teil mit der Hilfe Ihrer Studienbibel durch und markieren Sie, wie der Autor in einer typologischen Lektüre voranschreitet, d. h. wie er im Alten Testament eine Vorahnung des Neuen Testaments sieht.

1. Der lehrhafte Teil (1,1–2,10) entfaltet einige große Themen der Schrift, die es möglich machen sollen, eine schwierige Situation zu bestehen. So wird Bezug genommen auf den Exodus, den leidenden Gottesknecht, der sich für das Heil aller opfert, auf den von den Bauleuten verworfenen Stein, den Gott zum Eckstein gemacht hat. Das ist ein Bild für Jesus, der von seinem Volk verworfen wurde, den Gott jedoch erhöht hat und auf den die Christen, wie lebendige Steine, zu einem geistigen Haus erbaut werden.

2. Der zweite Teil dieser Taufkatechese zieht einige praktische Konsequenzen. So ist es angesagt, sich unter den Nichtgläubigen gut zu verhalten. Petrus legt ein herausragendes Zeugnis ab (3,15).

Das neue Volk Gottes entsteht in der Diaspora. Es wird aus der Welt heraus berufen, wo es lebt. Doch es ist nur ein Gast, ein Fremder in dieser Welt (2,11). Als Volk auf der Wanderschaft ist sein Ziel, durch Lobpreis und rechtes Verhalten die großen Taten desjenigen, »der es aus der Finsternis in sein wunderbares Licht gerufen hat« zu verkünden (2,9).

Judasbrief und 2. Petrusbrief

Diese beiden wenig bekannten Briefe bilden einen Zusammenklang: 2 Petr ist eine erweiterte Neubearbeitung des Judasbriefes. Beide bekämpfen »falsche« Lehren.

STECKBRIEF

- Der **Judasbrief** wird dem »Bruder des Jakobus« zugeschrieben (was ihn zu einem Bruder Jesu machen würde). Zweifellos stammt er jedoch aus einer späteren Epoche. Er vermittelt den Eindruck, dass die Apostel seit langem nicht mehr da sind (Jud 17-18). Er könnte aus den Jahren 80-100 n. Chr. stammen.
- Der **2. Petrusbrief** ist ganz sicher nicht vom Apostel. Er spielt auf die Briefe des Paulus wie auf eine »Schrift« an (2 Petr 3,16). Er weist auf die Anfänge der Kanonisierung hin, da er kaum mehr an die unmittelbar bevorstehende Wiederkunft Jesu glaubt (3,3-10). 2 Petr greift den Judasbrief auf. Sein ornamentaler und literarischer Stil unterscheidet sich sehr von 1 Petr. Man betrachtet ihn als letzte kanonische Schrift des Christentums. Er könnte aus dem Jahr 120 n. Chr. stammen.

Die beiden Briefe verurteilen Gegner mit ähnlichen Positionen. Doch ist es nicht sicher, ob es tatsächlich die gleichen Gegner sind. Alle stammen aus dem Inneren der Gemeinde, d. h. sie gehören zur Gemeinde (Jud 4) und nehmen an ihren Feierlichkeiten teil (Jud 12; 2 Petr 2,13). Sie glauben nicht mehr an Christus und auch nicht daran, dass er wiederkehren wird. Alle verhalten sich in einer Weise, die zu kritisieren ist.

Um die Argumente ihrer Gegner zu entkräften, ziehen die beiden Briefe Texte heran, die aus apokalyptischen Schriften stammen. Beide benutzen das erste Henochbuch (Kap. 6 bis 16), das die Geschichte der von Gott bestraften sündigen Engel erzählt (Jud 6; 2 Petr 2,4). Des Weiteren verwenden sie die »Himmelfahrt des Mose«, die eine Unterredung zwischen dem Erzengel Michael und dem Teufel wiedergibt (Jud 8-10; 2 Petr 2,10-11). Jud verwendet ebenfalls eine Prophetie Henochs (Jud 14-15 <-> 1 Henoch 1,9). Die Bezüge zu Büchern, die in einem jüdischen Milieu verfasst worden sind, aber nicht in den Kanon des Alten Testaments aufgenommen wurden, lassen vermuten, dass die angezielten Gemeinden jüdischen Ursprungs waren und die Gegner sich auf diese Schriften stützten.

Fragen zum Gesamttext von 2 Petrus:
Man wird von 2 Petr die Interpretation der Verklärung (1,16-18) und seine Definition der Inspiration der Schrift festhalten (1,20-21). Lesen Sie die beiden Texte. Vergleichen Sie die Interpretation des Autors und die Erzählung der Verklärung bei Markus (Mk 9,2-10).

Die Johannesbriefe

STECKBRIEF

Autor und Entstehungszeit: Die drei Briefe des Johannes haben *eine* Person als Autor, der sich selbst als der »Älteste« bezeichnet. Zwischen 90 und 110 n. Chr. sind sie entstanden (3 Joh ist der jüngste). Sie bekämpfen jene Gegner, die der »Älteste« als »Antichristen« bezeichnet. Sie scheinen eine Form von Doketismus vertreten zu haben, der behauptet, dass Gott eine menschliche Natur nur »angezogen« hat.

Der Stil der drei Johannesbriefe (in Wirklichkeit zwei Briefe mit 1 Joh als eine Art Gedicht) ist poetisch. Verschiedene Bilder sind zu unterscheiden: Licht, Wahrheit und Leben an der Seite des »Ältesten«. Finsternis, Lüge und Tod an der Seite seiner Gegner.

Lesen Sie 1 Joh mit diesem Lektüreführer.
Welche Ähnlichkeiten können Sie zwischen 1 Joh und dem Johannesevangelium erkennen?

 Geführte Lektüre: 1 Joh

Die Gemeinde ist mit Schwierigkeiten vertraut. Es gibt Parteien (4,3), die Christen lieben sich nicht (2,9; 4,20), fühlen sich ohne Sünde (1,10) und werden von der Gnosis versucht, die behauptet, man könne Gott allein durch Wissen erreichen, ohne sich um die eigene Lebensweise zu kümmern (2,4). Andere haben die Gemeinde verlassen und leugnen Christus (2,19.22).

Um darauf zu antworten, verweist Johannes auf eine zweifache Erfahrung:

1. Seine Erfahrung als Zeuge (1,1-4). – Lesen Sie diese Verse. Er sagt nicht, dass er das »Wort« gesehen oder gehört hat, sondern dass das, was er vom »Wort« (von den Worten und Taten des Menschen Jesus) gesehen hat, ihm durch den Glauben gestattet hat, ins Zentrum des Geheimnisses dieses Menschen vorzudringen und ihn dort als den Sohn Gottes zu erkennen.

2. Die Erfahrung der Christen (5,13). – Johannes ruft in Erinnerung, was die Christen in der Taufkatechese empfangen haben und wodurch sie in ihrer täglichen Existenz leben. Durch den Glauben sollen sie entdecken, dass sie vom Wort Gottes eingesät worden sind (2,14; 3,19), dass sie dank des Heiligen Geistes von diesem Wort durchdrungen worden sind wie von Salböl (2,20.27).

Das Grundthema, das wie in einer Symphonie ständig wiederkommt, lautet: »Ihr seid in Gemeinschaft mit Gott.« Aber diese Mystik ist geerdet. Die Gemeinschaft mit Gott muss sich an ihren Früchten erweisen.

Es ist schwer, eine genaue Struktur im Text herauszufinden. Aber ist das bei einem Text wichtig, der sich als eine Meditation darstellt? Bei Ihrer Lektüre könnten Sie auf einige Aspekte ganz besonders achten:

- *Die Akteure:* der Vater, Jesus, der Geist, der Autor und seine Gemeinde, die Gläubigen, die Abtrünnigen ... Wie werden sie dargestellt? Welches ist ihre Rolle? Mit welchen Motiven werden sie verbunden?
- *Die grundlegenden Motive:* Unterstreichen Sie die wiederkehrenden Worte und Ausdrücke. Versuchen Sie diejenigen, die zusammengehören, herauszuarbeiten. Halten Sie fest, was diese zum Grundvokabular hinzufügen z. B. lieben, Liebe, kennen, Gemeinschaft, bleiben in Sünde, Teufel, »Welt«, Geist des Bösen, Antichrist, Licht/Finsternis, Leben/Tod, Gerechtigkeit ...

Intensive Lektüre: Grammatikalische Analyse: 1 Joh

1 Joh 1,1–5

> ¹ Was von Anfang an war, was wir gehört haben, was wir mit unseren Augen gesehen, was wir geschaut und was unsere Hände angefasst haben, das verkünden wir: das Wort des Lebens.
> ² Denn das Leben wurde offenbart; wir haben gesehen und bezeugen und verkünden euch das ewige Leben, das beim Vater war und uns offenbart wurde.
> ³ Was wir gesehen und gehört haben, das verkünden wir auch euch, damit auch ihr Gemeinschaft mit uns habt. Wir aber haben Gemeinschaft mit dem Vater und mit seinem Sohn Jesus Christus.
> ⁴ Wir schreiben dies, damit unsere Freude vollkommen ist.
> ⁵ Das ist die Botschaft, die wir von ihm gehört haben und euch verkünden: Gott ist Licht, und keine Finsternis ist in ihm.

Man kann beim Lesen der Bibel auch grammatikalische Studien treiben!
Hier ein kleines Beispiel. Es soll zeigen, was man alles erfahren kann, wenn man auf die Verben und die Zeitstruktur achtet.

Achten Sie auf die Zeiten der Verben:
Zunächst das Imperfekt. Es deutet auf einen Prozess hin, der sich in eine nicht definierte zeitliche Dauer einschreibt. Das Verb »sein« beschreibt die Handlung des »Lebenswortes«, das eine Art Sein von Ewigkeit her verkörpert (von Anfang an ...).
Zu einem bestimmten Moment macht das »Lebenswort« einen Einschnitt in die Zeitlichkeit, es wird offenbart (im Griechischen der Aorist des Wortes »erscheinen«). In dieser Zeit kommt das »wir« mit ihm in Kontakt, wie das die Verben der Wahrnehmung »sehen« und »anfassen« ausdrücken. Das Perfekt dieser Verben zeigt an, dass die Erscheinung und deren Wahrnehmungen nicht lange dauern. Aber der Effekt, der von ihnen ausgeht, dauert fort bis in die Gegenwart. Was aus diesen Wahrnehmungen für die Gegenwart folgt, wird mit den Verben des Zeugnisses übersetzt. Das Hauptverb hierfür ist: »bezeugen«. Das mündliche Zeugnis charakterisiert das Verb »verkünden«. Das schriftliche Zeugnis verdeutlicht das Verb »schreiben«. Der Ausdruck für die Annahme des Zeugnisses lautet: »damit ihr Gemeinschaft mit uns habt«.
Dank dieser präzisen grammatikalischen (zeitlichen) Konstruktion,

kann man hier das ganze Leben der Kirche zusammenfassen: der Glaube an das Wort des Lebens (Christus), das von Ewigkeit her besteht; die Menschwerdung Christi und die Erfahrungen der Apostel; die Gegenwart Christi, die in der Kirche weitergeht; schließlich das Leben der Kirche als ein Zeugnis für die Gegenwart.

Lesen Sie die beiden Briefe. So können Sie sich mit dem alltäglichen Leben der Kirche an der Wende zum 2. Jh. n. Chr. vertraut machen.

Die beiden anderen Briefe

2 Joh – Dieser Brief, der an eine »auserwählte Herrin« und ihre Kinder (2 Joh 1) gerichtet ist, die zweifellos eine bestimmte Gemeinde symbolisiert, stellt die ekklesiologische Seite der Strategie des »Ältesten« dar. Indem er seine Ermahnung wieder aufgreift, den Geboten zu folgen und die Nächstenliebe zu praktizieren, fordert der Älteste dazu auf, in der Gemeinschaft zu bleiben und keinen aufzunehmen, der Zwietracht sät.

3 Joh – Ein kleiner Brief, der an einen gewissen Gaius gerichtet ist, wahrscheinlich den Leiter einer Gemeinde. 3 Joh ruft dazu auf, dem »Ältesten« treu zu bleiben und sich vor Diotrephes, der sich gegen ihn stellt, zu hüten.

4. Teil

Reisewege

Reisewege durch das Neue Testament

 Das Neue Testament »in 4 Stunden«

In den meisten Reiseführern finden sich vereinfachte Reisevorschläge für Touristen, die wenig Zeit haben oder nur einen ersten Eindruck von einem Museum, einer Stadt etc. bekommen wollen. Dieses Vorgehen kann man durchaus kritisieren: Warum soll man sich auf die Mona Lisa stürzen und dabei die außergewöhnliche Abteilung italienischer Malerei außer Acht lassen? Warum sollte man nur Augen für die Venus von Milo haben und die anderen Säle mit griechischer Kunst, in die kaum Besucher drängen, ignorieren? Der vorliegende Reiseplan leidet an den gleichen Mängeln: er ist ungerecht, er ist subjektiv und in gewisser Weise entäuscht er einen auch. Er bringt jedoch einen ersten Kontakt mit den biblischen Texten zustande.

Wenn Sie gerne ein ganzes Buch lesen wollen:
• Ein Evangelium: das Markusevangelium
• Zwei Briefe: der Galaterbrief; der 1. Johannesbrief
• Eine Apokalypse: die Offenbarung des Johannes

Wenn Sie »Highlights« unter den Texten suchen:
• **In den Evangelien:**

Der Johannesprolog	Joh 1,1-14
Die Verkündigung, der Besuch Marias bei Elisabet, die Darstellung im Tempel	Lk 1–2
Die Sterndeuter	Mt 2,1-12
Die Versuchung Jesu	Lk 4,1-13
Die Hochzeit von Kana	Joh 2,1-12
»Du bist Petrus«	Mt 16,13-20
Die Ehebrecherin	Joh 8,1-11
Die Brotvermehrung	Mk 6,30-44
Der Gang über den See	Mt 14,22-36
Die Auferweckung des Lazarus	Joh 11,1-45
Die Seligpreisungen	Mt 5
Das Gleichnis vom verlorenen Sohn	Lk 15,1-32
Das Gleichnis vom barmherzigen Samaritaner	Lk 10,30-37
Das Abendmahl	Mk 14
Die Verleugnung des Petrus	Mt 26,69-75
Jesus vor Pilatus	Joh 18,28–19,16
Der Tod Jesu	Mt 27; Mk 15; Lk 23; Joh 19

Jesus erscheint Maria Magdalena als Gärtner	Joh 20,11-18
Die Pilger von Emmaus	Lk 24,13-35
Der ungläubige Thomas	Joh 20,24-29

• In der Apostelgeschichte

Die Himmelfahrt	Apg 1
Das Pfingstereignis	Apg 2
Das Zeugnis des Stephanus	Apg 6–8
Philippus und der äthiopische Hofbeamte	Apg 8,26-40
Die Bekehrung des Paulus	Apg 9,1-31
Paulus wird von den Athenern verspottet	Apg 17,16-34
Der Schiffbruch des Paulus	Apg 27

• In den Briefen

Die Leiden der Apostel	1 Kor 4,1-13
	2 Kor 6,3-13
»Alles ist mir erlaubt, doch nicht alles nützt mir«	1 Kor 6,12-20
»Den Juden bin ich ein Jude geworden«	1 Kor 9,19-23
Die Gaben des Geistes	1 Kor 12
Das Hohelied der Liebe	1 Kor 13
Das Credo und die Auferweckung der Toten	1 Kor 15
Die Visionen des Paulus und der Stachel im Fleisch	2 Kor 12,1-10
»Als aber die Zeit erfüllt war, sandte Gott seinen Sohn«	Gal 4,1-7
Der Epheserhymnus	Eph 1,3-14
»Zieht die Rüstung Gottes an«	Eph 6,10-20
Der Philipperhymnus	Phil 2,5-11
Der Kolosserhymnus	Kol 1,15-20
Das Schicksal der Toten	1 Thess 4,13-18
»Ich habe den guten Kampf gekämpft«	2 Tim 4,6-8
»Aus ein und demselben Mund kommen Segen und Fluch«	Jak 3
Jesus, der lebendige Stein	1 Petr 2,4-10
Das alte und das neue Gebot	1 Joh 2
Als Kind Gottes leben	1 Joh 3
Erkennen, was von Gott kommt	1 Joh 4

• In der Offenbarung

Das Lamm Gottes	Offb 5
Die 7 Siegel und die 7 Posaunen	Offb 6,1–11,19
Die Frau und der Drache	Offb 12
Die beiden Tiere	Offb 13
Die große Hure	Offb 17
Das neue Jerusalem	Offb 21,9–22,5

Pfingsten, Initiale (Anfangs-buchstabe), S = Spiritus (lateinisch = »Geist«), Buchmalerei, um 1350

Hier eine Auswahl von Texten über den Heiligen Geist nebst einigen Wegen zur Interpretation. Welchen Eindruck haben Sie vom Heiligen Geist am Ende dieses Parcours?

Mk 1,9-13. – Warum ist das Kommen des Geistes mit der Taufe durch Johannes verbunden? Welche Verbindung gibt es zwischen der Taufe und dem Rückzug in die Wüste? Achten Sie auf die Redaktion von V. 10: Wer sieht den Geist? Hier einige mögliche Annäherungen, um das Bild der Taube zu erklären: Der Geist schwebt über den Wassern (Gen 1,2). Die Taube aus der Sintfluterzählung (Gen 8,8-12). Im Hebräischen heißt »Taube« »iona«, wie der Prophet Jona. Vergleichen Sie mit Mt 12,39.

Lk 4,16-21. – Welche Verbindung kann man zwischen der Sendung Jesu und dem prophetischen Text herstellen? Welche Rolle übernimmt der Geist bei dieser Sendung? Die Szene spielt in einer Synagoge. Nach dem Gebet und der Verlesung der Tora las man aus einem prophetischen Buch und lud einen der Anwesenden ein, es zu kommentieren. Welche Bedeutung kommt dem aus heutiger Sicht zu?

Joh 14–16. – Dieser recht lange und komplexe Text bietet einen Auszug aus der johanneischen Lehre über den Heiligen Geist. »Paraklet« bedeutet »der Herbeigerufene«, der Anwalt, der Fürsprecher. Es kann aber auch den Sinn »Ermahner« annehmen. Machen Sie eine Liste der Funktionen dieses Parakleten. Was meinen Sie: Setzt er sich an die Stelle Christi? Das erwähnte »Zeugnis« ist eines der Hauptbegriffe des Evangeliums: Zeugnis geben bedeutet zugleich: noch einmal sagen, aktualisieren sowie sich einsetzen. Zeugnis geben ist aber nicht nur eine passive Wiederholung, sondern das Charakteristikum des Christen.

Apg 2,1-13. – Auch dies ein zentraler Text zum Verständnis des Geistes. Im Werk des Lukas eröffnet Pfingsten die Zeit der Kirche, die aus dem Geist lebt. Welche Konsequenzen ergeben sich daraus für das Verständnis von Kirche? Die Erzählung antwortet auf eine Prophetie des Joël (Joël 3,1 f.). Die 150 Jahre vor Christus waren nach jüdischer Tradition eine Periode, in der »die Himmel verschlossen waren«, eine Zeit, als es keine Propheten mehr gab. Was will Lukas damit andeuten, wenn er dieses Ereignis an den Anfang der Geschichte der Kirche stellt? Welche Verbindung kann man zwischen der Darstellung des Geistes unter der Gestalt von Feuerzungen und dem nachfolgenden Ereignis, dem Reden in allen Sprachen herstellen? Das letzte Phänomen ist ohne Zweifel eine Anspielung auf den Turmbau zu Babel, wo sich die Menschheit in verschiedene Sprachen teilt. Welchen Platz wird dadurch der Kirche zugewiesen?

1 Kor 12,2-11. – Diese Passage gibt einen Eindruck von der Bedeutung des Geistes bei Paulus. Beziehen Sie sich auf die beiden ersten Verse. Paulus verbindet Geist und christliche Verkündigung ganz eng miteinander. Was meinen Sie dazu? Was denken Sie über die verwendeten Beispiele »Jesus sei verflucht!« und »Jesus ist der Herr!« Was ist das authentische vom Geist diktierte Wort?

Betrachten Sie dann die anderen Verse. Der Text setzt zugleich die Einmaligkeit des Geistes und die Vielfalt seiner Manifestationen (die vielfältigen Gaben des Geistes werden »Charismen« genannt) voraus. Paulus kämpft gegen die Gefahr der Zersplitterung in der korinthischen Gemeinde, wo sich viele so genannte pneumatische Phänomene ereignen. Was halten Sie von seinem Argument?

1 Joh 3,24–4,6. – Welche Verbindungen sehen Sie zwischen diesem und dem vorhergehenden Text? Mit »Antichristen« werden die Feinde des Briefautors bezeichnet. Was halten Sie von der Weise, ihnen so eine Abfuhr zu erteilen? Ist es nicht gefährlich so zu tun, als besäße man den Geist Gottes? Der Text erinnert an eine Vielzahl von Geistern und eine Unterscheidung der verschiedenen Geister. Er unterscheidet zwischen dem Geist Gottes und den Geistern. Steht er nun im Gegensatz zu den vorherigen Texten oder nicht?

 ### *Kirchlicher Reiseweg*

Im Zentrum der Bücher des Neuen Testaments kann man verschiedene Konzeptionen von Kirche entdecken. In diesem kleinen Führer haben wir nicht die Möglichkeit, eine ausführliche Theologie der Kirche bzw. Ekklesiologie zu entwickeln. Aber man kann über die Bezeichnungen nachdenken, die die Christen ihrer Gemeinschaft gegeben haben. Was beinhalten sie? Welches Bild von Kirche bevorzugen sie?

Eucharistisches Mahl, Priszillakatakombe, Rom, um 240 n. Chr.

1. Kirche. – Der Terminus kommt vom griechischen Wort »*ekklesia*«, was so viel wie »Versammlung« bedeutet (vom griechischen Verb *kaleo*, »rufen«). Im Heidentum ist eine »Kirche« ein Rat, der zusammentritt, um politische oder rechtliche Fragen zu behandeln. Der Terminus ist neutral. Die Christen bemächtigten sich seiner am Anfang mit genau dem gleichen Gedanken an eine Versammlung, an eine Zusammenkunft. In den Evangelien wird er nur dreimal gebraucht: bei Mt 16,18 und 18,17 (2x). Paulus benutzt ihn häufig, um die Gemeinde in einer bestimmten Stadt zu bezeichnen (vgl. 1 Thess 1,1; Gal 1,2; Röm 16,5 etc.), viel seltener um über eine Gesamtheit von Christen zu sprechen (Gal 1,13; 1 Kor 12,28). Nur Eph und Kol geben ihm einen universellen Sinn (Kol 1,24; Eph 5,29).

2. Volk Gottes. – Dieser Ausdruck stammt aus dem Alten Testament

und meint das von Gott erwählte Volk (vgl. z. B. Ex 19,5). »Volk Gottes« wird dann verwendet, um Juden und Heiden zusammenzufügen (Apg 15,14; Röm 9,24). Das Neue Testament verwendet zweimal »*ethnos*« (Nation) an der Stelle von »*laos*« (Volk), um von der christlichen Gemeinde zu sprechen (Mt 21,43; 1 Petr 2,9-10).

3. Die Gemeinschaft. – Das Wort kommt vom Griechischen »*koinonos*« (partnerschaftlich) und bezeichnet eine partnerschaftliche Relation unter den Gläubigen, die den Glauben an Christus teilen (Phil 3,10; 1 Petr 4,13), ebenso das Leben im Geist (2 Kor 13,13; Phil 2,1), die gleiche Taufe (1 Kor 12,13), die Eucharistie (1 Kor 10,16-17). Diese Gemeinschaft zeigt sich nach außen hin im Teilen von Gütern (Apg 2,44; 4,32; Gal 6,6) und bei Paulus auch in der Verpflichtung zu einer Kollekte für die Armen von Jerusalem (2 Kor 8–9; Röm 12,13; 15,25).

4. Der »Tempel Gottes«. – Der »Tempel Gottes« meint ursprünglich den heiligen, Jahwe zugehörigen Ort, speziell den Tempelbau in Jerusalem. Paulus verwendet den Ausdruck metaphorisch, um die Kirche zu bezeichnen (1 Kor 3,16-17; 2 Kor 6,16).

5. Der »Leib Christi«. – Dieser Ausdruck ist paulinischen Ursprungs. Der »Leib Christi« bezeichnet bei Paulus die Komplementarität, das Aufeinanderbezogensein der Christen (1 Kor 12,27), die verschiedene Charismen haben (Röm 12,4-5; 1 Kor 12,47), jedoch im gleichen Geist der Taufe und der Eucharistie miteinander verbunden sind. Kol und Eph gebrauchen dieselbe Metapher und fügen hinzu, dass Christus das Haupt dieses Leibes ist (Kol 2,19; Eph 4,15-16).

Wie soll man die Christen bezeichnen?

Hier einige Worte, die verwendet werden:

- **Christen.** – Dieses Wort bedeutet »Parteigänger Christi« und wird selten gebraucht: Apg 11,26; 26,28; 1 Petr 4,16.
- **Heilige.** – Im Neuen Testament werden alle Christen »Heilige« genannt (vgl. Apg 9,13.32). Paulus nennt die Mitglieder seiner Gemeinden, so wie die in Jerusalem »Heilige« (Röm 1,7; 12,13; Phil 4,22; 1 Kor 16,1). Die Offenbarung beschränkt den Gebrauch dieses Wortes auf die Märtyrer (Offb 17,6).
- **Brüder.** – Die Christen werden sehr oft »Brüder« genannt. Jesus hält fest, dass diejenigen, die den Willen des Vaters tun, seine Brüder sind (Mt 12,48-49; Mk 3,35; Lk 8,21), während Paulus die brüderliche Liebe betont (Röm 12,10; 1 Thess 4,9-10; 1 Kor 8).
- **»Knecht Christi«.** – Paulus bezeichnet sich unter Verwendung des griechischen »*doulos*« (Sklave) oft als »Knecht Christi« (Röm 1,1; Gal 1,10; Phil 1,1). *Diakonos* (Diener) verwendet er eher im Blick auf das Evangelium Gottes oder das Wort.

Welchen Platz gibt das Neue Testament den Frauen? Welchen Platz gab ihnen Jesus?
Der nun folgende Reiseweg hilft Ihnen, sich Ihre eigene Meinung zu bilden. Schauen Sie die Texte durch. Wie werden die Frauen jeweils dargestellt?

Einige Frauen im Evangelium

1. Maria, die Mutter Jesu
Die vier Evangelien räumen Maria nicht den gleichen Platz ein. Markus erwähnt sie nur ein einziges Mal (Mk 3,31-35). Sie sucht Jesus, begleitet von ihrer Familie. Und dieser betont, indem er auf seine Jünger zeigt, dass sie seine wahre Familie seien. Matthäus bewahrt die Szene, schwächt sie aber ab, obwohl er die Härte der Worte beibehält. Auch konzentriert sich bei ihm die Kindheitserzählung auf Josef und nicht auf Maria.
Lukas weist Maria eine sehr wichtige Rolle zu. Sie hat in den Kindheitserzählungen den ersten Platz inne, da sie die Verkündigung des Engels erhält (Lk 1,26-37). Von ihr hängt die Annahme des göttlichen Planes ab. Durch das

Rembrandt, Maria mit dem Kind, um 1635.

Magnifikat (Lk 1,46-55) wird sie zu einer Art »erster Christin«, da sie die Gute Nachricht vorwegnimmt. In Lk 2,19 heißt es, sie bewahre alle die Begebenheiten aus dem Leben Jesu in ihrem Herzen. Das macht sie zum Gedächtnis der Kirche. Auch Lk greift das Zusammentreffen zwischen der Familie und den Jüngern auf, unterdrückt aber die deutliche Opposition (Lk 8,19-21).
Johannes lässt Maria an zwei Stellen eingreifen. Bei der Hochzeit von Kana dient sie als Vermittlerin zwischen den Gästen und ihrem Sohn, der sie mit seiner Rolle als Mittler konfrontiert. Am Fuß des Kreuzes steht sie in der Begleitung des geliebten Jüngers (Joh 19,25-27). Maria repräsentiert dort die jüdische Herkunft der Kirche und der Jünger, die neue christliche Familie. Indem Jesus Maria zur Mutter des Jüngers macht, macht er sie zur Mutter aller Jünger, zur Mutter der Kirche. Von nun an betrachten sich die Christen symbolisch als Söhne einer jüdischen Mutter, als Erben der Geschichte des jüdischen Volkes.
2. Frauen im Umfeld der Geburt Jesu
Die Prophetin Hanna: Lk 2,36-38; Elisabet: Lk 1.
3. Frauen, die Jesus heilt
Die Schwiegermutter des Petrus: Mt 8,14-15; Lk 4,38-39; Mk 1,29-31.

Nicolas Froment, Eine Frau salbt Jesus die Füße, 1461.

Die Kanaanäerin: Mt 15,21-28; Mk 7,24-30.

Die behinderte Frau: Lk 13,10-16.

Die blutflüssige Frau: Mt 9,18-26; Lk 8,40-56; Mk 5,21-43.

Die Witwe von Nain: Lk 7,11-15.

4. Sünderinnen und »Ver-rückte«

Die Ehebrecherin: Joh 8,1-11.

Die begnadigte Sünderin: Lk 7,36-50.

Herodias: Mt 14,3-12; Mk 6,18-29.

Die Frau des Pilatus: Mt 27,19.

Die Samaritanerin: Joh 4,1-42.

5. Begleiterinnen Jesu

Maria Magdala, aus der 7 Dämonen ausgefahren waren, Johanna, die Frau des Chouza, des Verwalters des Herodes; Susanna und viele andere, »die Jesus und die Jünger mit dem unterstützten, was sie besaßen«: Lk 8,1-3.

Marta und Maria: Lk 10,38-42; Joh 11,1-44; 12,1-8.

6. Die Frauen, die ihn bei Tod und Auferweckung begleiteten

Die Jerusalemer Trauerfrauen: Lk 23,27-31.

»Beim Kreuz Jesu standen seine Mutter und die Schwester seiner Mutter, Maria, die Frau des Klopas, und Maria von Magdala«: Joh 19,25.

»Die Frauen, die mit Jesus aus Galiläa gekommen waren, gaben ihm das Geleit und sahen zu, wie der Leichnam in das Grab gelegt wurde«: Lk 23,55-56.

Maria von Magdala und Johanna und Maria, die Mutter des Jakobus: Lk 24,1-12.

Maria von Magdala und die andere Maria: Mt 28,1-10.

Maria von Magdala, Maria, die Mutter des Jakobus und Salome: Mk 16,1-11.

Maria von Magdala: Joh 20,11-18.

Die Frauen in den Gemeinden des Paulus

In den Briefen des Paulus kommen sehr viele Frauen vor. Hier einige herausragende Gestalten.

1. Priska, die Frau des Aquila. – Mit ihrem Mann Aquila dient Priska als Kundschafterin auf den paulinischen Missionsreisen. Nachdem sie aus Rom (zweifellos gegen 41 n. Chr.) vertrieben worden waren, lernten sie den Apostel in Korinth kennen und nahmen ihn auf (Apg 18,1-3). Von ihm wurden sie nach Ephesus gesandt (Apg 18,26). Später trifft man sie in Rom wieder (Röm 16,3-5).

2. Junia. – Sie wird in Röm 16,7 erwähnt und scheint eine Verwandte des Paulus gewesen zu sein. Dieser nennt sie »Apostel«. Sie hatte also in der Gemeinde einen hohen Rang und war vielleicht unter den Ersten, die in Rom das Evangelium verkündeten.

3. Phoebe. – Paulus spricht im Römerbrief von ihr (16,1-2). »Ich empfehle euch unsere Schwester Phoebe, die Dienerin (*diakonos*) der Gemeinde von Kenchreä. Nehmt sie im Namen des Herrn auf, wie es Heilige tun sollen, und steht ihr in jeder Sache bei, in der sie euch braucht; sie selbst hat vielen, darunter auch mir, geholfen.« Paulus nennt sie bei ihrem Titel »Diakon«, was man als »Dienerin« und nicht als »Diakonisse« übersetzen muss. Ganz offensichtlich leitete sie die Gemeinde. Zweifellos war sie reich und erwies der ganzen Kirche ihre Dienste.

 Botanischer Reiseweg

Eine reife Feige.

Nicht alle biblischen Reisewege sind schrecklich ernst gemeint! Man kann auch Gefallen daran finden, Straßen entlangzubummeln, die vielleicht weniger wichtig sind, aber doch den Hintergrund für interessante Zusammenhänge abgeben.

Absinth. Der Absinth hat in der Bibel einen schlechten Ruf, weil er bitter (vgl. Spr 5,4; Klgl 3,15.19) und toxisch ist (und deswegen mit Gift verglichen wird, vgl. Dtn 29,18; Jer 9,15; Jer 23,15). In der Offenbarung symbolisiert er die Bitterkeit und den Tod.

Johannisbrotbaum. Ein Baum mit langen Früchten von eher geringem Wert, die man den Schweinen gab. Schoten vom Johannisbrotbaum zu essen, zeigt den sozialen Abstieg an, wie im Gleichnis vom verlorenen Sohn (Lk 15,16).

Feigenbaum. Oft mit dem Weinstock zusammengebracht (2 Kön 18,31; Jes 36,16; Joel 1,7-12; Ps 105,33), wird er geschätzt wegen seines Überflusses an Früchten und der Kühle seines Schattens. Christus macht ihn zum Gegenstand eines Gleichnisses über die Ruhe Gottes (Lk 13,6-9), und er verflucht einen Feigenbaum, der keine Früchte gibt (Mk 11,13). Der Feigenbaum ist das Symbol für die Bibel und die Suche nach Gott.

Ysop. Eine aromatische Pflanze mit blauen Blüten, deren Zweige mit ihren steifen Blättern als kleine Bürsten zum Besprengen bei Reinigungszeremonien dienten (Lev 14,6; Ps 51,9). Im Johannesevangelium reicht man Christus den Schwamm auf einem Ysopzweig (Joh 19,29). Das hat eine symbolische Bedeutung, denn Ysop ist zu zerbrechlich, um darauf das Gewicht tragen zu können.

Taumellolch. Der Taumellolch ist eine Pflanze, dessen Ähren mit denen des Weizens verwechselt werden können. Aber seine Körner haben eine narkotische Wirkung, die Übelkeit und Krämpfe hervorruft. Wer Taumellolch aussät, wie im Gleichnis Mt 13,25, der begeht eine üble Tat.

Lilie. Eine überaus schöne Blume, die im Hohen Lied als Vergleich für die Schönheit der Geliebten dient. Jesus nimmt sie als Beispiel, um Gottes Fürsorge zu veranschaulichen und Vertrauen in seine

143

Zuneigung zu den Menschen zu predigen (Mt 6,28 = Lk 12,27). Sie ist Symbol der Liebe, der Reinheit und sogar der Heiligkeit.

Senf. Jesus baut einen Kontrast zwischen dem kleinen Senfkorn und der großen Pflanze auf, die sie binnen vierzig Tagen wird. Das Reich Gottes ist wie dieses Senfkorn (Lk 13,18-19).

Weinstock. Weinstock und Wein sind Symbole der Freude, des Heiligen Geistes, der Weisheit und der Wahrheit, die aus der Erkenntnis Gottes herrühren. Der Wein ist mit dem Brot zusammen das Symbol für das christliche Leben schlechthin (Mt 26,26-29). Jesus hat sich mit einem Weinstock verglichen, dessen Winzer der Vater ist (Joh 15,12).

 »Dämonischer« Reiseweg

Duccio di Buoninsegna, Die Versuchung Jesu, 1308–1311.

Im Durchgang durch das Neue Testament sieht sich der Leser sehr häufig mit dem Bild des Teufels konfrontiert. Nachfolgend einige seiner Bezeichnungen. Welche Vorstellung vom Bösen ergibt sich für Sie aus dem Neuen Testament?

1. Satan

Eine griechische Übertragung des hebräischen Wortes, das »Ankläger« bzw. »Gegner« bedeutet. Zunächst denkt man an ihn als eine Art Ankläger, der die Menschen wegen ihrer Sünden vor Gott anklagt (Ijob 1-2; Sach 3,1-2), dann als einen gefallenen Engel (Mt 4,10; 12,26; 16,23; Mk 1,13; 3,23-26; 4,15; 8,33; Lk 10,18; 11,18; 13,16; 22,3; 22,31; Joh 13,27; Apg 5,3; 26,18; Röm 16,20; 1 Kor 5,5; 7,5; 2 Kor 2,11; 11,14; 12,7; 1 Thess 2,18; 2 Thess 2,9; 1 Tim 1,20; 5,15; Offb 2,9 f.; 3,9; 12,9; 20,2; 20,7).

2. Der Teufel

Das griechische Wort (*diabolos*) bedeutet »Verleumder«. Im Zusammenhang mit Menschen, die als Verleumder angesehen werden, wird es zweimal gebraucht (1 Tim 2,11; Tit 2,3). Mt 4,1-11 <-> Lk 4, 1-12; Mt 13,39; 25,41; Joh 6,70; 8,44; 13,2; Apg 10,38; 13,10; Eph 4,27; 6,11; 1 Tim 3,6-7; 2 Tim 2,26; Heb 2,14; Jak 4,7; 1 Petr 5,8; 1 Joh 3,8-10; Judas 1,9; Offb 2,10; 12,9.12; Offb 20,2.10.

3. Beelzebub oder Beelzebul

Alter Name für den Anführer der bösen Kräfte, dessen Name von einem Gott der Philister stammt und in 2 Kön 1,2-16 erwähnt wird. Beel-zebub bedeutet »Herr der Fliegen«. Die Juden machten aus diesem abwertenden Namen den des Fürsten der Dämonen und transformierten ihn in Baal-zebul, »Herr der dämonischen Wohnungen«.

Man beschuldigt Jesus, den Beelzebub in sich zu haben (Mt 10,25; Mk 3,22) und die Dämonen durch die Kraft des Beelzebub auszutreiben (Mt 12,24; Lk 11,15).

4. Andere Namen

Apollyon, ein griechisches Wort, das »Zerstörer« bedeutet (Offb 9,11). Beliar oder Belial, ein hebräisches Wort mit der Bedeutung »der Böse« (2 Kor 6,15). Der Ankläger, griechische Übersetzung von »Satan« (Offb 12,10). Der Gegner, Neuformulierung von »Teufel« (1Petr 5,8). Der Böse, Übersetzung von »Belial« (Mt 5,37; 6,13; 13,19.38; Joh 17,15; Eph 6,16; 2 Thess 3,3; 1 Joh passim). Der Fürst dieser Welt (Joh 12,31; 14,30; 16,11). Der Fürst der Dämonen (Mk 3,22; Mt 9,34; 12,24; Lk 11,15). Der Versucher (Mt 4,3; 1Thess 3,5).

 Reiseweg des Gebets

Gebet und Lobpreis sind wichtige Themen im Neuen Testament. Im Zentrum der Bergpredigt (Mt 6,9-13) steht das Vaterunser. Viele Gebete sind als Hymnen überliefert.

Einige Texte, in denen vom Gebet die Rede ist:

Gebet für die Feinde: Mt 5,44-45; Mk 11,25.
Rat zum Gebet: Jak 5,13-18; 1 Joh 5,14-15.
Das Gebet und der Heilige Geist: Röm 8,26-27.
Notwendigkeit des häufigen Gebets: Röm 12,12; Kol 4,2; 1 Petr 4,7.

Hier einige berühmte Gebete im Neuen Testament:

Vaterunser (Pater Noster): Mt 6,9-13; Lk 11,2-4.
Gegrüßet seist du Maria (Ave Maria): Lk 1,28.
Das Magnifikat: Lk 1,46-55.
Das Benediktus: Lk 1,68-79.
Ehre sei Gott (Gloria): Lk 2,14.
Das Lied des Simeon (Nunc Dimittis): Lk 2,29-32.
Der Epheserhymnus: Eph 1,3-10.
Der Kolosserhymnus: Kol 1,12-20.
Der Philipperhymnus: Phil 2,6-11.
Der Hymnus des Petrusbriefes: 1 Petr 1,3-5.
Die Hymnen in der Offenbarung: Offb 4,11; 5,9.10.12; 11,17-18; 12,10-12; 15,3-4; 19,1.2.5.6.7.

Reisewege durch die Evangelien

 **Wichtige Augenblicke im Leben Jesu**

1. »Das verborgene Leben Jesu«	Matthäus	Markus	Lukas	Johannes
Das Wort	...	...	...	1,1-14
Genealogien	1,1-17	...	3,23-28	...
Johannes der Täufer wird von Zacharias angekündigt	...	...	1,5-25	...
Verheißung der Geburt Jesu	...	...	1,26-38	...
Der Besuch bei Elisabet	...	...	1,39-56	...
Geburt Johannes des Täufers	...	...	1,57-80	...
Josefs Mutmaßungen	1,19-25	...	...	...
Die Geburt	...	...	2,1-20	...
Anbetung durch die Sterndeuter	2,1-12	...	...	...
Darstellung im Tempel	...	...	2,22-39	...
Flucht nach und Rückkehr aus Ägypten	2,13-23	...	...	...
Jesus unter den Schriftgelehrten	...	...	2,41-50	...
Leben in Nazaret	...	...	2,51-52	...
Die Predigt des Täufers	3,1-12	1,1-8	3,1-18	1,15-28
Die Taufe Jesu	3,13-17	1,9-11	3,21-22	1,29-34
Das Zeugnis des Täufers	...	...	...	1,19-34
	...	...	...	3,22-36
Versuchung in der Wüste	4,1-11	1,12-13	4,1-13	...

2. Die Verkündigung Jesu

• Grundlegende Ereignisse	Matthäus	Markus	Lukas	Johannes
Berufung der Jünger	4,18-22	1,16-20; 3,13-19	6,12-16	1,35-51
Berufung des Matthäus	9,9-13	2,13-17	5,27-32	...
»Du bist Petrus«	16,13-20	8,27-30	9,18-21	...
Rangstreit der Jünger	18,1-5	9,32-40	9,46-50	...
Aussendung der Jünger	...	...	10,1-20	...
Bitte der Söhne des Zebedäus	20,20-28	10,35-45	...	...
Zachäus	...	...	19,1-10	...
Inhaftierung Johannes des Täufers	14,3-4	6,17-18	3,19-20	...
Johannes der Täufer schickt seine Jünger zu Jesus	11,1-30	...	7,18-35	...
Tod Johannes des Täufers	14,1-12	6,14-29	9,7-9	...
Jesu Begegnung mit der Sünderin	...	...	7,36-50	...
Die Ehebrecherin	...	...	...	8,1-11
Die Tempelreinigung	21,12-16	11,15-18	19,45-48	2,14-25
Jesus bei Marta und Maria	...	...	10,38-42	...

• Heilungen und Wunder	Matthäus	Markus	Lukas	Johannes
Die Hochzeit von Kana	...	...	...	2,1-11
Zweites Wunder in Kana	...	...	...	4,46-54
Brotvermehrung	14,13-21	6,30-44	9,10-17	6,1-15
Vermehrung der sieben Brote	15,32-39	8,1-10	...	...
Das Wunder der Doppeldrachme	17,24-36	...	...	...
Stillung des Sturms	8,23-26	4,36-40	8,22-26	...
Gang auf dem Wasser	14,22-36	6,45-56	...	6,16-21
Verklärung	17,1-13	9,2-12	9,28-36	...
Heilung des Besessenen in Kafarnaum	...	1,23-28	4,31-37	...
Heilung der Schwiegermutter des Petrus	8,14-17	1,29-34	4,38-41	...
Heilung des Besessenen von Gadara	8,28-34	5,1-20	8,26-39	...
Heilung eines Gelähmten	9,2-8	2,1-12	5,18-26	...
Heilung der Tochter des Jairus	9,18-26	5,21-43	8,40-56	...
Heilung zweier Blinder	9,27-31	...	...	...
Heilung eines stummen Besessenen	9,32-34	...	11,14	...
Heilung am Teich Betesda	...	...	...	5,1-47
Heilung des Mannes mit der verdorrten Hand am Sabbat	12,9-14	3,1-6	6,6-11	...
Verschiedene Heilungen	12,15-21	3,7-12	...	...
Heilung der Aussätzigen	8,2-4	1,40-45	5,12-14	...
Heilung des Dieners des Hauptmanns	8,5-13	...	7,1-10	4,46-54
Heilung eines taubstummen Besessenen	12,22-50	3,22-35	11,14-32	...
Heilung der Tochter der Syrophönizierin	15,21-28	7,24-30	...	...
Heilung eines Taubstummen	...	7,32-37	...	...
Heilung des Blinden von Betsaida	...	8,22-36	...	...
Heilung des Mondsüchtigen	17,14-20	9,14-29	9,37-43	...
Heilung der zehn Aussätzigen	...	...	17,12-19	...
Heilung des Blindgeborenen	...	...	...	9,1-41
Heilung der gekrümmten Frau	...	...	13,10-21	...
Heilung eines Wassersüchtigen am Sabbat	...	...	14,1-6	...
Heilung von Blinden bei Jericho	20,29-34	10,46-52	18,35-43	...
Auferweckung des Sohnes der Witwe von Nain	...	...	7,11-17	...
Auferweckung des Lazarus	...	...	...	11,1-45

• Reden	Matthäus	Markus	Lukas	Johannes
Unterredung mit Nikodemus	...	...	...	3,1-21
Unterredung mit der Samaritanerin	...	...	...	4,4-42
Abreißen der Ähren am Sabbat	12,1-8	2,23-28	6,1-5	...
Bergpredigt	5,1-7	...	6,17-49	...
Aussendungsrede	9,11-38	6,7-13	9,1-6	...
Rede über das Brot des Lebens	...	...	...	6,22-72
Rede über die innere Unreinheit	15,1-20	7,1-23	...	...
Rede über das brüderliche Leben	18,15-35	...	...	...
Predigt im Tempel	...	...	...	7,10-53
Rede über den Menschensohn	...	...	...	8,12-59

	Matthäus	Markus	Lukas	Johannes
»Du bist Petrus ...«	16,21-28	8,31-39	9,18-21	...
Ankündigung des Leidens und Zurückweisung des Petrus	16,21-28	8,31-39	9,22-27	...
Zweite Ankündigung des Leidens	17,21-23	9,30-32	9,44-45	...
Dritte Ankündigung des Leidens	20,17-19	10,32-34	18,31-34	...
Rede über den guten Hirten	...	...	...	10,1-21
Abschiedsrede	...	...	...	13,1–17,26
Ankunft des Gottesreiches	...	...	17,20-37	
Ehe und Ehelosigkeit	19,1-12	10,1-12	16,18	...
Das höchste Gebot	22,34-40	12,28-34	...	...
Das Letzte Gericht	25,31-46	...	...	...
Die Pharisäer fordern Zeichen	16,1-12	8,11-21	11,29-32	...
Weh-Rufe gegen die Pharisäer	...	...	11,37-54	...
Die Frage nach der kaiserlichen Steuer	22,15-22	12,13-17	20,20-26	...
Die Sadduzäer und die Auferweckung	22,23-33	12,18-27	20,27-40	...
Die Schriftgelehrten und die Pharisäer	23,1-39	12,38-40	20,41-44	...
Die arme Witwe; der Pharisäer und der Zöllner	...	...	18,1-14	...
Die Kinder	19,13-15	10,13-16	18,15-17	...
Der reiche junge Mann	19,16-26	10,17-27	18,18-27	...
Griechen wollen Jesus sehen	...	...	...	12,20-50
Lohn der Apostel	19,27-30	10,28-31	18,28-30	...

• Gleichnisse	Matthäus	Markus	Lukas	Johannes
Der Sämann	13,3-23	4,2-25	8,4-18	...
Unkraut unter dem Weizen	13,24-43	...	...	...
Die selbstwachsende Saat	...	4,26-29	...	...
Das Senfkorn	13,31-32	4,30-34	...	...
Der Sauerteig	13,33	...	13,20-22	...
Der verborgene Schatz	13,44	...	...	...
Die Perle	13,45-46	...	...	...
Das Fischnetz	13,47-51	...	...	...
Das verlorene Schaf, die Drachme, der verlorene Sohn	18,12-14	...	15,1-32	...
Der barmherzige Samaritaner	...	...	10,25-37	...
Der nutzlose Feigenbaum	...	...	13,1-9	...
Das Festmahl	...	...	14,7-24	...
Der kluge Verwalter	...	...	16,1-17	...
Der reiche Mann und der arme Lazarus	...	...	16,19-31	...
Die Arbeiter im Weinberg	20,1-16	...	...	...
Die Talente	25,14-30	13,33-37	19,11-27	...
Die ungleichen Söhne	21,28-32	...	...	...
Die bösen Winzer	21,33-46	12,1-12	20,9-19	...
Das königliche Hochzeitsmahl	22,1-14	...	...	...
Die zehn Jungfrauen	25,1-13	...	...	...

3. Die Passion

	Matthäus	Markus	Lukas	Johannes
Das Mahl bei Simon (Salbung in Betanien)	26,6-13	14,3-9	...	12,1-11
Der Einzug in Jerusalem	21,1-11	11,1-11	19,29-44	12,12-19
Der verfluchte Feigenbaum	21,17-19	11,12-14	...	...
Der verdorrte Feigenbaum	21,20-22	11,20-26	...	...
Konspiration gegen Jesus, Verrat des Judas	26,3-16	14,1-11	22,1-6	...
Das Letzte Abendmahl	26,17-28	14,12-25	22,7-30	...
Wer wird der Verräter sein?	26,21-25	14,18-21	22,21-23	13,21-30
Das neue Gebot	...	...	...	13,31-35
Voraussage der Verleugnung des Petrus	26,31-35	14,27-31	22,31-38	13,36-38
Die Abschiedsreden	...	...	...	14–17
Todesangst in Getsemani	26,36-46	14,32-42	22,39-46	...
Die Verhaftung	26,47-56	14,43-52	22,47-53	18,1-12
Jesus vor Hannas	...	...	...	18,13-14
Jesus vor Kajaphas, dem Hohenpriester	26,57-68	14,53-65	22,54	18,15-23
Die Verleugnung des Petrus	26,69-75	14,66-72	22,55-62	18,25-27
Verspottung durch die Wächter	...	...	22,63-65	...
Jesus vor dem Sanhedrin	27,1	15,1	22,66-71	...
Jesus vor Pilatus	27,2-14	15,1-5	23,1-5	18,28-38
Jesus vor Herodes	...	...	23,6-12	...
Der Tod des Judas	27,3-10	...	...	...
Barabbas	27,15-26	15,6-15	23,13-25	18,39-40
Geißelung und Dornenkrone	27,27-31	15,16-20	...	19,1-3
Ecce Homo	...	...	...	19,4-8
Erneute Befragung durch Pilatus	...	...	...	19,9-12
Die Verurteilung	27,26	15,15	23,25	19,13-16
Simon von Zyrene	27,32	15,21	23,26	...
Die Frauen Jerusalems	...	...	23,27-31	...
Die Kreuzigung	27,33-38	15,22-28	23,33	19,17-24
Jesus und seine Mutter	...	...	...	19,25-27
Die Verspottung am Kreuz	27,39-44	15,29-32	23,35-39	...
Der reuige Verbrecher	...	...	23,40-43	...
Jesu Tod	27,45-50	15,33-37	23,44-46	19,28-30
Finsternis und Vorzeichen	27,51-56	15,38-41	23,47-49	...
Die geöffnete Seite	...	...	...	19,31-37
Die Grablegung	27,57-66	15,42-47	23,50-56	19,38-42

4. Die Auferweckung

	Matthäus	Markus	Lukas	Johannes
Die Frauen am Grab	28,1-7	16,1-8	24,1-12	20,1
Petrus und Johannes am Grab	...	...	...	20,3-10
Erscheinung vor Maria Magdalena	...	16,9-10	...	20,11-18
Erscheinung vor den Frauen	28,8-10	...	...	...
Die Wächter und die Priester	28,11-15	...	...	...
Erscheinung vor Petrus	...	...	24,34	...
Erscheinung in Emmaus	...	...	24,13-35	...
Erscheinung vor zehn Aposteln	...	...	24,36-43	20,19-23

Erscheinung vor Thomas und vor zehn Aposteln	...	...	...	20,24-29
Erscheinung am See von Tiberias	...	...	...	21,1-24
Erscheinung auf dem Berg	28,16-20	...	...	...
Erscheinung bei Jerusalem	...	16,14-18	24,44-50	...
Himmelfahrt	...	16,19	24,51-53	...

 Eine Heilungserzählung lesen

Es wurde bereits gesagt, dass die Wundererzählung einem vorgegebenen Erzählschema folgt. Damit man sich davon überzeugen kann und auch versteht, warum das Neue Testament die Heilungserzählungen vermehrt, folgt nun eine kleine Übung. Profilieren wir jetzt die einzelnen Schritte einer Wundererzählung etwas genauer:

1. Einführung. – Die kranke Person wird beschrieben. Der Heiler trifft mit ihr zusammen (oder man bringt sie zu ihm oder man erzählt ihm davon).

2. Konflikt. – Der Wunderheiler befragt die kranke Person, er prüft sie, zögert. Es kommt auch vor, dass Dritte intervenieren. Auch das verzögert den Fortgang der Handlung.

3. Aktion. – Das Wunder wird vollzogen durch ein Wort, eine Berührung oder ein noch subtileres therapeutisches Mittel. Manchmal erfolgt dieser Schritt in aller Stille, und man erfährt nicht, wie der Kranke gesund wird.

4. Bestätigung. – Die Wirklichkeit des Wunders wird durch den Erzähler bestätigt oder durch ein vom vormals Kranken vollzogenes Zeichen bewiesen.

5. Reaktion der Menge. – Häufig zeigen die Zeugen eine Reaktion auf das Wunder. Sie kann positiv oder negativ ausfallen.

Nachdem wir diese fünf Schritte festgehalten haben, können wir viel leichter zu einer Interpretation des Wunders gelangen. Drei Richtungen kann man in den Blick nehmen:
- Dient das Wunder dazu, die Macht Gottes darzustellen oder die Natur Christi zu enthüllen?
- Ist die körperliche Krankheit, die vom Therapeuten geheilt wird, Metapher für eine Krankheit des Geistes?
- Dient das Wunder dazu, den Glauben zu bewirken?

	Einführung	Konflikt	Aktion	Bestätigung	Reaktion	Interpretation
Mk 2,1-12						
Mt 20,29-34						
Lk 13,10-17						

Was ist ein Gleichnis?

Das Gleichnis ist im Wesentlichen ein Vergleich, der in Form einer Geschichte entwickelt wird. Es will nicht in erster Linie belehren, sondern bewirken, dass die Zuhörer über ihr Verhalten nachdenken, sich ein Urteil über sich selbst bilden und dann ihr Verhalten ändern. Weil man in eigener Sache ein schlechter Richter ist, führt einen ein Gleichnis dazu, sich selbst zu beurteilen, ohne dass man sich dessen bewusst ist! David zum Beispiel hatte gesündigt, indem er die Frau seines Offiziers Uria begehrte, mit ihr Ehebruch beging und ihn schließlich beseitigen ließ. Der Prophet Natan erhält den Auftrag, ihm dieses Vergehen bewusst zu machen. Das ist ein wenig heikel! Er erzählt ihm folglich eine einleuchtende Geschichte (das ist nötig, damit David nicht misstrauisch wird). Es ist die Geschichte eines reichen Mannes, der das einzige Schaf eines armen Mannes stiehlt. David regt sich auf: »Dieser Mann hat den Tod verdient!«, ohne sich darüber klar zu sein, dass er sich damit selbst verurteilt. Und Natan kann die Schlussfolgerung ziehen: »Dieser Mann, das bist du!« (2 Sam 12,1-15).

Walter Habdank, Natan vor David, 1960.

Das Gleichnis ist ein einfacher Vergleich. Die Details der Geschichte sind nur da, um sie als wahrscheinlich erscheinen zu lassen. Man muss also versuchen, das Gleichnis mit zwei Sätzen zusammenzufassen derart: »*wie ... so*«. Also: »*Wie* dieser Mann gesündigt hat, indem er dem Armen das Schaf gestohlen hat, *so* hast du, David, gesündigt ...«

Das Gleichnis muss man von einer anderen nahe stehenden literarischen Gattung, der *Allegorie*, unterscheiden. Diese ist auch eine Geschichte, die aber auf Belehrung zielt. Es ist eine eigens konstruierte Geschichte, dazu angelegt, etwas zu begreifen, deren Details bestimmten Realitäten entsprechen. So sagt Jesus etwa: »Ich bin der Weinstock, ihr seid die Reben ...«

Diese beiden Gattungen muss man sorgfältig auseinander halten und sich davor hüten, Gleichnisse wie Allegorien zu interpretieren. Das geschieht viel zu oft. So lädt uns das Gleichnis des barmherzigen Samaritaners zu einem bestimmten Verhalten ein: So wie der Samaritaner an dem Menschen gehandelt hat, der verletzt am Weg lag, so sollst auch du jeden Menschen als deinen Nächsten behandeln. Die Kirchenväter haben daraus eine sehr schöne Allegorie gemacht, die aber fern vom Text liegt: Der Verletzte ist die vom Teufel erschreckte Menschheit, der Samaritaner ist Jesus, die Herberge die Kirche ...

Allerdings darf man Jesus die Möglichkeit nicht absprechen, dass er allegorische Züge in ein Gleichnis eingefügt hat. Züge, die uns heute als unbedeutend erscheinen, riefen bei den jüdischen Zuhörern spontan Assoziationen zur Schrift wach. So lässt in Jes 5 zum Beispiel die Rede vom »Weinberg« die Zuhörer an Israel denken.

Einige praktische Regeln zur Interpretation eines Gleichnisses

- Reduzieren Sie das Gleichnis auf eine einfache »Komposition« (*wie ... so ...*), indem Sie darauf achten, dass sie gut mit dem Sinn der Geschichte übereinstimmt.
- Lassen Sie alle Details der Geschichte beiseite, die nicht in der Schlussfolgerung aufgenommen werden.
- Nehmen Sie sich vor scheinbaren Schlüssen in Acht, die nicht mit dem Sinn der Geschichte übereinstimmen.
- Bestimmen Sie die Zuhörerschaft: An wen richtet sich das Gleichnis Jesu bzw. der Jünger? Führt der Wechsel der Zuhörerschaft zu einem Bedeutungswandel?
- Verändert der Kontext den Sinn der Geschichte?
- Halten Sie mögliche allegorische Züge fest. Haben diese zu einer neuen Interpretation geführt?
- Von wem spricht das Gleichnis: Von Gott? Von Jesus?

Mt 20,1-16

Lesen Sie das Gleichnis (einschließlich V. 16b, den die Einheitsübersetzung in eine Fussnote stellt) sowie den vorhergehenden Kontext 19,27-30. Versuchen Sie mit Hilfe der Interpretationsregeln die verschiedenen Schlussfolgerungen herauszuarbeiten, die man ihm gegeben hat. Warum und auf welche Weise hat man das Gleichnis neu gelesen? Lesen Sie dann den Kommentar weiter unten.

 **Geführte Lektüre: Die Arbeiter der elften Stunde**

Dieser Text ist ein gutes Beispiel für die Relecture (also das Neulesen) eines Gleichnisses. Greifen wir die drei aufeinander folgenden Schlussfolgerungen auf, die Matthäus anbietet.

- »Denn viele sind gerufen, aber nur wenige auserwählt« (V.16b). Dieser Satz stellt sich wie eine Schlussfolgerung dar. Sie führt zu folgendem Vergleich: »Wie der Gutsbesitzer viele Arbeiter gerufen hat und wenige gekommen sind, so ...« Das passt aber nicht zu der Geschichte, da ja alle, die gerufen wurden, auch kamen! Hier handelt es sich also nur um eine scheinbare Schlussfolgerung. Die Einheitsübersetzung stellt sie in eine Fußnote, weil sie in vielen Manuskripten fehlt. Sie gehört nach Mt 22,14, wo sie besser platziert ist.
- »So werden die Letzten die Ersten sein und die Ersten die Letzten« (V. 16a). Stimmt diese Schlussfolgerung mit der Geschichte überein? Die Ersten protestieren nicht, weil sie nach den anderen bezahlt worden sind, sondern weil sie nicht mehr als diese erhalten haben! Das ist wiederum eine scheinbare Schlussfolgerung.
- »... weil ich gütig bin« (V. 15). Das Interesse liegt hier nur auf den Ersten und den Letzten. Die Dazwischenliegenden werden also nur angeführt, um die Geschichte als wahrscheinlich erscheinen zu lassen. Dieser Satz führt zu dem Vergleich: »Wie der Gutsbesitzer nicht ungerecht ist, wenn er den Letzten so viel wie den Ersten gibt, weil er den Lohn nicht nach der geleisteten Arbeit, sondern seiner

Güte bemisst, so ist Gott nicht ungerecht, wenn er sein Reich allen öffnet, sogar den Sündern, da er nicht entsprechend unserer Verdienste rechnet, sondern nach seiner Güte.«

Rembrandt, Gleichnis von den Arbeiten im Weinberg, um 1650.

Versuchen wir jetzt einmal zu sehen, welchen aufeinander folgenden Situationen diesen verschiedenen Schlussfolgerungen entsprechen. Jesus richtet sich an die Juden, genauer gesagt, an die religiöse Elite, die Pharisäer. Sie sind empört, weil sie sehen, dass er Sünder empfängt. Sie selbst nehmen viele Widrigkeiten auf sich, um das Gesetz zu beachten. Einigen erscheint es als ungerecht, nicht eine viel größere Belohnung entsprechend ihren Verdiensten (siehe das rabbinische Gleichnis, S. 154) zu erhalten. Jesus antwortet ihnen darauf: Der Lohn bemisst sich nicht nach den Verdiensten des Menschen, sondern nach der Güte Gottes.

In der Gemeinde wechselt die Zuhörerschaft des Gleichnisses. Es richtet sich nun nicht mehr an die Juden, sondern an die Jünger. Man bewahrt den ersten Sinn des Gleichnisses, der für die Christen immer gültig ist (es genügt, die Reaktionen zu sehen, die der Text immer noch hervorruft: »In diesem Fall fällt es nicht schwer, sich beim Verdienen des Himmels zu überanstrengen!«). Aber man gestaltet daraus jetzt, ausgehend von einem Detail im Text, das allegorisiert wird, eine Unterweisung. In dieser Epoche sind die Heiden vor den Juden, die sich mehrheitlich verweigerten, der Kirche beigetreten. Die Geschichte wird nun zu einer Warnung an diese Juden: »Wenn ihr die Botschaft zurückweist, dann werden die Heiden vor euch ins Reich Gottes eintreten!« Wenn man V. 16b (aufgenommen in Mt 22,14) hinzufügt, dann akzentuiert man diese Bedrohung noch stärker. Jesus sagt: »Ihr seid alle gerufen worden, in das Reich Gottes einzutreten, doch tatsächlich nehmen das nur wenige wahr.« Matthäus bietet das Gleichnis im Anschluss an die Frage des Petrus (Mt 19,27). Es erscheint auf diesem Hintergrund wie eine Illustration der Antwort Jesu: die Zwölf sind vor den jüdischen Autoritäten gekommen, obwohl jene vor ihnen gerufen worden waren.

Kirchenväter und Prediger haben daraus eine Allegorie gemacht, indem sie an sekundäre Details anknüpften. Irenäus von Lyon sieht dort den Ruf, den Gott durch Jesus Christus an die fünf Zeitalter der Menschheit gerichtet hat: an Adam, Noach, Abraham, Mose und an alle. Nach Origenes (2. Jh. n. Chr.) und Gregor von Nazianz (3. Jh. n. Chr.) ruft uns Gott ohne Unterlass in den fünf Lebensaltern: der Geburt, der Kindheit, der Jugend, der Reife und dem Alter.

📖 *Geführte Lektüre: Die Eingeladenen, die sich entziehen, und der Eingeladene ohne Festkleider*

Wenn man die sekundären Details weglässt, ist das von Mt und Lk überlieferte Gleichnis einfach. Die Pharisäer glauben, aufgrund ihrer Verdienste im Tun des Gesetzes, ein Recht auf das Reich Gottes zu haben. Die Sünder haben kein Recht darauf. Warum aber nimmt Jesus diese auf? Jesus gibt zu, dass das Fest für die Gerechten vorbereitet war. Weil sie sich seinem letzten und entscheidenden Ruf verweigern, dürfen diese »Gerechten« sich nicht wundern, wenn sie sehen, wie ihr Platz anderen gegeben wird.

Lukas macht daraus eine Ermahnung an die Christen (Lk 14,7-24). Die Verse 18-20 entwickeln die hauptsächlichen Gründe (vor allem die Sorge um zeitliche Dinge), welche die Christen der lukanischen Gemeinde daran hindern, ganz auf den Ruf Gottes zu antworten. Achten Sie auf den Kontext: 14,1-14. Die Beziehung von V. 21b mit 12-14 ist erhellend. Nicht die Verdienste der neuen Geladenen sind von Interesse, sondern der Wille Gottes, der nicht will, dass sein Projekt zunichte gemacht wird.

Matthäus hat zwei Gleichnisse zusammengefügt (Mt 22,1-14). Dem Text vom Hochzeitsfest fügt er allegorische Züge hinzu, die es erlauben, darin die Geschichte Israels zu lesen. Es geht dort um einen König (wie es Gott für Israel ist), der ein Hochzeitsmahl hält. Das ist ein Symbol für die messianischen Zeiten. Die Entsendung der Diener, ihre schlechte Behandlung, erinnert an das Schicksal der Propheten sowie den Brand und den Untergang Jerusalems im Jahr 70 n. Chr.

Das Gleichnis vom Hochzeitsgewand hat einen eigenen Sinn. Wenn man es mit dem vorausgehenden verbindet, erscheint es inkohärent: Wie sollte man einem Bettler, den man gezwungen hat hereinzukommen, vorwerfen, er sei schlecht gekleidet! Das Gleichnis wird hier zu einer Mahnung an Christen: Gott hat sie ohne Verdienste ihrerseits in die Kirche kommen lassen. Das ist jedoch keine automatische Versicherung dafür, auch zum Fest eingelassen zu werden. Auch sie unterliegen dem Gericht Gottes. Die Kirche ist die Zeit, in der Gute und Schlechte (vgl. V. 10) noch beieinander sind in Erwartung des Endgerichtes (siehe dazu das Gleichnis vom Taumellolch Mt 13,24-30).

 *Geführte Lektüre: Das Gleichnis von den bösen Winzern (Mt 21,33-45; Mk 12,1-12; Lk 20,9-19)*

Das wichtige Gleichnis wird von allen drei synoptischen Evangelien erzählt. Viel klarer als andere Gleichnisse drückt es Jesu Selbst- und Sendungsbewusstsein aus. Gesprochen wird es in Jerusalem auf dem Höhepunkt des Konflikts zwischen Jesus und den jüdischen Autoritäten. Es ist die letzte Warnung, die ihnen Jesus gibt.

Es wäre nötig, die drei Texte in einer Synopse genau zu studieren. *Eine Tabelle wird Ihnen zeigen, wie sich sein Sinn von Jesus bis hin zu den Evangelisten im Blick auf die Gemeinde weiterentwickelt. Es wäre auch eine gute Übung, einmal die Schlussverse dieses Gleichnisses (Mt 21,42-45; Mk 12,10-12; Lk 20,16b-19) in drei Spalten aufzuschreiben und zu vergleichen.*

 *Geführte Lektüre: Gleichnisse vom Reich Gottes*

Die meisten Gleichnisse handeln vom Reich Gottes und dem angemessenen Verhalten angesichts seines unmittelbaren Kommens. Mt 13 vereinigt mehrere dieser Gleichnisse.

Jesus wendet sich an die Menge und erklärt einige Gleichnisse seinen Jüngern. Diese sieben Gleichnisse bringen gut die verschiedenen Aspekte des Reiches zum Ausdruck. Jesus verkündet, dass das Reich Gottes durch seine Predigt eröffnet wird. Es wird sich also weiterentwickeln. Bedingung dafür ist jedoch, dass seine Zuhörer »gute Erde« sind (siehe das Gleichnis vom Sämann). Denen, die über die recht bescheidenen Anfänge dieses Reiches erstaunt sind, antwortet Jesus: Entgegen allen Erwartungen wird sich der Same des Reiches zu einem großen Baum entwickeln bzw. den ganzen Sauerteig durchsäuern (siehe die Gleichnisse vom Senfkorn und vom Sauerteig). Das Reich ist so überwältigend, dass man, wenn man es einmal entdeckt hat, alles hergibt, um darin zu leben (Gleichnis vom Schatz und von der Perle). Während der Zeit seines Wachstums, die auch die Zeit der Kirche ist, sind Gute und Schlechte beieinander. Es ist die Zeit des Wartens und der Barmherzigkeit. Am Ende der Zeiten jedoch wird Gott die Auswahl treffen (Gleichnis vom Taumellolch und vom Fischfang).

Das erlaubt uns, drei Dinge zu unterscheiden:
- Das Reich Gottes ist eine Größe am Ende der Zeiten. Allein die Gerechten werden teilhaben. Schon jetzt aber ist es angekündigt und in der Welt am Werk.
- Das Reich Christi oder des Menschensohnes wird seinen Einfluss zwischen der Auferweckung und dem Ende ausüben. Es erstreckt sich auf die ganze Erde: Heilige und Sünder sind immer noch untereinander gemischt. Am Ende der Zeiten wird Christus das Reich an den Vater zurückgeben (1 Kor 15,24).

• Die Kirche ist weder das Reich Gottes (das ja erst am Ende der Zeiten realisiert werden wird) noch das Reich Christi (das sich auf alle Menschen, seien sie gläubig oder nicht, erstreckt). Vielmehr ist die Kirche im Reich Christi ein spezieller Ort, wo Christus wirkt. Von diesem Ort aus lässt Christus seine Kraft ausstrahlen und erweitert er sein Reich auf die ganze Welt.

 Geführte Lektüre: Das Ziel der Gleichnisse

Wenn Jesus eine einfache und eine seinen Zuhörern bekannte Sprache verwendet, dann deswegen, damit sie ihn verstehen. Doch er muss erfahren: »Sie hören zwar, aber verstehen nichts« (Mt 13,13-15; Mk 4,12; Lk 8,10). Warum dies? Man spürt, dass hier Interpretation zum Tragen kommt. Denn die Botschaft Jesu ist in der Tat nicht verstanden worden, hat sich ihm doch die Mehrheit seiner Zuhörer verweigert. Die besagte Interpretation (die von Jesus selbst oder von der Gemeinde stammt) will auch die faktische Zurückweisung Jesu im Plan Gottes verankert wissen.

 *Geführte Lektüre: Gleichnisse bei Lukas über das rechte Verhalten*

Mehr als andere verwendet Lukas Gleichnisse, um zu zeigen, wie das Verhalten des Jüngers sein soll: Er muss sich vor Geld und den materiellen Sorgen in Acht nehmen. Sonst riskiert er, sein spirituelles Leben zum Erlöschen zu bringen (siehe die Gleichnisse vom armen Lazarus 16,19-31; vom Reichen 12,16-21; vom Fest 14,16-24). Er soll mit Nachdruck beten (siehe die Gleichnisse vom bittenden Freund 11,5-8; vom Richter und der Witwe18,1-8; vom Pharisäer und Zöllner 18,9-14). Er soll jedem Menschen nahe sein, ohne sich um seine Nationalität oder seine Religion zu kümmern (Gleichnis vom barmherzigen Samaritaner 10,30-37). Mit einem Wort: er soll in seinem Verhalten den Vater nachahmen, der frei und umsonst liebt und am Verzeihen seine Freude hat (siehe die Gleichnisse vom verlorenen Schaf und der verlorenen Drachme, dem verlorenen Sohn 15,11-32; die beiden Schuldner 7,41-43).

 Reiseweg eines Jüngers Jesu

Apostel zu werden ist nicht einfach! Verfolgen Sie die verschiedenen Schritte, die die Evangelien für diesen Weg vorsehen.

1. Theologischer Kurs

Die Apostel sind bei allen Reden Jesu dabei und hören alle seine Worte (Joh 15,15.16). Sie haben aber auch »spezielle Kurse«, in denen Christus sich nur an sie wendet (Mt 13,10-12. 16. 18. 36;

15,15; 16,15; Mk 4,34; Joh 20,27). Dort unterrichtet er sie besonders über ihre Verpflichtungen (Mt 10,5-42; 16,20; 17,9; 18,22; Lk 9,1-6; 10, 2-24; Joh 15-17).

2. Ethisch-moralische Bildung

Um ein guter Apostel zu sein, muss man sich in der Tugend trainieren: Loslassen (Mt 8,22; 10,37; 12,48-49; Lk 5,11); Gehorsam (Mt 14,28; Lk 9,62); Demut (Mt 18,2; 20,26; 13,1-12; Mk 10,43; 22,24; Joh 13,12); Vertrauen (Mt 14,31; 21,22; Mk 11,23; Joh 20,27); Eifer (Mt 10,5; Lk 10,1; Joh 4,32.38). Ebenso muss man ein Mensch des Gebets sein (Mt 14,23; Lk 10,2; 11,2). Wenn es die Situation erfordert, zögert Jesus nicht, sich in einen »Hüter der Disziplin« zu verwandeln, der die Fehler aufzeigt (Mt 28,26; 14,31; 15,16; 16,8.23; 17,17; 18,3; Mk 9, 32-36; 10,14; Lk 9,48.55; 24,25; Joh 21,22).

3. Pastorale Ausbildung in drei Etappen

Erste Etappe: Dem öffentlichen Wirken Jesu folgen (Lk 8,1). Zweite Etappe: Mit den 72 Jüngern zusammen predigen (Lk 10,1). Dritte Etappe: Zu zweit vom Reich Gottes in den jüdischen Ortschaften predigen (Mt 10,5.6; Mk 6,7; Lk 9,1.2).

Wer waren die Apostel?

Abgesehen von Petrus, Jakobus, Johannes und Paulus scheinen sie in der frühen Kirche keine entscheidende Rolle gespielt zu haben. Sie werden nur sehr selten erwähnt. Zudem geschieht das nicht immer auf die gleiche Weise. Man kennt ihre Namen auf Grund verschiedener Listen: Mk 3,16-19; Mt 10,2-4; Lk 6,14-16; Apg 1,13.16.26; Joh 1,40-47; 6,70-71; 11,16; 14,22; 21,2-3.

Masaccio, Jesus und der Zwölferkreis, um 1428.

Simon, Petrus (griechisch: Fels), Kephas (aramäisch: Fels)

Aus Betsaida in Galiläa stammend, Fischer und Jünger Johannes' des Täufers, scheint er verheiratet gewesen zu sein (Mt 8,14) und die Richtung der Gruppe zu gewährleisten. Bei Paulus wird er ebenso »Kephas« (1 Kor 1,12; 3,22; 9,5; 15,5; Gal 1,18; 2,9.11.14) wie »Petrus« (Gal 2,7.8) genannt werden. Der Autor des ersten Petrusbriefes beruft sich auf seinen Namen »Petrus« (1 Petr 1,1) und der zweite Petrusbrief auf den des »Simon Petrus« (2 Petr 1,1). Die Tradition berichtet, er sei in Rom gekreuzigt worden mit dem Kopf nach unten.

157

Jakobus, Sohn des Zebedäus

Auch er war Fischer aus Galiläa. Markus nennt ihn Boanerges, »Donnersohn«. Er wurde 44 n. Chr. enthauptet.

Johannes, Sohn des Zebedäus

Bruder des Jakobus. Die Tradition weist ihm ohne besonderen Grund das vierte Evangelium zu. Es heißt, er hätte später zusammen mit der Mutter Jesu in Ephesus gelebt.

Andreas, Bruder des Simon

Von ihm wird erzählt, er habe sein Wirken in Skytien (südlich von Russland) und Griechenland fortgesetzt.

Philippus

Er wird auch in der Apg erwähnt (1,13). Man verwechselt ihn oft mit einem anderen Philippus, dem »Evangelisten« (Apg 21,8), Missionar (Apg 8), der auch zum Siebenerkreis (»Diakone«) der Hellenisten in der Jerusalemer Urgemeinde gehört (Apg 6,5). In den Acta Philippi, einer apokryphen Schrift, erscheint er in einer tragenden Rolle. Es heißt, er sei in Hierapolis als Märtyrer gestorben.

Bartholomäus oder Nathanael

Bartholomäus, was so viel wie »Sohn des Tholomäus« bedeutet, deutet darauf hin, dass sein Name Nathanael, Sohn des Tholomäus war. Was sein Schicksal betrifft, so bietet die Tradition verschiedene Varianten: (1) er wäre Andreas zu den Parthern gefolgt und hätte dort den Märtyrertod gefunden, (2) er wäre mit Philippus nach Kleinasien gereist und dort gestorben, (3) er hätte das Evangelium nach Indien getragen und dort das Martyrium erlitten.

Matthäus, Sohn des Alphäus (Levi?)

Ist Matthäus, der berufene Zöllner (Mt 9,9; 10,3) der Levi, von dem Lukas (5,27) und Markus (2,13) sprechen? Man weiß nichts über sein Leben. Die Tradition hat ihn mit dem Autor des ersten Evangeliums in Verbindung gebracht.

Thomas Didymus

Thomas ist einer der wichtigsten Apostel, obgleich er in den Evangelien (außer in Joh, wo er seine Zweifel kundtut) kaum erwähnt ist. Er wird Didymus, »Zwilling«, genannt und spielt eine große Rolle in den gnostischen Kirchen, die ihm ein Evangelium und Akten zugeschrieben haben. Im Orient ist sein Andenken lebendig. Er spielt eine herausragende Rolle in der syrischen Kirche, und es heißt, er habe das Evangelium nach Persien und Indien gebracht. In Indien oder in Edessa sei er dann gestorben.

Thaddäus/Judas, Sohn des Jakobus

Von ihm weiß man nichts.

Simon, der Kanaanäer oder der Zelote

Von ihm ist nur bekannt, was wir von seinem Namen her erfahren. Möglicherweise war er Anhänger der zelotischen Bewegung.

Jakobus, Sohn des Alphäus

Von ihm weiß man ebenfalls nichts.

Judas Iskariot

Der einzige Jünger aus Judäa. Er hatte die Rolle des Schatzmeisters der Gruppe inne. Er hat Jesus verraten. Nach Mt 27,5 hat er sich erhängt, nach Apg 1,18 hat er den Tod auf einem Feld gefunden, das er mit dem Geld des Verrats gekauft hatte.

Matthias

Nach Apg 1,15-26 wurde er ausgelost, um Judas Iskariot zu ersetzen.

Barsabbas, Joseph, Justus

Als Jünger Jesu von Anfang an sei er bei der Auferstehung dabei gewesen und sei neben Matthias aufgestellt worden, um Judas Iskariot zu ersetzen. Das Los sei aber nicht auf ihn gefallen (Apg 1,15-26).

Jakobus, Bruder des Judas, Jakobus der Gerechte

Er gehörte der Familie Jesu an (Gal 1,19; Mk 6,3; Mt 13,55). Mit Petrus und Johannes hat er der Kirche von Jerusalem vorgestanden (Gal 2,9-10; Apg 15,1-29). Der »Herrenbruder« wird Gal 1,19; 1 Kor 15,7 von Paulus als Apostel bezeichnet. Paulus sah ihn wohl wie sich selbst als von der Ostererscheinung her von Jesus berufenen Apostel. Jakobus ist nicht Teil des Zwölferkreises und tritt nicht als Jünger des irdischen Jesus in Erscheinung. Im Jahre 62 n. Chr. hat er das Martyrium in Jerusalem erlitten.

 Touristischer Reiseweg zur Apostelgeschichte

In der Apg unterscheidet man traditionell drei paulinische Missionsreisen und eine Reise in die Gefangenschaft.

1. Die erste Missionsreise (Apg 13–14) am Ende der 40er Jahre.
Antiochia am Orontes: Ausgangspunkt der Missionsreisen des Paulus. Antiochia war der Mittelpunkt der hellenistischen Richtung des Christentums. Als alte Hauptstadt des seleukidischen Reiches (in der Nachfolge Alexanders des Großen im östlichen Mittelmeerraum), als eine schillernde Stadt, berühmt für ihre Beleuchtungen, prunkvollen Strassen, prächtigen Säulenhallen, wundervollen Paläste, hatte sie einen soliden Ruf der Verderbtheit und des Vergnügens. Ohne Zweifel war sie eine Reise wert.
Zypern (Apg 13,6): Eine reiche Insel im Mittelmeer, die eine lange Geschichte kennt. Römische Provinz seit 22 vor Chr.
Perge (Apg 13,13): Eine kleine Stadt, in den Hügeln der pamphylischen Berge, die heute verschwunden ist.
Antiochia in Pisidien (Apg 13,14): Nicht zu verwechseln mit dem namensgleichen berühmten Antiochia am Orontes. Trotz seines Namens lag es in Phrygien. Als römische Kolonie seit der Epoche des Augustus waren seine Soldaten damit betraut, Galatien zu überwachen. Von Interesse nur für diejenigen, die Militärstädte lieben.

Iconium (Apg 14,1-6): Bevor es das religiöse Konja wurde, das Zentrum der Derwische, war Iconium wenig attraktiv.

Derbe in Lykaonien (Apg 14,1-6): Eine kleine Stadt am Fuß des Taurusgebirges, die ihr eigenes Geld besaß. Man weiß nicht mit Sicherheit, wo sich die Stadt befand. Obligatorische Zwischenetappe, um sich auf die Anstrengungen des Marsches in die Berge vorzubereiten.

2. Die zweite Missionsreise (Apg 15,36–18,22). – Ohne Zweifel um 51-53 n. Chr.

Galatien (Apg 16): Provinz in Kleinasien (seit dem 3. Jh. errichtet), die von den Galatern, den Nachfahren der Kelten, bevölkert war. Es gilt als Land der Wilden, denn man spricht dort wenig Griechisch. Paulus hat hier eine seiner Lieblingsgemeinden gegründet.

Amphipolis und Apollonia (Apg 17,1): Etappenstadt an der Via Egnatia. Wenn man an Apollonia vorbeikommt, sollte man die herrliche Landschaft, die Seen und Wälder genießen.

Philippi (Apg 16,12): Die Stadt wurde im 4. Jh. v.Chr. zu Ehren Philipps II. von Mazedonien, dem Vater Alexanders des Großen, gegründet. Als römische Kolonie genoss sie das Stadtrecht und nahm Soldaten aus Rom auf. Sie lag günstig an der Via Egnatia und kannte dank des Handels großen Reichtum. Sie verdient ohne Zweifel einen Abstecher und sei es für den Blick vom Berg Pangaion.

Beröa (Apg 17,10.13): Mit einem sehr reichen Hafen, dessen Bevölkerung bis zu 60 000 Menschen angezogen hat (das Doppelte der gleichnamigen Stadt im 21. Jh.)

Korinth (Apg 18,1): Nach den Überresten der alten griechisch-hellenistischen Stadt zu suchen, die einst Rivalin Athens gewesen war, macht keinen Sinn. Im Jahre 146 v.Chr. nämlich wurde Korinth im Zuge einer römischen Strafexpedition dem Erdboden gleich gemacht. Wiedererbaut durch Caesar im Jahr 44 v.Chr., war sie eine neue, reiche und kosmopolitische Stadt. Sie war in der Tat der unerlässliche Übergangsort, um vom Westen in den Osten, von Rom nach Antiochia zu kommen. Die Stadt hatte zwei Häfen. Man landete in dem einen und gelangte zum anderen, nur zwei Kilometer entfernt, indem man das Schiff auf Rollen laufen ließ. Das Manöver nahm zwei Tage in Anspruch. Dies gab den Seeleuten Zeit, ihren Vergnügungen nachzugehen, und den Reedern die Möglichkeit, Geschäfte abzuschließen. Die ganze Welt traf sich in Korinth: Griechen, Syrer, Menschen aus Kleinasien, Römer, Juden, Ägypter usw. Alle Religionen kamen dort zusammen. Die Sitten waren locker (auf griechisch meint »korinthisieren« ein Leben der Ausschweifung leben), aber man ist weit entfernt von der Verderbtheit großen Stils wie in Antiochien.

Athen (Apg 17,15): Die alte Hauptstadt von Attika, die Mutter der griechischen Zivilisation, hatte alles politische Gewicht verloren, als

Paulus sie besuchte. Für alle jungen Römer aus guter Familie war sie eine Studienreise wert.

3. Die dritte Missionsreise

(Apg 18,23–21,17) nach 52 n. Chr.

Ephesus (19,8): Unbedingt sehenswert! Als Hauptstadt von Kleinasien, Stadt der Kultur, der Kunst und der Geschichte, war sie auch ein religiöses Zentrum. Der Tempel der Artemis liegt einige Kilometer von der Stadt entfernt, war eines der sieben Weltwunder und zog eine beträchtliche Menge an Pilgern an. Denn Artemis (Diana) hatte nichts von der liebenswürdigen Jägerin der Mythologie an sich. Sie war eine machtvolle, gefürchtete Fruchtbarkeitsgöttin.

Troas (20,6): Obgleich die Stadt den Namen des antiken Troja trug (sie liegt nur zirka 15 km davon entfernt), trägt sie doch nicht den gleichen Ruhm. Sie war ein kleiner Zusteigehafen, um von Kleinasien nach Europa zu kommen.

Milet (20,15): Ein bescheidener Hafen an der Küste Kleinasiens. Hervorragend gelegen, war sie eine friedliche Stadt, wo man sich nach den Strapazen der Reise erholen konnte.

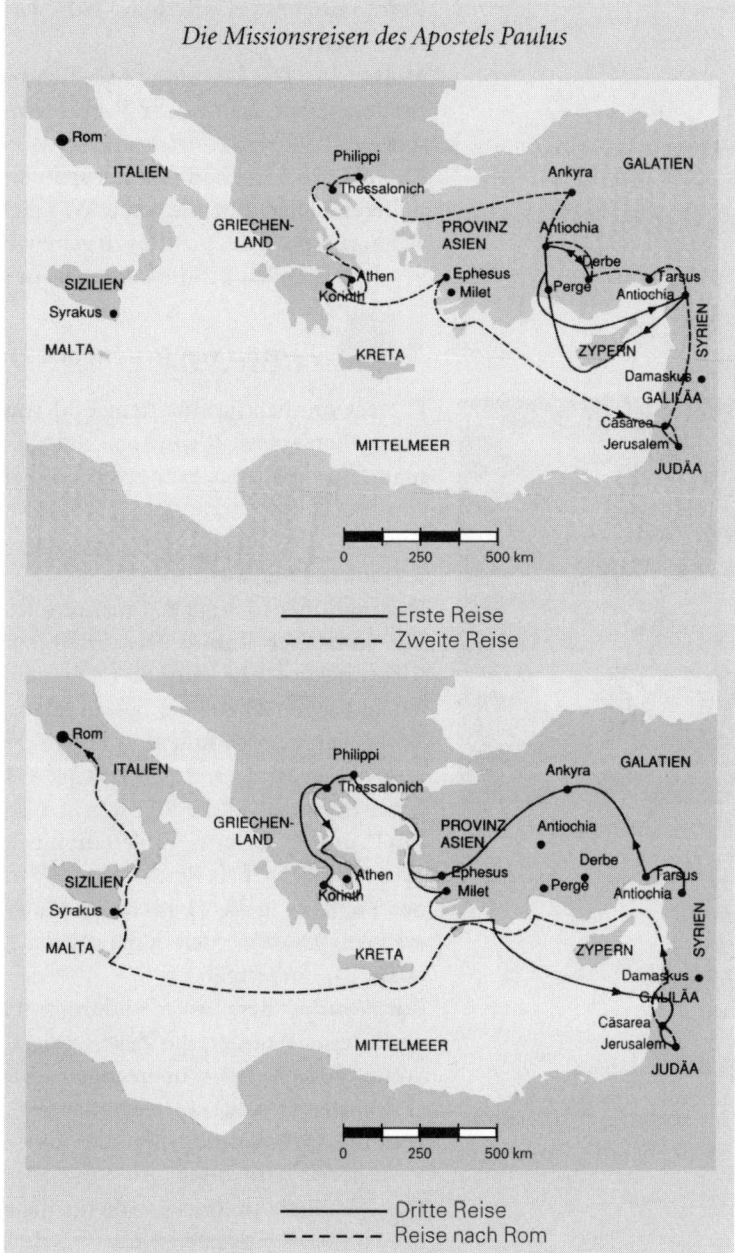

Die Missionsreisen des Apostels Paulus

—— Erste Reise
- - - Zweite Reise

—— Dritte Reise
- - - Reise nach Rom

4. Die Reise in die Gefangenschaft (Apg 27–28) nach 57/58 n. Chr.

Sidon (27,3): Ein alter phönizischer Hafen (heute Saida). Üblicher Ort, um sich für die Reisen im Mittelmeer einzuschiffen.

Myra in Lykien (27,5): Kleiner Hafen ohne große Bedeutung.

Kaloi Limenes (»Guthäfen«) nahe Lassäa (27,8): Ein weiterer kleiner Hafen.

Malta (28): Die Insel Malta südlich von Sizilien war in römischem Besitz seit dem 2. Jh. v. Chr. Paulus wurde dort von einer Viper gebissen.

Puteoli (28,13): Stadt in Kampanien am Golf von Neapel. Sein sicherer Hafen bot die letzte Möglichkeit vor der Mündung des Tiber, von Bord des Schiffes zu gehen. Die aus Alexandrien oder Sizilien kommenden Schiffe landeten für gewöhnlich hier.

 Porträts von Jesus in den Evangelien

Für gewöhnlich hat man ein Bild von Jesus, das sich aus den vier Evangelien speist. Wenn man jedoch genau hinschaut, dann stellt man fest, dass jedes Evangelium ein etwas unterschiedlicheres Bild von Jesus gibt.

1. Jesus bei Markus

Der markinische Jesus hat mehrere Facetten:

Ein jüdischer Rabbi: Die Streiterzählungen mit verschiedenen Richtungen des Judentums zeichnen das Porträt eines Jesus, der in der jüdischen Theologie bewandert ist. Er lehrt regelmäßig in den Synagogen oder draußen im Freien (*siehe das Vorkommen des Verbs »lehren«:* 1,21; 2,13; 4,1; 6,2; 6,34; 8,31; 10, 1; 11,17; 14,49). Seine Lehre beeindruckt die Menschen: 1,22; 6,2; 11,18; 10,26.

Ein Prophet zukünftiger Zeiten: Ein Teil der Lehre Jesu widmet sich dem »Danach«. Das Reich Gottes (sein souveränes Unternehmen in der Welt) ist nahe (1,14-15.38-39; 9,1). Viele Dinge werden sich ereignen. Diese werden in der sogenannten »eschatologischen Rede« (Kap. 13) dargestellt.

Ein Wundertäter: In Verbindung mit der Predigt über die Zukunft wirkt Jesus Wunder, die Zeichen dessen sind, was geschehen wird. Wenn Sie sich davon überzeugen wollen, lesen Sie die Heilung des Gelähmten (Mk 2,1-12). Schauen Sie genauer auf die Auseinandersetzung. Das Wunder offenbart die Haltung des Messias und die Barmherzigkeit Gottes.

Der Messias: Für Markus wie für die anderen Evangelisten ist Jesus der von Israel erwartete Messias. Die Erwartungen vieler Juden hat er jedoch enttäuscht. Nicht nur, dass er sich verbirgt (vgl. das Messiasgeheimnis), die wahre Schwierigkeit besteht darin, dass er ein leidender Messias ist, der nichts von dem tut, was man sich von ihm versprach. Er wird nicht König, er vertreibt die Feinde Israels nicht. Schlimmer noch, er erleidet von diesen seinen Feinden die Strafe des Sklaven, die Kreuzigung.

Doch Markus rechtfertigt diese Enttäuschung. Er gibt dem Messianismus ein neues Verständnis. *Diese Erniedrigung ist Teil des gött-*

Matthias Grünewald, Die Kreuzigung Jesu (Ausschnitt), Isenheimer Altar, 1515.

lichen Plans, dem Jesus in freier Weise zustimmt: Jesus kündigt nicht nur selbst seine Passion an (8,31; 9,30-31; 10,32-34), er weiß auch, wer ihn verraten wird (14,18-31). Sein Leiden war überdies schon in den Schriften angekündigt worden (9,12; 14,21). Dieses Leiden hat einen erlösenden Wert: es rettet die Menschen aus ihrer Sünde (10,45; 14,24).

2. Jesus bei Matthäus

Matthäus, der von Markus inspiriert ist, nimmt das vom ersten Evangelisten gemalte Bild auf. Er fügt ihm jedoch zwei weitere Grundzüge hinzu.

Der Sohn Davids: Matthäus stellt die Bezeichnung »Sohn Davids« heraus (1,1.20; 9,27; 12,23; 15,22; 20,20-31; 21,9.15), was Jesus einmal mehr mit dem jüdischen Messias identifiziert. In der Tat wird nach der Vorhersage des Samuel (2 Sam 7,12-16) der neue König Israels aus königlichem Geschlecht stammen. Matthäus macht Jesus über seinen Adoptivvater Josef (Mt 1,1-16) in seinem Stammbaum zu einem Nachkommen Davids.

Der im Herzen der Welt anwesende Gott: Bei Matthäus wird Jesus dargestellt wie Gott, der unter seinem Volk weilt. Sein erster Name ist Immanuel, d. h. »Gott mit uns« (1,23). Ferner sagt Jesus selbst, dass wenn zwei oder drei in seinem Namen versammelt sind, er mitten unter ihnen ist (18,20). Schließlich versichert er seinen Jüngern, dass er mit ihnen sein wird, bis ans Ende der Welt (28,20).

Meister Gerlachus, Stammbaum Christi – Wurzel Jesse (Jesaja 11,1ff.), um 1150.

3. Jesus bei Lukas

Lukas nimmt die Porträts von Matthäus und Markus auf. Er fügt ebenfalls zwei ergänzende Züge hinzu.

Die Erfüllung der jüdischen Hoffnung: Die Kindheitsgeschichte bei Lukas zeigt klar, dass die Geburt Jesu auf die Verheißungen antwortet, die Gott seinem Volk gemacht hat. Der Engel kündigt Maria an, dass ihr Sohn der verheißene Erbe Davids sein wird (Lk 1,32-33 spielt auf 2 Sam 7,12 und Jes 9,6-7 an). Die Antwort Marias, das Magnifikat, verherrlicht diese Erfüllung (»Er offenbart Israel seinen Diener, der sich seiner Barmherzigkeit erinnert, wie er es unseren Vätern angekündigt hatte, zu Gunsten Abrahams und seiner Nachkommenschaft auf ewig!«, Lk 1,54). Zacharias schließlich preist Gott im Benediktus (Lk 1,68-73), dass er sich seiner Verheißungen erinnert hat.

Der Retter und Herr: Lukas ist der einzige der Synoptiker, der Jesus »Retter« nennt (1,47; 2,11), ein Titel, der früher Gott vorbehalten war (Ps 40,18; Jes 43,3). Er ist auch der einzige, der den Titel »Herr« mit solcher Häufigkeit verwendet (76 Stellen gegenüber 13 bei Markus). Vielleicht handelt es sich hier um paulinisches Erbe.

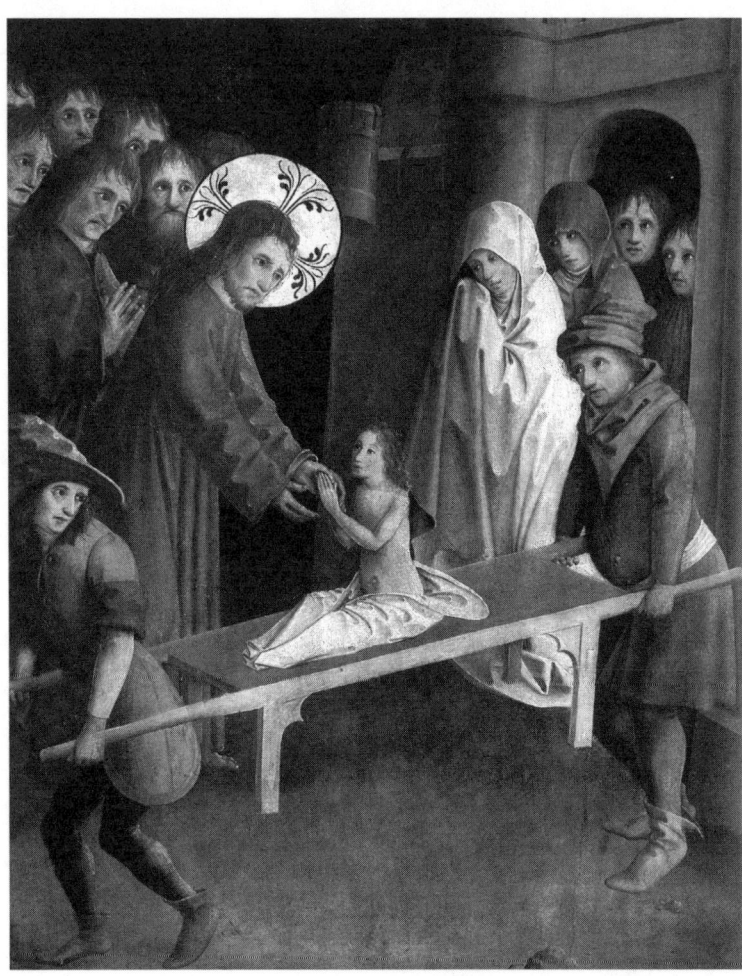

*Die Auferweckung des Sohnes
der Witwe von Nain (Lk 7,11-
17), um 1450.
Jesus ist für Lukas voll Mensch-
lichkeit für die Armen und Aus-
gestoßenen, voll Verständnis
für die Sünder und Schwachen.
In keinem anderen Evangelium
wendet sich Jesus so den
Frauen zu. Ihnen gilt seine
besondere Zuneigung.*

4. Jesus bei Johannes

Das Bild Jesu bei Johannes ist viel komplexer als das bei den Synoptikern.

Das Wort Gottes: Im Prolog seines Evangeliums (Joh 1,1-18) nennt
Johannes Jesus das »Wort Gottes«. Diese komplexe Bezeichnung
steht im Schnittpunkt mehrerer Traditionen:

Die Tradition der griechischen Philosophie, die den *Logos* das Leben,
den Geist nennt, der das Universum belebt.

Die Tradition der Weisheit, die der Erschaffung der Welt vorausgeht
(Weish 7,22-30).

Die Tradition des Wortes Gottes, das heißt, eine Konkretisierung des
göttlichen Willens (Jes 55,10-11). Sie macht aus Jesus zugleich die
Seele der Welt, die der Schöpfung vorausgeht und den vollkomme-
nen Meister des Willens Gottes.

Die Vergleiche: An mehreren Stellen verwendet Jesus Vergleiche,
wenn er von sich selber spricht. Hier einige, die das Johannesevan-

gelium bewahrt: Das Brot des Lebens (6,35.51); das Licht der Welt (8,12; 9,5); die Tür (10,7.9); der gute Hirte (10,11.14); die Auferstehung und das Leben (11,25); der Weg, die Wahrheit und das Leben (14,6); der wahre Weinstock (15,1.5).

Bringen Sie diese Bezeichnungen mit einigen Taten Jesu in Verbindung: z. B. mit der Speisung der 5000 (6,1-14); der Heilung des Blinden (Kap. 9); der Auferweckung des Lazarus (11,1-44).

Die Erschaffung der Welt, Titelbild der Bible moralisée (Bilderbibel), um 1270.
Eine Darstellung Gottes in menschlicher Gestalt war lange Zeit nur denkbar im Bilde Christi. Der Kreuznimbus macht die Gestalt eindeutig. Erst die »kosmische Christologie« in Joh 1, Kol und Eph stiftete diese Perspektive (s. S. 98, 123 ff.).

Reisewege durch die Briefe

 Paulinische Reisewege

Oft hört man die Meinung: »Paulus ist schwierig«. Das kommt zweifellos daher, dass seine Briefe wie kompakte Einheiten erscheinen, in denen man sich nur schwer zurechtfinden kann. Folgen wir nun Schritt für Schritt einigen Wegen durch die Briefe des Paulus.

1. Die Gleichnisse des Paulus

Man ist zunächst erstaunt: Paulus verwendet ebenfalls Gleichnisse! Hier ein möglicher Weg, um in sein Denken einzudringen:

– Das Samenkorn: 1 Kor 9,11;15,36-37.42-44; 2 Kor 9,6.10; Gal 6,7-9 (Mt 13,3 f.).
– Die Ernte: 1 Kor 9,11; 2 Kor 9,6; Gal 6,7-9; Röm 15,28.
– Die Frucht: Röm 1,13; 6,21-22; 7,4-5; Gal 5,22; Kol 1,6; Eph 5,9; 2 Tim 2,6.
– Pflanzung und Baum: 1 Kor 3; Eph 3,17; Röm 11,16-24 (vgl. Mt 3,10; 15,13; 7,16-20; 21,19-33; Mk 4,26-27).
– Der Weinstock: 1 Kor 9,7.
– Das Haus: 1 Kor 3,9-14; Eph 2,19-22; 3,17 (vgl. Mt 7,24-27;21,42).
– Der Tempel: 1 Kor 3,16-17 (Mk 14,58); Eph 2,14-22; (Mk 11,17).
– Die himmlische Wohnstatt: 2 Kor 5,1 (vgl. Joh 14,2).
– Der freie Sohn: Gal 4,1-7.22-31 (vgl. Joh 8,33-36).
– Der treue Diener: 1 Kor 4,1-5 (Mt 24,45-46).
– Das Salz: Kol 4,6 (Mk 9,50).
– Der Sauerteig: 1 Kor 5,6; Gal 5,9 (Lk 12,1).
– Der Teig: Röm 11,16.
– Das Licht: 1 Thess 5,4-8; 1 Kor 4,6;6,14; Phil 2,15; Eph 5,8-14 (vgl. 1,18). Vgl. Röm 2,19 (Mt 4,16; 5,14-16; 24,42; Joh 8,12).
– Der Dieb: 1 Thess 5,2.4 (Mt 24,43).
– Die schwangere Frau: 1 Thess 5,3; Röm 8,22 (Mt 24,8; Joh 16,21).
– Die Hochzeit: 2 Kor 11,2; Eph 5,31 (Mt 9,15; 22,1-2; 25,1-2; Joh 3,29).

2. Der Status des jüdischen Gesetzes

– Das Gesetz tritt seinen Vorrang an Christus ab: Röm 10,4. Vgl. Gal 3,24; 4,1-5.
– Moses war nur Vermittler zwischen den Engeln und dem Volk: Gal 3,19-20 (vgl. 1 Tim 2,5).
– Christus unterwirft sich dem Gesetz: Gal 3,13; 4,4; Kol 2,14-15; Eph 2,14-16.
– Er gibt dem Gesetz seinen ganzen Wert: Röm 3,31. Vgl. 7,7.12.14.
– Obwohl es selbst auf die Gerechtigkeit aus Glauben zielt und fordert, dass man es erfüllt – Röm 10,5-8. Vgl. 9,30-33; 8,3-4 –, kann man es nicht erfüllen (Röm 7,7 ff.).

- Es verurteilt denjenigen, der es nicht respektieren kann: Gal 3,10; Röm 5,13-14; 4,15; 7,9-13; 1 Kor 15,56; 2 Kor 3,7.9.
- Im Verhältnis zu dem, was uns Christus verspricht, hatte das Gesetz nur einen vorübergehenden Wert: Gal 3,15 ff.; Röm 4,13-17; 2 Kor 3,7.12.
- Christus befreit uns davon: Röm 7,1-6; 8,1-2; Gal 4,1-10; 5,1-6; Eph 2,14-16.
- Aber dieses Gesetz findet in Christus seine Erfüllung: 1 Kor 9,21; Gal 6,2. Vgl. Gal 5,14; Röm 13,8-10.
- Es wird zum Gesetz des Geistes, der Leben gibt: Röm 8,1 ff. (vgl. 7,14); Gal 5,16 ff.
- Christus übergibt uns das versprochene Erbe: Gal 3,15-18; 4,4-7.30-31; Röm 4,13-16; Röm 8,14-17; Kol 3,24.

Älteste Darstellung des Paulus, Fresko, Rom, 3. Jh.

- Nachdem wir adoptiert worden sind, sind wir Kinder Gottes geworden: 2 Kor 6,18; Gal 4,4-7; Röm 8,14-17 (vgl. 9,6-8.26).
- Das Erbe ist das Reich Gottes: 1 Kor 6,9-10; 15,50; Gal 5,21; Eph 5,5.
- Durch die Beschneidung des Herzens macht Christus auch aus dem Christen einen echten Juden: Röm 2,28-29; Kol 2,11-12.

3. Der Christ lebt dank Christus

- Die grundlegende paulinische Idee ist, dass der Christ in Christus »ist«, in Christus »lebt«: 1 Kor 1,30; Gal 3,28; Röm 8,1; Eph 2,13; 5,8.

Um diesen schwierigen Ausdruck zu verstehen, genügt es aufzuführen, was Christus für die Menschen verwirklicht:

- Die Liebe Gottes ist uns in Christus offenbart worden: Röm 8,39; Eph 2,7.
- Die Gnade Gottes ist uns in Christus gegeben worden: 1 Kor 1,4; Röm 5,15; Eph 4,32; 2 Tim 1,9; 2,1.
- Die Erlösung hat sich in ihm ereignet: Röm 3,24; Kol 1,14; Eph 1,7. Vgl. 2 Kor 5,19.
- Wir haben in ihm den Segen und die Verheißung empfangen: Gal 3,14; Eph 1,3; 3,6; 2 Tim 1,1.
- Wir sind in ihm gerechtfertigt: Gal 2,17; Röm 3,24. Vgl. 2 Kor 5,21.
- in ihm geheiligt: 1 Kor 1,2.
- in Christus gezeugt: 1 Kor 4,15 (vgl. 3,1); 9,1-2.
- in Christus getauft: Gal 3,27; Röm 6,3.
- neue Schöpfung in Christus: 2 Kor 5,17. Vgl. Eph 2,10.
- in Christus Lebende: Röm 6,11.23; 8,2; Kol 3,3-4. Vgl. Eph 2,6.
- frei in Christus: Gal 2,4. Deshalb soll der Christ vollkommen werden: Kol 1,28.
- er soll den Wegen Christi folgen: 1 Kor 1,17. Vgl. 1 Thess 4,1; 2 Thess 3,12; Phil 2,1.

- er soll in/durch Christus gefestigt sein: 2 Kor 1,21.
- er soll fest in Christus stehen: 1 Thess 3,8; Phil 4,1.
- er soll seine schwere Arbeit erfüllen: 1 Kor 15,58. Wenn er in Christus stirbt, dann heißt das, christlich gesprochen – 1 Thess 4,16; 1 Kor 15,18 – er wird neu in Christus leben: 1 Kor 15,22; Röm 6,23 (Eph 2,6).

Der Christ steht in Gemeinschaft mit Christus:
- er leidet mit Christus: Röm 8,17. Vgl. 1 Thess 2,14-15; 2 Kor 1,5; Phil 3,10; Kol 1,24.
- er wird mit Christus gekreuzigt: Gal 2,20; Röm 6,6. Vgl. Gal 6,14; 5,24.
- er stirbt mit Christus: 2 Tim 2,11. Vgl. Röm 6,5.
- er wird mit Christus begraben: Röm 6,4; Kol 2,12.
- er lebt mit Christus: Röm 6,8; 2 Tim 2,11. Vgl. Röm 14,7-9; Gal 2,20; Phil 1,21; 1 Thess 5,10; Kol 3,3-4. Gott lässt uns nun mit ihm leben: Kol 2,13; Eph 2,5.Vgl. Röm 8,11.
- er hat uns mit ihm auferweckt: Kol 2,12; 3,1; Eph 2,6.
- und uns in den Himmel zu ihm gesetzt: Eph 2,6.
- wir werden mit ihm herrschen: 2 Tim 2,12. Vgl. Röm 5,17.
- wir werden mit ihm verherrlicht werden: Röm 8,17.Vgl. Phil 3,20-21.

Auch soll der Christ Christus nachahmen: 1 Thess 1,6 (vgl. 2,14-15); 1 Kor 11,1; Phil 3,17, (vgl. 3,8-11.20-21); Eph 4,32-5,1; 1 Tim 1,16.Vgl. Phil 2,5 f.; Röm 6,4; 15,1-8; Kol 3,13; Eph 5,25.

Die Christen gehören zu Christus: 1 Kor 1,12-13; 3,23; 6,13 f.; 11,3; 2 Kor 6,15-16; 10,7; Gal 3,29; 5,24; 2 Tim 2,3 f.

Sie sollen Christus und Gott dienen: 1 Thess 1,9; Röm 6,13.17-19.22; 7,6; 12,11; 14,18 (vgl. 16,18); Kol 3,24; Eph 6,6-7.

 ## Noch ein Reiseweg: Die Liebe in den Briefen des Paulus

1. Die Theologie der Barmherzigkeit
- Das Ziel des jüdischen Gesetzes war kein anderes als die Barmherzigkeit: Gal 5,14; Röm 13,8-10.
- Die Liebe Gottes ist in unsere Herzen ausgegossen: Röm 5,5 (vgl. 8,35-39); 2 Thess 21,6; 2 Kor 13,11.13; Phil 2,1.
- Die Liebe Christi treibt uns an: 2 Kor 5,14; Eph 3,19; 1 Tim 1,14. Sie ist eine Gabe des Geistes: Röm 5,5; Gal 5,16.22; Röm 15,30; Kol 1,8; 2 Tim 1,7.

2. Die Notwendigkeit der Liebe im christlichen Leben
- Man muss in der Barmherzigkeit wachsen: 1 Thess 3,12-13; 4,10; Phil 1,9-11; Eph 3,16-19; 1 Tim 1,14.
- Sie ist der vollkommene Weg und die Vollkommenheit des christlichen Lebens: 1 Kor 12,21; 13,8-13; Kol 3,12-14. Vgl.1 Kor 3,1-4; 11,17-22.28; 2 Kor 13,11; Eph 4,15-16.

– »Liebt einander«: 1 Thess 3,12; 4,9; 2 Thess 1,3; Gal 5,13-15; Röm 12,10; 13,8-10; Kol 14; Eph 1,5; Phlm 5.7.

3. Das Bild der Barmherzigkeit
– Bild der Barmherzigkeit: 1 Kor 13,4-7; 1 Thess 5,14-15; Röm 12,9-13; Kol 3,12-15.
– Die Barmherzigkeit tut nicht das Böse, sondern gibt das Gute anstelle des Bösen: 1 Thess 5,15; 1Kor 13,5; Röm 12,9.14-21; 13,10.
– Die Barmherzigkeit verzeiht: Kol 3,13; Eph 4,32. Vgl. 1 Kor 13,5; 2 Kor 2,7-8.10.
– Die Barmherzigkeit unterstützt: 1 Kor 13,7; Kol 3,13; Eph 4,2. Vgl. Röm 9,22; 15,5; 2 Thess 3,5.
– Die Barmherzigkeit ist geduldig: 1 Thess 5,14; 1 Kor 13,4; 2 Kor 6,6; Gal 5,22; Kol 1,11; 3,12; Eph 4,2; 2 Tim 3,10; 4,2. Vgl. Röm 2,4; 9,22; 1 Tim 1,16.
– Die Barmherzigkeit ist demütig: 1 Kor 13,4; 2 Kor 11,7; Phil 2,3; Kol 3,12; Eph 2,4. Vgl. Phil 2,8.
– Die Barmherzigkeit ist voller Zärtlichkeit: 1 Kor 13,5; 1 Kor 4,21; 2 Kor 10,1; Gal 5,23; 6,1; Kol 3,12; Eph 4,2; 2 Tim 2,25; Tit 3,2.
– Die Barmherzigkeit ist ernsthaft: 2 Kor 6,6; Röm 12,9. Vgl. 2 Kor 1,18; Eph 4,25.
– Die Barmherzigkeit weckt Vertrauen: 1 Kor 13,7; Gal 5,22. Vgl. 2 Kor 8,22.
– Die Barmherzigkeit ist voller Güte: 1 Kor 13,4; 2 Kor 6,6; Gal 5,22; Kol 3,12; Eph 4,32. Vgl. Röm 2,4; 11,22; Eph 2,7; Tit 3,4.
– Die Barmherzigkeit ist wohlwollend: 2 Kor 10,1; Phil 4,5; 1 Tim 3,3; Tit 3,2.
– Die Barmherzigkeit will das Gute: 2 Thess 1,11; Gal 5,22; Röm 5,14; Eph 5,9.
– Die Barmherzigkeit tut das Gute: 1 Thess 5,15; Gal 6,9-10; Röm 12,9.17-21; 15,2; 16,19; 1 Tim 5,10; 6,18; Tit 3,1-2.8.
– Die Barmherzigkeit gibt, ohne zu rechnen: 2 Kor 8,19.Vgl. 2 Kor 8,9.
– ohne eigenes Interesse zu suchen: 1 Kor 10,24.33; 13,5; Röm 15,2-3; Phil 2,4.Vgl. 1 Thess 2,9; 2 Thess 3,8-9; 1 Kor 9,15; 2 Kor 8,9; 11,7-10; Phil 2,5-7; 4,11-12.
– Sie achtet auf die Schwachen: 1 Kor 8,1-2.7-13; Gal 6,1-5; Röm 14,1-15.Vgl. 1 Thess 5,14.
– Sie trachtet danach, aufzubauen und nicht danach, zu zerstören: 1 Kor 8,1; 10,23-24; 14,26; Röm 14,19-20; 15,2; 1 Thess 5,11; Eph 4,16.29.

Hans Memling, Johannes auf Patmos, um 1490.

5. Teil
Die Offenbarung

Die Offenbarung, ein Buch voller Blut und Feuer, bringt einen in Verwirrung. Alles erscheint dort fremd: der Stil, die Bilder, die Logik. Wenige Bücher haben so sinnwidrige Auslegungen erfahren wie die Offenbarung. Weit davon entfernt, ein Buch der Unruhe zu sein, versucht es im Gegenteil einer verfolgten Gemeinde Hoffnung zu vermitteln! Einige Schlüssel zum Verständnis sind notwendig, um in diese Schrift einzudringen.

Entstehungszeit: Der Text lässt einen glauben, man hätte ihn in der Zeit der Verfolgung durch Nero verfasst. In Wirklichkeit muss man Irenäus von Lyon Glauben schenken, der behauptet, dass das Buch in der Regierungszeit Domitians (81–96) entstanden sei, die ebenfalls eine Zeit der Verfolgung war.

Autor und Ursprungsgemeinde: Der Autor nennt sich selbst »Johannes« (1,1.4.9; 22,8). Er schreibt an die sieben Gemeinden Kleinasiens über eine Offenbarung, die er auf der Insel Patmos gehabt hatte (1,9). Das Buch scheint also an diese Gemeinden, die in der heutigen Türkei liegen, gerichtet zu sein. Wenn man ihn auch sehr früh (mit Justin, um 160 n. Chr.) mit Johannes, dem Sohn des Zebedäus, dem man auch seit dem 3. Jh. n. Chr. das Johannesvangelium zugeschrieben hat, identifizierte, so bemerkte man jedoch auch zahlreiche Unterschiede in der Theologie und im Stil. Mit der Mehrheit der Exegeten muss man heute annehmen, dass die Offenbarung von einem anderen Autor verfasst worden ist, auch wenn es Kontakte mit der Gemeinde des Johannes gegeben hat.

Der Stil der Offenbarung: Im Gegensatz zum Johannesevangelium, das in einem sehr guten Griechisch geschrieben ist, macht die Offenbarung häufig grammatikalische Fehler. Wie alle Offenbarungen hat bei ihr das Bild den Vorrang vor der Reflexion in Form eines theologischen Diskurses. Sie versucht zu beeindrucken. Wenn uns die Bedeutungen ihrer Bilder manchmal entgehen, dann liegt das an unserer mangelnden Kenntnis der Kultur. Die ersten Leser, die mit apokalyptischen Erzählungen vertraut waren, dürften sie mit Leichtigkeit entschlüsselt haben.

Antike Büste Domitians

Überblick zur Offenbarung des Johannes

Was ist eine Offenbarung bzw. Apokalypse?

Die Offenbarung versucht eher zu beruhigen als Angst zu machen.

Einige Schlüssel zur Lektüre der Offenbarung
Die Offb weicht von den Gewohnheiten einer Erzählung ab. Deshalb ist es notwendig, sich folgende Regeln zu vergegenwärtigen:
1. Rekapitulierender Aufbau.
– Die normale Erzählung gehorcht dem Prinzip »das eine folgt aufgrund des anderen«. Die Offenbarung stellt Elemente nebeneinander, die nicht chronologisch miteinander verknüpft sind, ja sie entwickelt dasselbe Element in mehreren Erzählungen.
2. Aufbau mit Blick auf die Zwischenzeit (Millenium). – Die Offenbarung gibt nicht vor, die Zukunft zu beschreiben, sondern eine Zwischenzeit, die die Gegenwart der Kirche ist und sich zwischen dem Tod Christi und dem Zeitpunkt seiner Wiederkehr (Parusie) erstreckt.
3. Aufbau in Bildreihen. – Die Offenbarung ist ein verschlüsseltes Buch, deren Bilder entschlüsselt werden müssen (vgl. S. 179 f.).

Während im Christentum die literarische Gattung der Apokalypse wenig bekannt ist (die Offb stellt das einzige Buch dar), war sie im nachexilischen Judentum weit verbreitet.

1. Eine Gattung, die bei der Rückkehr aus dem Exil entstanden ist. – Nach der Rückkehr aus dem Exil kannte das Judentum keine Propheten mehr (»die Himmel sind verschlossen«).

Die Apokalyptik nimmt ihre Stelle ein. Sie knüpft an die prophetische Bildwelt und die prophetischen Ziele an. Ihr geht es nicht darum, irgendeine Zukunft vorherzusagen. Ihr Blick richtet sich vielmehr zeitkritisch auf die Gegenwart. In den Zeiten der Krise versucht der Autor, das Ziel der Geschichte zu offenbaren. Er will den Schleier der Geschichte lüften, der das Ende der Zeiten bedeckt (lateinisch: *re-velare*; griechisch: *apo-kalyptein*). Dabei ist es sein Ziel, den Glauben und die Hoffnung der Gläubigen aufrecht zu erhalten. Diese Offenbarung ist pessimistisch in Bezug auf die jeweilige Gegenwart: die Welt steht unter dem Einfluss des hoffnungslos Bösen, sie ist jedoch optimistisch für die Zukunft. Gott wird schließlich der Sieger über alle Widrigkeiten sein und diese Welt neu erschaffen.

2. Eine schwer zu definierende Gattung. – Jeder kritische Diskus über die Gegenwart kann einer Apokalypse Nahrung geben. Die zahlreichen erhaltenen Apokalypsen zeigen, wie unterschiedlich die Milieus waren, die sie hervorgebracht haben. So ist das *Henochbuch* eine vielschichtige Sammlung von Stücken unterschiedlicher Herkunft (eine Erzählung über den Fall der Engel, ein astronomischer Traktat, ein Gleichnisbuch etc.). Das *Testament des Mose* spiegelt Reflexionen aus dem essenischen Milieu wider. Das *4. Buch Esra* stellt auf dem Hintergrund der Zerstörung des Tempels Fragen an Gott. Die *syrische Baruchapokalypse* diente als Lektüre zum Gedenken an den Fall des Tempels und stellt die Bestrafung der Verantwortlichen in Aussicht.

3. Eine Gattung, die gewisse Konstanten hat. – Alle Apokalypsen sind unter dem Namen einer wichtigen Person geschrieben, und alle beziehen sich auf Visionen und himmlische Ereignisse. Ebenso haben sie miteinander gemeinsam, dass sie Licht auf den Plan Gottes in der Welt werfen. Trotz ihres pessimistischen Eindrucks, enthüllen sie in Wahrheit, dass der Gerechte gerettet werden wird.

Führer zur Lektüre der Offenbarung des Johannes

In seiner vorliegenden Form stellt sich das Buch wie eine Meditation über die Kirche dar. Ihr Leben hängt ab von Gott, dem Herrn der Geschichte, von Jesus, dem treuen Zeugen und vom Geist, der für sie bittet.

Um in die Offenbarung einzudringen, ist es am besten, sie von Anfang bis Ende ganz zu lesen. Hier ein paar Hinweise, die Sie dabei leiten können. Einige Dinge sind relativ sicher, so die Aufteilung in drei große Teile, andere sind es weniger, wie gewisse Namen oder der genaue Aufbau des Hauptteils. Verwenden Sie die Hinweise, wenn Sie Ihnen nützen, fühlen Sie sich aber nicht dazu verpflichtet, alle anzunehmen.

Die inkarnierte Kirche (1–3)

Nach einigen einführenden Worten (1,1-3) wendet sich Johannes an die sieben Gemeinden Kleinasiens. Sieben ist eine symbolische Zahl, die Ganzheit ausdrücken soll. Er richtet sich also an die Kirche, wie sie sich ganz konkret in den Gemeinden mit ihren Fehlern und Tugenden verwirklicht. Es handelt sich nicht um eine ideale Kirche, von der man träumt, sondern um eine sehr menschlich-reale.

Die Vision des Menschensohnes (1,9-20) zeigt klar an, dass sich das Leben der Kirche in der Gegenwart des verherrlichten Christus abspielt (1,20).

Diese wichtigen einleitenden Kapitel sind konkret und »geerdet«. Auf ihrem Hintergrund wirken die nachfolgenden Kapitel bisweilen sehr abstrakt.

Die Kirche in verschiedenen Spannungsfeldern

Die Kapitel 4-20 bieten das Bild einer Kirche, die mit der Feindschaft der Welt konfrontiert ist.

Hier beginnt die Offenbarung im eigentlichen Sinn und damit beginnen auch die Schwierigkeiten. Wir sehen, wie sich die Kirche mit den Problemen ihrer Zeit, ja aller Zeiten auseinandersetzt. Zwei Spannungsfelder tun sich auf: die Beziehungen der Kirche zum Judentum (4–11) und die Konfrontation mit den politischen Mächten (12–20).

1. Die Kirche und Israel (4–11)

Welche Beziehung gibt es zwischen der Kirche, die sich als das Volk Gottes versteht, und den Juden, die sie bekämpft? Johannes antwortet: Die Kirche ist in der Tat der »kleine Rest« Israels. Es sind diejenigen, die Gott treu geblieben sind, dadurch dass sie an Jesus glauben und ein Volk sind, das sich allen Nationen öffnet.

• *Die himmlische Liturgie* (4–5)

Diese Einheit beginnt mit einer grandiosen Schau Gottes, dem Herrn der Geschichte, der im Zentrum des Kosmos regiert (4). Das

173

Lamm, der geopferte, aber lebendige Christus, besitzt die Macht, die sieben Rollen des Alten Testaments zu öffnen, von denen jede mit einem Siegel versiegelt ist (5). Das bedeutet, er hat die Macht, sie zu interpretieren und ihnen eine neue Gestalt zu geben. Diese Neuinterpretation des Alten Testaments spielt sich auf zwei Ebenen ab: »im Himmel« und »auf der Erde«.

• *Die Ereignisse im »Himmel«* (6,1–8,1)

Die Vision der sieben Siegel liefert uns den verborgenen »himmlischen« Sinn der Ereignisse, die im Folgenden erzählt werden. Diese Schau des Gottesvolkes am Ende der Zeiten versammelt die Erwählten aus zwei Horizonten. Die einen kommen aus dem Judentum (7,1-8). Es sind 144 000, d. h. keine beschränkte Anzahl, wie das einige Sekten dachten, sondern im Gegenteil eine große Menge ohne Zahl. 12 ist die Chiffre für Israel (wegen der 12 Stämme) und die Erwählten umfassen 12 im Quadrat (12 x 12) multipliziert mit 1000. Die anderen kommen aus dem Heidentum (7,9-17). Johannes verlässt hier die kodierte Sprache, um klar zu sagen: Es handelt sich um eine riesige unzählbar große Menge. Sie umfasst zunächst die Christen jüdischen Ursprungs, dann eine große Anzahl an Menschen, die nicht dem Judentum entstammen.

• *Die »irdischen« Erlebnisse* (8,6–11,19)

Die sieben Posaunenstöße, die das Unheil ankündigen, führen das Gerichtsgeschehen auf der Erde fort. Der Übergang von Israel zur Kirche war durch das schreckliche Unglück der Zerstörung Jerusalems im Jahr 70 n. Chr. markiert. Israel wurde hinausgeworfen und von den Heiden mit Füßen getreten (11,1-21). Aber die Kirche, die die Nachfolge der beiden wichtigen Zeugen des Alten Testaments, Mose und Elija (11,61), und vor allem von Jesus übernimmt, trägt die Botschaft weiter bis an das Ende der Welt. Die Episode um das kleine Buch, das der Seher essen muss (10), nimmt hier vorweg, was in Kapitel 14 wieder aufgenommen werden wird.

2. Die Kirche und die politischen Kräfte (12–20)

• *Die Vision der Frau und des Drachens* (12,1-6)

Diese Vision stellt einen Wendepunkt dar. Sie zeigt das Wesentliche all dessen, was folgen wird: Israel/die Kirche bringt den Messias hervor, auf Golgota wird Christus verherrlicht und der Satan geschlagen. Dieser sucht der Kirche zu schaden, aber Gott beschützt sie. Die folgenden Visionen entwickeln diese Gesamtschau.

• *Die Kräfte der Gegenwart* (12,7–14,5)

Auch hier zeigt sich, worum es im Kampf geht: Im Himmel schlägt Michael den Drachen, anders gesagt: Gott siegt über das Böse (12,7-18). Konkret wird das auf der Erde durch den Kampf zwischen den Mächten, die Satan bewegt, und den Getreuen des Lammes. Die Mächte des Bösen werden durch zwei Tiere dargestellt: das Tier aus dem Meer (13,1-10), dem Symbol despotischer Imperien (also Rom), und dem Tier der Erde, das sich in seinen Dienst stellt (13,11-

18), Symbol für die Ideologien im Dienste der Tyranneien. Dem gegenüber steht das Lamm und die, die ihm folgen (14,1-5).

• *Die Ankündigung des Gerichts* (14,6–19,10) in vier Zeitetappen:

– Zunächst wird das Evangelium des Gerichts verkündet (14,6-13). Diese Passage nimmt Kapitel 10 auf, welches das kleine Buch präsentiert, das Evangelium. Dieses Gericht ist der Untergang Babylons (Roms) und aller totalitärer Imperien und der Ruhepunkt der Treuen.

– Aber der Sieg der Treuen erfolgt durch die Passion: Die Märtyrer sind die Trauben, die in der Presse der Weinlese gekeltert werden (14,14-20). Dennoch ist der Sieg gewiss, man kann ihn jetzt schon feiern (15).

– Der Untergang despotischer Imperien (16–17), die durch Babylon, die große Hure, repräsentiert werden.

– Zwei Gesänge feiern das Ergebnis: Wehklage über Babylon (18) und der Triumphgesang der Erwählten (19,1-11).

• *Der endgültige Sieg des Messias* (19,11–20,15). Wiederum wird er auf zwei Ebenen angezeigt:

– im »Himmel« erscheint Christus, nicht mehr rot vom Blut der Feinde, sondern von seinem eigenen Blut;

– auf der »Erde«: die »tausend Jahre« (Millennium) der Geschichte der Kirche.

Die verklärte Kirche (21–22)

Nach den Kapiteln, in denen von Feuer und Blut die Rede war, führt uns das große Finale, wie der Schlusschor der Ode an die Freude, in den Frieden des Paradieses, ja der Schöpfung ein. Johannes kündigt an, dass es sich hierbei nicht um Nostalgie im Blick auf ein verloren gegangenes goldenes Zeitalter handelt, sondern um eine Hoffnung. Die Kirche steigt vom Himmel nieder. Das heißt, sie ist irdische Kirche und zugleich von Gott völlig neu gemacht. Indem die Offenbarung das große Bild aus der Genesis, mit der die Bibel beginnt, wieder aufgreift, erweist sich diese von Gott neu geschaffene Kirche der Endzeit in Wirklichkeit als das Reich Gottes. Sie ist die Stadt, wo Gott seine Wohnstatt mit dem Lamm aufschlägt. Es ist ein kosmisches Reich, wo alle Völker zu Hause sind und Gott allen alles in allem ist. Noch aber ist dies nur »Vision«. Zwar wird sie schon anfanghaft im Alltag der Kirche gelebt, zugleich ist sie das, woraufhin die Kirche unterwegs ist, und was sie fördern muss. Dabei inspiriert der Geist unablässig das Gebet der Kirche: Ja, unser Herr Jesus, komm!

Der letzte Teil will den Leser in den Verfolgungen Trost spenden und ihm versichern: Bald wird das himmlische Jerusalem auf die Erde herabsteigen.

»Gepriesen seist du, Herr unser Gott, König des Universums, der du das Licht geschaffen hast und die Finsternis gemacht hast, der du den Frieden schaffst und alle Dinge machst, der du in deiner Barmherzigkeit der Erde und allen, die auf ihr leben, das Licht gibst und in deiner Güte die Schöpfung tagein tagaus ohne Unterlass erneuerst.

Wie zahlreich sind deine Werke Herr! In deiner Weisheit hast du sie alle geschaffen ... Sei gepriesen Herr unser Gott droben in den Himmeln und drunten auf der Erde. Sei gepriesen unser Fels, unser König und Erlöser, Schöpfer der heiligen Wesen, gelobt sei dein Name in alle Ewigkeit, Schöpfer der Geister, die dir dienen.

Alle diese Geister, die ihm dienen, verweilen in den Höhen des Universums und verkünden mit Ehrfurcht und mit lauter Stimme die Worte des lebendigen und ewigen Gottes.

Alle sind vielgeliebt, rein, machtvoll, alle erfüllen mit Furcht und Zittern den Willen ihres Herren, alle loben, verherrlichen, heiligen den Namen des großen Königs ...

In der stillen Freude des Geistes, in einer reinen Sprache, auf eine heilige Melodie antworten alle einstimmig in Ehrfurcht und sprechen mit Ehrerbietung: »Heilig, heilig, heilig, Herr Gott Sebaoth, die ganze Erde ist erfüllt von deiner Herrlichkeit!« Und die Ophanim und die Tiergestalten an dem heiligen Thron erheben sich mit Meeresrauschen, loben und sprechen: »Gepriesen sei die Herrlichkeit des Herrn in seinem Heiligtum!«

Einige Texte aus der Offenbarung des Johannes

 *Geführte Lektüre: Die Briefe an die Gemeinden*

Diese Briefe sind jeweils nach demselben Schema aufgebaut:
- Adresse des Briefes (Name der Kirche)
- Die Aufmerksamkeit richtet sich auf Christus, der den Brief sendet. Ein Bild aus der Anfangsvision wird wieder aufgenommen (1,9-20).
- Gewissenserforschung, die die Verfehlungen und die Tugenden innerhalb der Gemeinde bilanziert und zur Bekehrung einlädt.
- Ein Refrain beendet jeden Brief: »Hört, was der Geist den Gemeinden sagt!« Dem Sieger wird ein Preis versprochen, der in der Vision am Ende des Buches wieder aufgenommen wird (21–22).

Versuchen Sie bei der Lektüre die Struktur der Briefe zu ermitteln. Dann können Sie einen Brief im Detail studieren oder Ihr Interesse auch auf den Gesamtzusammenhang richten. Nehmen Sie dabei zwei Aspekte in den Blick:

- Die Gewissenserforschung nimmt häufig Bezug auf einen konkreten Aspekt der Stadt (bei Laodizäa zum Beispiel eine berühmte medizinische Schule, die eine Salbe für die Augen herstellte) oder ein Ereignis, das sie nachhaltig geprägt hat (Sardes zum Beispiel wurde mehrmals von einem Feind heimgesucht, der »wie ein Dieb kam«). Lesen Sie dazu die Hinweise in Ihrer Bibel. Die konkrete Situation ist ein »Zeichen der Zeit«, das die Gemeinde entschlüsseln muss.
- Das Kommen Christi im Kult. Lesen Sie nochmals (am Ende jedes Briefes) nach, welche verschiedenen Gaben der Sieger erhält. Wenn man sie in den Kontext jüdischer und christlicher Schriften stellt (s. dazu die Hinweise in Ihren Bibeln), dann entdeckt man, dass die meisten auf die Sakramente anspielen. Die weißen Kleider (3,5), der Kranz (2,10; 3,11), der neue Name (2,17) lassen an die *Taufe* denken, das Manna (2,17), die Früchte des Lebensbaumes (2,7), das Mahl (3,20) an die *Eucharistie*.

Ebenso können Sie untersuchen, welchen Bezug es zwischen diesen Gaben und deren Aufnahme in Kap. 21–22 gibt. Sie werden dort Übereinstimmungen, aber auch einen Unterschied sehen. Die Briefe fassen die regelmäßigen liturgischen Feiern der Gemeinden in den Blick. Offb 22 schaut vor allem auf das letzte Mahl, das letzte Passa, an dem Christus definitiv als Richter und Retter kommen wird.

 *Geführte Lektüre: Die große Eucharistie (4–5)*

Welches sind die Akteure? Was machen sie? Welche Beziehungen haben sie untereinander? Welches sind die Orte der Handlung?

Die Hinweise auf das Alte Testament und die Anmerkungen in Ihrer Bibel werden Ihnen dabei helfen, den Sinn einiger Bilder zu entdecken. Hier die grundlegenden: Die Ältesten (*presbyteroi*), die für das Volk Gottes verantwortlich sind, bilden eine Art »Presbyterium« um Gott. In der Liturgie erinnern sie an die Ältesten um den Bischof. Die vier Tiere stellen die geschaffene Welt mit ihren vier Himmelsrichtungen dar. Sie bilden den Thron Gottes. Die 7 lodernden Fackeln deuten wahrscheinlich auf den Heiligen Geist. Das Buch, das versiegelt und unverständlich bleibt, solange es Christus nicht öffnet, ist das Alte Testament.

Achten Sie auf die Lobgesänge: Wer wird gepriesen? Warum? Achten Sie auf das Paradox, welches das Geheimnis Christi gut zum Ausdruck bringt: Angekündigt wird ein Löwe und es erscheint ein Lamm, das wie geschlachtet aussieht (5,6)!

Was ist die Beziehung zwischen Himmel und Erde? Zwischen Gott, dem Lamm, dem Geist und der allumfassenden Menschheit?

Es scheint, als sei man hier auf halbem Wege zwischen der jüdischen Liturgie und unseren eucharistischen Gebeten. Das Morgengebet der jüdischen Liturgie umfasste drei große Benediktionen, welche die Rezitation des Sch^ema Jisrael, das unserem Credo entspricht, rahmen. Die erste Liturgie feiert Gott als den Schöpfer. Die Gemeinde vereinigt sich im Gesang der Engel, die das Sanctus singen. Die zweite dankt Gott für die Liebe, die er seinem Volk erwiesen hat, indem er ihm das Gesetz gab. Nach der Rezitation des Sch^ema preist die dritte Litugie Gott für die einstige Erlösung im Exodus, Unterpfand der Erlösung, die er noch verwirklichen wird. Die Liturgie von Offb 4–5 folgt dem gleichen Ablauf. Versuchen Sie deren Elemente wiederzufinden: Lob des Schöpfergottes; Lob Christi, der uns durch das Öffnen des Gesetzesbuches schließlich in die Lage versetzt, dass wir verstehen; Lob des Exodus-Lammes, das den endgültigen Exodus vollendet und aus seinem Volk ein Königreich von Priestern macht, die den Lobpreis der Welt darbringen.

Intensive Lektüre: Die Frau und der Drache (12,1-6)

Kapitel 12 ist quasi die Zusammenfassung des ganzen Buches. Es ist wichtig, die Akteure genau zu erfassen.

> 1 Dann erschien ein großes Zeichen am Himmel: eine **Frau**, mit der Sonne bekleidet; der Mond war unter ihren Füßen und ein Kranz von **zwölf Sternen** auf ihrem Haupt.
> 2 Sie war schwanger und schrie vor Schmerz in ihren Geburtswehen.
> 3 Ein anderes Zeichen erschien am Himmel: ein **Drache**, groß und **feuerrot**, mit **sieben Köpfen** und **zehn Hörnern** und mit sieben Diademen auf seinen Köpfen.

Der Drache: wird ausdrücklich mit der Schlange aus der Genesis zusammengebracht. Diese Figur des Bösen greift die Frau an.

Feuerrot: deutet auf seinen tödlichen Aspekt.

Sieben Köpfe: verweisen vermutlich auf die sieben Hügel Roms.

Zehn Hörner: stammen aus Dan 7,7.

Der Sohn: Er wird mit Hilfe von Ps 2,9 (LXX) beschrieben und lässt direkt an den Messias denken. Es handelt sich also um Jesus.

Die Frau: Aus katholischer Perspektive sieht man in ihr Maria. Es scheint aber, als stamme dieses Bild aus den Prophetenbüchern. Gemeint ist Israel, das wie eine Frau dargestellt wird (Jes 54,1; 66,7). Beda Venerabilis, Augustinus und Hippolyt sahen darin ein Bild der Kirche.

Die 12 Sterne: man kann hier an eine Anspielung auf die 12 Stämme Israels oder die 12 Apostel der Kirche denken.

Gebar ein Kind: diese Geburt lässt eher an die Auferweckung denn an die Geburtsgeschichte denken. In der Tat: wie könnte die Kirche Jesus gebären außer, wenn man daran denkt, dass er der Erstgeborene der auferweckten Menschheit ist?

Wüste: diese Flucht in die Wüste erinnert an die Flucht Israels vor dem Pharao, die Flucht Elijas' vor Isebel, die der Heiligen Familie und an die der Christen von Jerusalem nach Pella.

1260 Tage (Offb 11,3; 12,6) entspricht 42 Monaten (der Monat zu 30 Tagen Offb 11,2; 13,5), das sind 3 1/2 Jahre (Offb 11,9.11). Sie rufen Dan 7,25 und die Verfolgung des Antiochus IV. Epiphanes (um 165 v. Chr.) in Erinnerung. 42 ist eine messianische Chiffre (Wert der Buchstaben des Namens »David«) und 3 1/2 ist die Hälfte von 7. Es handelt sich also um ein Symbol der »Zeit der Prüfung«, die jedoch durch eine messianische Chiffre korrigiert wird.

4 Sein Schwanz fegte ein Drittel der Sterne vom Himmel und warf sie auf die Erde herab. Der Drache stand vor der Frau, die gebären sollte; er wollte ihr Kind verschlingen, sobald es geboren war.

5 Und **sie gebar ein Kind**, einen **Sohn**, der über alle Völker mit eisernem Zepter herrschen wird. Und ihr Kind wurde zu Gott und zu seinem Thron entrückt.

6 Die Frau aber **floh in die Wüste**, wo Gott ihr einen Zufluchtsort geschaffen hatte; dort wird man sie mit Nahrung versorgen, **zwölfhundertsechzig Tage** lang.

 *Geführte Lektüre: Die verklärte Kirche (21–22)*

Diese Kapitel bringen die Hoffnung zum Ausdruck, dass die Erwartung des Alten Testaments eines Tages erfüllt werden wird, ja dass sie schon dabei ist, realisiert zu werden.

• Die zweite Schöpfung gleicht der ersten, aber ohne die Schlange und die Sünde! Achten Sie beim Lesen von Gen 2–3 darauf, was in der Offb aufgenommen und was ausgelassen wird (Gen 2,9; 3,9).

• Im himmlischen Jerusalem wird die von den Exilspropheten gemachte Ankündigung einer Neuschöpfung (siehe Jes 65,17-19; 66,22) verwirklicht. In dieser neuen Schöpfung gibt es keinen Tod mehr, keine Krise, keine Tränen. Der Fluch der Genesis ist aufgehoben (siehe Jes 25,8; 35,10; 40,2; Gen 3,2). Das drückt auch das Verschwinden des Meeres aus, des Schlupfwinkels der Mächte des Bösen (vgl. Ijob 7,12).

• Diese heilige Stadt steht in Kontinuität zur irdischen Kirche (Jerusalem) und dem Kosmos. Sie ist aber vollkommen neugeschaffen (siehe Offb 21,10: aus dem Himmel herabgekommen). Sie ist die Wohnstatt Gottes unter den Menschen wie es 2 Sam 7,14; Jes 7,14; Ez 37,27; Lev 26,11-12 erhofft haben. Sie ist die Braut des Lammes Gottes, die von seinem Licht widerglänzt (Jes 52,1; 60; 61,10). Jesaja beschrieb die Schutzwälle dieser Stadt (Jes 54,11) und Ezechiel rekonstruierte darin den Tempel (Ez 40). Aber in dieser Stadt mit 12 Toren – entsprechend der Zahl der Apostel, die die Grundlagen der Kirche bilden, deren einziges Fundament aber Christus ist (1 Kor 3,11) – gibt es keinen Tempel mehr, denn Gott ist alles in allem.

• Das neue Paradies wird uns wie eine zu erfüllende Aufgabe vor Augen gestellt und als ein Geschenk, das von Gott empfangen wird. Bewässert wird es von der Quelle lebendigen Wassers, das vom Thron Gottes und des Lammes ausgeht (Offb 22,1).

Regenbogen. – Zeichen des ersten Bundes Gottes mit den Menschen, der Bund mit Noach (Gen 9,13).

Tiere. – *Die Taube* = Heiliger Geist. *Adler* = Symbol der Macht, des Unglücks. Allgemein spielen die Vögel eine ambivalente Rolle. Die im Judentum reinen oder unreinen Tiere sind ebenso Helfer des Bösen wie des Guten. *Lamm* = Jesus Christus: dieses Bild hat seinen Grund in einer einzigen Realität, dem Bild des »Knechts« von Jes 53, der die Sünde der Menschen trägt und sich als »Sühnelamm« anbietet (Lev 14). Der Ritus des Passalammes (Ex 12,4) symbolisiert die Erlösung Israels. *Löwe* = ein ambivalentes Symbol. Der Löwe von Juda symbolisiert Christus, der brüllende Löwe Satan. **Drache** = Schlange = das Böse (Anspielung auf die Schlange der Genesis). *Frösche* = Helfer des Bösen (Anspielung auf die zweite Plage in Ägypten Ex 8).

Personen. – *Bileam*: der Hinterlistige, der versucht, das Volk Gottes zu täuschen (Num 22,5-25). *Isebel*: die Königin, die versuchte, die Idolatrie in Israel durchzusetzen (1 Kön 21,25). *Zwei Zeugen*: Petrus und Paulus oder die Schrift und der Heilige Geist. *Die Frau*: oft mit Maria zusammengebracht. Möglicherweise kann man darin das Symbol der Kirche sehen. *Die vier Lebewesen*: dieses Symbol ist von Ez 1,5-21 inspiriert. Die Lebewesen sind die vier Engel, die der Regierung der physischen Welt vorstehen.

Das Tier. – Die politische Macht (Rom) als Helfer des Bösen. Der Vergleich stammt aus Dan 7,23. Die 7 Häupter stellen vielleicht die 7 Hügel Roms dar. Die 10 Hörner könnten die 10 Kaiser repräsentieren, die bis zu Domitian regiert hatten.

Farben. – *Schwarz* = Sünde. *Gold* = Reinheit. *Weiß* = Gerechtigkeit und noch allgemeiner diejenigen, die zu Gott gehören. *Rot* = Opfer, Blut, Tod.

Blut. – »Blut ist Leben« (Lev 17,11). Von daher einige Vergleiche: sein Blut vergießen, Blut trinken ... Das Blut des Lammes symbolisiert zugleich sein Leben und seine Kraft.

Buch. – Das Buch steht für die Botschaft Gottes.

Das Buch lesen = die Botschaft aufnehmen. *Das Buch essen* = die Botschaft verstehen und umsetzen (vgl. Ez 3,1-3; Jer 15,16). *Das Buch öffnen* = die Botschaft offenbaren.

Der Abgrund. – Das Chaos vor der Schöpfung (Gen 1; Jer 4,23-28).

Waffen und Werkzeuge. – *Bogen*: göttliche Waffe gegen das Böse (Ps 7,11-12; Ps 45,4-5). *Sichel*: Symbol des Gerichts. Gott wird am Ende der Zeiten die Ernte einholen (Mt 13,39). *Schwert*: Instrument des Gerichts, das oft mit dem Wort Gottes zusammengebracht wird (Eph 6,17; Hebr 4,12).

Licht. – Das Licht symbolisiert allgemein Gott. Der Leuchter

Albrecht Dürer, *Johannes isst das Buch (Offb 10,10), 1498.*

Albrecht Dürer, Der Sieg über den Satan und das neue Jerusalem (Offb 20, 1-4; 21, 9-14), 1498.

brannte vor dem Altar Gottes im Tempel. In der Offb steht der Leuchter für jede Gemeinde. Auch die Sonne ist ein göttliches Symbol. Die Lampen, die vor dem Altar brannten, symbolisierten die Geister Gottes.

Kleidung. – Die Kleidung, d. h. die äußere Erscheinung, symbolisiert die Person und ihren Charakter. *Weiße Kleidung* = Reinheit. Das Bild stammt aus Jesaja (52,1; 61,10).

Wolke. – Die Gegenwart und die Herrlichkeit Gottes. Dieses Bild stammt aus dem Buch Exodus (Ex 14,20), wo erzählt wird, wie Israel von Gott durch eine Feuersäule und eine Wolke geschützt wird. Es scheint, dass man beinahe zwischen der Wolke (von weißer Farbe) und dem Rauch (von dunkler Farbe), den ein Brand, das Feuer, das Böse bewirkt, unterscheiden kann. Weihrauch, der weißen Rauch erzeugt, verweist auf die Gegenwart Gottes.

Kranz. – Ein ambivalentes Symbol. Es lässt nicht nur an das Königtum denken, sondern auch an den Sieg zum Guten oder Schlechten hin.

Becher. – Der Becher ist ein Symbol der Strafe und der Prüfung. Einen Becher zu trinken, bedeutet, dem Gericht Gottes unterzogen werden oder sein Schicksal oft im Schlimmen beenden (vgl. Ps 11,6; Jes 51,17; Jer 25,15-17).

Zeit. – *Ein Tag* entsprach in der symbolischen Sprache einem Jahr (vgl. Num 14,34; Gen 29,27). *Zeit*: eine Zeit = ein Jahr (Dan 7,25).

Orte. – *Ägypten*: das Land der Unterdrückung, das von Satan regiert wird, symbolisiert den Götzendienst. *Babylon*: das andere Exilsland. In der Offb symbolisiert es Rom. *Jerusalem*: die Gottesstadt. *Gog und Magog*: die sündigen Nationen. *Sodom*: die von Gott bestrafte Stadt symbolisiert die Unmoral. *Armageddon*: die letzte Schlacht. Der Name erinnert an die Katastrophe von Megiddo (609 v. Chr.), in deren Verlauf der Pharao Necho den König von Juda, Joschija, schlug.

Elemente. – *Feuer*: ambivalentes Element, da es zugleich die Gegenwart Gottes und die zerstörerische Kraft des Bösen symbolisiert. *Wasser* repräsentiert die Vielzahl der Völker.

Stab. – Gemeint ist ein Stock, der zum Messen dient.

Siegel. – Die Siegel ratifizieren die Urteile Gottes.

Gestirne. – *Sonne*: göttliches Symbol. *Sterne*: sie führen das Volk Gottes (Dtn 12,3; Mt 13,43).

Zahlen. – *1* = Gott. *4* = die Zeit Gottes (die 40 Jahre der Wüste). *6* = die Zeit des sündigen Menschen (666 = die Chiffre der Bestie). *7* = die andere Zeit Gottes, Zeit der Schöpfung (49 = 7 x 7, der Sabbat der Sabbate). *12* = das Volk Gottes (12 Stämme, 12 Jünger). *144 000* (12 x 12 x 1000) = die Erretteten.

6. Teil

Biblische Texte erschließen

Hier einige Hinweise, wie Sie sich biblische Texte erschließen können. Einige methodische Schritte sollen Sie dabei unterstützen. Mit ein wenig Übung werden Sie selbst herausfinden, welche Schritte im Einzelfall von Bedeutung sind. An zwei Beispieltexten, der Tempelreinigung (Joh 2,12-22) und der Frage nach dem Götzenopferfleisch (1 Kor 8,1-13), soll dieses methodische Lesen demonstriert werden. Der erste Text ist eine Erzählung, der zweite eine Rede. Zunächst sind die Schritte gleich, dann unterscheiden sie sich aber je nach Textsorte.

El Greco, Tempelreinigung, 1610–1614.

Analyse einer Erzählung

Schritt 1: Den Text abgrenzen

Bevor man damit beginnt, einen Text zu untersuchen, muss man wissen, wo die Analyse anfangen und wo sie aufhören soll. Im Neuen Testament erleichtern Ihnen die Autoren häufig selbst diese Aufgabe. Meist gehen den einzelnen Episoden kleine Verbindungselemente wie »kurz danach«, »am folgenden Tag«, »an einem anderen Tag« voran. Folgende Fragen muss man sich stellen:
Wo beginnt der Text? Wo endet er?
Was kommt zuvor? Was kommt danach?
Warum steht die Episode an diesem Ort?

Joh 2,12-22

Lesen Sie von Vers 11 bis Vers 23 im 2. Kapitel des Johannesevangeliums.
Dieser Text wird durch zwei Verbindungselemente gerahmt: durch »danach«, das den Übergang von der vorausgehenden Hochzeit von Kana sicherstellt sowie dem »Während er zum Paschafest in Jerusalem war«, was die Unterredung mit Nikodemus ankündigt. Die beiden Episoden, die unseren Text rahmen, geben ihm ein spezielles Profil. Die Hochzeit von Kana bildet das erste Zeichen Jesu, das seine messianische Sendung offenbart, während die Unterredung mit Nikodemus von der Auferstehung spricht. Gerahmt von diesen beiden Momenten der Offenbarung zeigt sich der Text als eine Frage darüber, wer Jesus ist.

---

¹¹ So tat Jesus sein erstes Zeichen, in Kana in Galiläa, und offenbarte seine Herrlichkeit, und seine Jünger glaubten an ihn.

¹² Danach zog er mit seiner Mutter, seinen Brüdern und seinen Jüngern nach Kafarnaum hinab. Dort blieben sie einige Zeit.

¹³ Das Paschafest der Juden war nahe, und Jesus zog nach Jerusalem hinauf.

¹⁴ Im Tempel fand er die Verkäufer von Rindern, Schafen und Tauben und die Geldwechsler, die dort saßen.

¹⁵ Er machte eine Geißel aus Stricken und trieb sie alle aus dem Tempel hinaus, dazu die Schafe und Rinder; das Geld der Wechsler schüttete er aus, und ihre Tische stieß er um.

¹⁶ Zu den Taubenhändlern sagte er: Schafft das hier weg, macht das Haus meines Vaters nicht zu einer Markthalle!

¹⁷ Seine Jünger erinnerten sich an das Wort der Schrift: Der Eifer für dein Haus verzehrt mich.

¹⁸ Da stellten ihn die Juden zur Rede: Welches Zeichen lässt du uns sehen als Beweis, dass du dies tun darfst?

¹⁹ Jesus antwortete ihnen: Reißt diesen Tempel nieder, in drei Tagen werde ich ihn wieder aufrichten.

²⁰ Da sagten die Juden: Sechsundvierzig Jahre wurde an diesem Tempel gebaut, und du willst ihn in drei Tagen wieder aufrichten?

²¹ Er aber meinte den Tempel seines Leibes.

²² Als er von den Toten auferstanden war, erinnerten sich seine Jünger, dass er dies gesagt hatte, und sie glaubten der Schrift und dem Wort, das Jesus gesprochen hatte.

²³ Während er zum Paschafest in Jerusalem war, kamen viele zum Glauben an seinen Namen, als sie die Zeichen sahen, die er tat.

Schritt 2: Die Textsorte bestimmen

Erste Frage: Erzählung oder Rede?

> ¹² Danach zog er mit seiner Mutter, seinen Brüdern und seinen Jüngern nach Kafarnaum hinab. Dort blieben sie einige Zeit.
>
> ¹³ Das Paschafest der Juden war nahe, und Jesus zog nach Jerusalem hinauf.
>
> ¹⁴ Im Tempel fand er die Verkäufer von Rindern, Schafen und Tauben und die Geldwechsler, die dort saßen.
>
> ¹⁵ Er machte eine Geißel aus Stricken und trieb sie alle aus dem Tempel hinaus, dazu die Schafe und Rinder; das Geld der Wechsler schüttete er aus, und ihre Tische stieß er um.
>
> ¹⁶ Zu den Taubenhändlern sagte er: »Schafft das hier weg, macht das Haus meines Vaters nicht zu einer Markthalle!«
>
> ¹⁷ Seine Jünger erinnerten sich an das Wort der Schrift: Der Eifer für dein Haus verzehrt mich.
>
> ¹⁸ Da stellten ihn die Juden zur Rede: »Welches Zeichen lässt du uns sehen als Beweis, dass du dies tun darfst?«
>
> ¹⁹ Jesus antwortete ihnen: »Reißt diesen Tempel nieder, in drei Tagen werde ich ihn wieder aufrichten.«
>
> ²⁰ Da sagten die Juden: »Sechsundvierzig Jahre wurde an diesem Tempel gebaut, und du willst ihn in drei Tagen wieder aufrichten?«
>
> ²¹ Er aber meinte den Tempel seines Leibes.
>
> ²² Als er von den Toten auferstanden war, erinnerten sich seine Jünger, dass er dies gesagt hatte, und sie glaubten der Schrift und dem Wort, das Jesus gesprochen hatte.

Die Erzählung bringt Ereignisse, die in einen Handlungsfaden eingefügt sind. Die Redeteile bringen individuelle Äußerungen. Im Text selbst kann man mehrere Episoden feststellen. Es handelt sich also um eine Erzählung. Aber es gibt auch einige eingefügte Redeteile (» «). Sie sind jedoch nicht lang genug, dass man von einer ganzen Rede sprechen kann.

Zweite Frage: Welcher Stil wird verwendet?

Man kann das sprachliche Niveau erheben: Ist der Stil gehoben oder ist er in Umgangssprache gehalten?
Handelt es sich um einen poetischen Text? Verwendet der Text ausgesuchte oder triviale Worte?

Der Stil des vorliegenden Textes ist einfach und eingängig. Man stellt weder spezielle poetische Ausdrücke, noch gewählte Worte fest. Der Autor erweckt den Eindruck, als würde er einen objektiven, quasi »journalistischen« Bericht verfassen.

Schritt 3: Den Aufbau des Textes analysieren

Erste Frage: Ort und Zeit?

1. Der örtliche Rahmen ist am einfachsten zu analysieren. Es genügt Folgendes zu markieren:
• Die Namen der Orte
• Die konkreten Orte
• Die Verben, die eine Ortsveränderung anzeigen.

Jesus	Mutter, Brüder
Steigt nach Kafarnaum hinab	Steigen mit Jesus nach Kafarnaum hinab
Steigt nach Jerusalem hinauf	(dann spielen sie keine Rolle mehr)
Findet im Tempel die Händler vor	
Vertreibt, zerstreut, wirft um, spricht	
Diskutiert mit den Juden	
Hauptmotor der Handlung	**Sekundäre Personen**

Im Text erkennt man eine erste Bewegung von *Kafarnaum* nach *Jerusalem*. Die Aufmerksamkeit richtet sich dann auf den *Tempel* bzw. das *Heiligtum*. Jesus tritt in den Tempel, jagt die Händler aus dem *Tempel* und bleibt offensichtlich im Tempel, wo er mit den Juden diskutiert. Das, worum es in der Episode geht, dreht sich um diese Gegenwart »*im*« Tempel: Wer ist dort? Wer kann dort bleiben? Wen muss er hinauswerfen? Wer kann den Tempel zerstören und wieder aufbauen?

Wenn man sein Augenmerk auf die **Verben** der Bewegung richtet, dann eröffnen sich drei Richtungen: ein Abstieg von Kana nach Kafarnaum, ein Aufstieg nach Jerusalem, und der Hinauswurf aus dem Tempel.

Das Zeitprofil ist ziemlich komplex. Ein relatives Datum situiert die Episode: »das Passafest war nahe«.

Die verschiedenen Handlungen werden mit der Partikel »da« rhythmisiert. Man muss festhalten, dass das Bewegungsverb »hinaufsteigen« auch einen zeitlichen Sinn hat, da es ja den Beginn der Episode in Jerusalem anzeigt. Schließlich macht der Text noch eine Anspielung auf die Zeit nach der Auferweckung (»*als er von den Toten auferstanden war*«). Dies ist die Zeit des Verstehens, die Zeit, in der die Episode neu interpretiert wird.

Dann kann man die Analyse noch verfeinern, indem man sich folgende Fragen stellt: Wo findet die Handlung der Erzählung statt? Wohin bewegt sie sich? In biblischen Erzählungen muss man auch die Frage nach symbolischen Orten stellen. Haben die im Text vorliegenden Orte eine religiöse (Judäa/Galiläa), topographische (Meer/Land; Stadt/Land) oder architektonische (außerhalb/innerhalb) Bedeutung?

2. Der zeitliche Rahmen
• Die Zeit der Verben
• Die Zeitpartikel (dann, danach, ...)
• Die Zeiten, das Datum etc.

Wiederum kann man genauer nachfragen: In welcher Epoche spielt der Text? In welcher Jahreszeit? Zu welcher Tageszeit? Gibt es im Text Elemente, die sich auf historische Ereignisse beziehen?

> [12] Danach **zog er** mit seiner Mutter, seinen Brüdern und seinen Jüngern nach *Kafarnaum* hinab. Dort blieben sie einige Zeit.
>
> [13] Das *Paschafest der Juden* war nahe, und Jesus **zog** nach *Jerusalem* hinauf.
>
> [14] *Im Tempel* fand er die Verkäufer von Rindern, Schafen und Tauben und die Geldwechsler, die dort saßen.
>
> [15] [*Da*] machte er eine Geißel aus Stricken und **trieb** sie alle aus dem *Tempel* **hinaus**, dazu die Schafe und Rinder; das Geld der Wechsler **schüttete** er **aus**, und ihre Tische **stieß** er **um**.
>
> [16] Zu den Taubenhändlern **sagte** er: Schafft das hier weg, macht das Haus meines Vaters nicht zu einer Markthalle!
>
> [17] Seine Jünger erinnerten sich an das Wort der Schrift: Der Eifer für dein Haus verzehrt mich.
>
> [18] Da stellten ihn die Juden zur Rede: Welches Zeichen lässt du uns sehen als Beweis, dass du dies tun darfst?
>
> [19] Jesus antwortete ihnen: Reißt diesen *Tempel* nieder, in drei Tagen werde ich ihn wieder aufrichten.
>
> [20] *Da* sagten die Juden: Sechsundvierzig Jahre wurde an diesem *Tempel* gebaut, und du willst ihn in drei Tagen wieder aufrichten?
>
> [21] Er aber meinte den *Tempel* seines Leibes.
>
> [22] *Als er von den Toten auferstanden war*, erinnerten sich seine Jünger, dass er dies gesagt hatte, und sie glaubten der Schrift und dem Wort, das Jesus gesprochen hatte.

Jünger	Händler	Tempel	Juden
Zuschauer in Aktion Erinnern sich bei der Aktion Erinnern sich bei der Auferweckung		Tempel des Leibes Leib Jesu	Diskutieren mit Jesus

Zuschauer	Völlig passiv	Worum es geht	Jesu Opponenten

Zweite Frage: Die Akteure?

Jetzt geht es darum, ein »Inventar« der handelnden Personen zu erstellen. Gibt es überhaupt Personen? Das können reale Personen (Jesus, Nikodemus), kollektive Personen (die Söhne Israels), symbolische Personen (die Weisheit Gottes), ja sogar Gegenstände oder Orte sein.

Erstellen Sie ein Inventar der Personen. Welches sind die Hauptpersonen (die Protagonisten) und welches die Nebenpersonen (die Figuren)? Über welche Personen weiß man schon etwas und welche sind diejenigen, die sich auf eine einzige Funktion beschränken (z. B. die »Schriftgelehrten«, die »Apostel«, die »Tempelwächter«)?

Welche Personen treiben die Handlung voran? Welche bremsen die Handlung? Hat man Zugang zu den Gedanken einer Person? Wenn ja, sieht man die Szene durch ihre Augen? Weiß der Leser dabei mehr oder weniger als die Personen?

Am einfachsten macht man sich ein Schema mit den Personen und ihren Rollen: s. oben.

Wenn man den Blick nicht nur auf die belebten Akteure beschränkt, dann wird es möglich, herauszufinden, worum es in diesem Text geht: die Definition des Tempels. Der reale Tempel, der in Jerusalem steht, oder der symbolische Tempel des Leibes Jesu.

Dritte Frage: Die Erzählung?

Die Definition der Personen, der Orte und der Zeiten erlaubt es, eine Erzählung abzugrenzen. Die Erzählung kann sich in der Tat als eine Abfolge von Episoden, d. h. von bestimmten zeitlichen Momenten definieren, in der bestimmte Akteure, die sich an bestimmten Orten aufhalten, miteinander interagieren. Die zusammengefügten Episoden bilden dann einen Handlungsstrang.

Man muss auf Folgendes achten:

1. Die Geschwindigkeit der Erzählung: Läuft die Erzählung schneller als die erzählten Ereignisse ab? Gibt es Pausen? Beschreibungen? Lücken?

Die Zeit des Passafestes				
Nach Kafarnaum	Nach Jerusalem	In den Tempel		
Jesus, seine Mutter und seine Jünger »steigen hinab«	Jesus steigt hinauf	Jesus sieht die Händler	Jesus verjagt die Händler	Jesus verbietet den Händlern, ihr Geschäft zu treiben

2. Die Struktur der Erzählung: Gibt es Rückverweise? Vorwegnahmen?

Folgende Fragen wird man sich stellen:

• *Welches ist der Leitfaden?* Es gilt, das Hauptthema herauszuarbeiten. Im Allgemeinen kann man es in einem Satz zusammenfassen. Oft handelt es sich um die Antwort auf ein Problem.

• *Wer oder was ist der Motor der Handlung?* Wenn es sich um eine Erzählung handelt, geht es darum zu wissen, wer die Dinge vorantreibt. Ist es die Aktion eines Helden, welcher man Zug um Zug folgt? Ist es der äußere Rahmen?

• *Was sind die Schritte der Erzählung?* Im Rahmen einer Erzählung muss man die Schritte des Handlungsstranges herausarbeiten. Oft kennt er deren fünf: eine Ausgangssituation, das Auftreten eines Problems, eine Handlung, die es erlaubt, das Problem zu lösen, eine Lösung des Problems, eine Endsituation.

Ist dieses Schema im Text brauchbar? Wenn nicht, warum?

Vierte Frage: Der Erzähler?

In Erzählungen schaltet sich der Autor in der Figur des »Erzählers« ein, der seine Auffassung auf direkte (explizite) oder indirekte (implizite) Weise zum Ausdruck bringt. Drei Fragen sind zu stellen:

1. Was kann man vom Erzähler oder Sprecher (d. h. dem, der spricht) wissen? Welches sind die Hinweise des Erzählers? Seine Ideologie? Seine Werte?

2. Welches sind die expliziten Kommentare? Im Rahmen einer Erzählung sind die Interventionen des Erzählers zu markieren. Gebraucht er Zitate? Übersetzt er Ausdrücke im Blick auf seinen Leser? Spricht er über eine bestimmte Handlung oder ein bestimmtes Wort sein Urteil direkt aus? Interveniert er direkt oder über eine seiner Personen?

3. Welches sind die impliziten Kommentare? Bezieht er sich im Rahmen einer Erzählung auf andere Texte? Zeigt er Ironie oder Humor? Spricht er auf symbolische Weise?

Die Jünger erinnern sich	Die Juden fordern ein Zeichen	Jesus bestätigt, dass er den Tempel wieder aufbauen wird	Die Juden verspotten Jesus	Die Jünger verstehen

---

¹² Danach zog er mit seiner Mutter, seinen Brüdern und seinen Jüngern nach Kafarnaum hinab. Dort blieben sie einige Zeit.

¹³ Das Paschafest der Juden war nahe, und Jesus zog nach Jerusalem hinauf.

¹⁴ Im Tempel fand er die Verkäufer von Rindern, Schafen und Tauben und die Geldwechsler, die dort saßen.

¹⁵ Er machte eine Geißel aus Stricken und trieb sie alle aus dem Tempel hinaus, dazu die Schafe und Rinder; das Geld der Wechsler schüttete er aus, und ihre Tische stieß er um.

¹⁶ Zu den Taubenhändlern sagte er: Schafft das hier weg, macht das Haus meines Vaters nicht zu einer Markthalle!

Beschreibung von außen: In ganzem Text tut der Autor so, als würde er die Ereignisse von außen beschreiben.

¹⁷ **Seine Jünger erinnerten sich an das Wort der Schrift: Der Eifer für dein Haus verzehrt mich.**

¹⁸ Da stellten ihn die Juden zur Rede: Welches Zeichen lässt du uns sehen als Beweis, dass du dies tun darfst?

Beschreibung von innen: Der Autor beschreibt die verborgenen Gedanken der Jünger, als ob er sie von innen erleben würde.

¹⁹ Jesus antwortete ihnen: Reißt diesen Tempel nieder, in drei Tagen werde ich ihn wieder aufrichten.

²⁰ Da sagten die Juden: Sechsundvierzig Jahre wurde an diesem Tempel gebaut, und du willst ihn in drei Tagen wieder aufrichten?

²¹ **Er aber meinte den Tempel seines Leibes.**

²² Als er von den Toten auferstanden war, erinnerten sich seine Jünger, dass er dies gesagt hatte, und sie glaubten der Schrift und dem Wort, das Jesus gesprochen hatte.

Direkter Eingriff: Der Autor greift direkt in die Erzählung ein. Dieses Vorgehen ist relativ selten.

Schritt 4: Die Interpretation des Textes

Obwohl sich die Frage nach der Interpretation bei jedem Teilschritt der Lektüre stellt, darf sie erst am Ende des gesamten Analysevorgangs für sich selbst in den Blick genommen werden. Es ist wie eine Rückkehr zum Text und zu sich selbst.

Erste Frage: Der historische Sinn?

Für diesen Schritt ist es ratsam, sich mit einem guten Wörterbuch auszurüsten und alle biblischen Kenntnisse heranzuziehen. Zahlrei-

Das Paschafest der Juden:
Aus Anlass dieses zentralen Festes pilgerten die Juden nach Jerusalem. Dieser Moment ist also feierlich.

Tempel: Er besteht aus zwei Teilen: eine Umfriedung, die man mit dem Tempel (*hieron*) gleichsetzt und dem eigentlichen Heiligtum (*naos*). Man erkennt, dass Johannes ganz bewusst beide Ausdrücke verwendet. Der erste Teil der Erzählung ereignet sich innerhalb der Umfriedung.

Verkäufer: Da jeder fromme Jude jedes Jahr ein Opfer darbringen musste, hatten die Tierhändler für jede der drei Opferkategorien (Rinder, Schafe, Tauben) einen Stand auf dem Tempelvorplatz.

Geldwechsler: Da der Tempel sein eigenes Geld hatte, das sich vom Geld der römischen Besatzungsmacht unterschied, musste man tauschen, was wiederum reiche Einnahmen brachte.

Der Eifer für dein Haus: Anspielung auf den messianischen Psalm 69,10.

Juden: Wie schon gesagt, umfasst diese Bezeichnung bei Johannes viele Bedeutungen. Hier handelt es sich ganz offensichtlich um diejenigen, die im Heiligtum sind.

Sechsundvierzig Jahre: Faktisch die Zeit, die die Arbeiter des Herodes zur Renovierung des Tempels brauchten. Die Juden verstehen das Wort Jesu als eine Anspielung auf die Errichtung des herodianischen Tempels.

che Elemente aus dem historischen Kontext müssen zusammenkommen. Folgendes ist zu erklären:
- die erwähnten Sitten und Bräuche
- die historische Bedeutung der beschriebenen Aktion
- das ideologische und soziale Fundament der Erzählung.

> [12] Danach zog er mit seiner Mutter, seinen Brüdern und seinen Jüngern nach Kafarnaum hinab. Dort blieben sie einige Zeit.
>
> [13] **Das Paschafest der Juden** war nahe, und Jesus zog nach Jerusalem hinauf.
>
> [14] Im **Tempel** (*hieron*) fand er die **Verkäufer** von Rindern, Schafen und Tauben und die **Geldwechsler**, die dort saßen.
>
> [15] Er machte eine Geißel aus Stricken und trieb sie alle aus dem Tempel (*hieron*) hinaus, dazu die Schafe und Rinder; das Geld der Wechsler schüttete er aus, und ihre Tische stieß er um.
>
> [16] Zu den Taubenhändlern sagte er: Schafft das hier weg, macht das Haus meines Vaters nicht zu einer Markthalle!
>
> [17] Seine Jünger erinnerten sich an das Wort der Schrift: **Der Eifer für dein Haus** verzehrt mich.
>
> [18] Da stellten ihn die **Juden** zur Rede: Welches Zeichen lässt du uns sehen als Beweis, dass du dies tun darfst?
>
> [19] Jesus antwortete ihnen: Reißt diesen Tempel (*naos*) nieder, in drei Tagen werde ich ihn wieder aufrichten.
>
> [20] Da sagten die Juden: **Sechsundvierzig Jahre** wurde an diesem Tempel (*naos*) gebaut, und du willst ihn in drei Tagen wieder aufrichten?
>
> [21] Er aber meinte den Tempel (*naos*) seines Leibes.
>
> [22] Als er von den Toten auferstanden war, erinnerten sich seine Jünger, dass er dies gesagt hatte, und sie glaubten der Schrift und dem Wort, das Jesus gesprochen hatte.

Man kann die historische Reichweite der Handlung Jesu verstehen. Jesus, ein um die Reinheit des Kultes besorgter Rabbi, will dem dort stattfindenden Handel ein Ende bereiten. Seine etwas »hemdsärmelige« Intervention wird von den anwesenden Juden heftig kritisiert.

Zweite Frage: Der symbolische (oder theologische) Sinn?

In den biblischen Erzählungen interpretieren die Autoren Episoden aus dem Leben Jesu und der Kirche häufig auf theologische Weise neu. Man muss also aufmerksam sein: Gibt es dort nicht eine Anspielung auf die Auferweckung oder das Jüngste Gericht? Kann man »verschlüsselte« Ausdrücke wie »aufwachen« (auferweckt werden) oder »in Erwartung sein« (in Erwartung des Gerichts) etc. ausfindig machen? Johannes hat der historischen Handlung Jesu eine österlich-symbolische Interpretation gegeben:

Zerstörung <-> Passion des Tempels	Grab <-> Leib Christi	Wieder- <-> Auferaufbau weckung

Damit man recht versteht: wie oft im vierten Evangelium ereignet sich dieses Verstehen a posteriori, d. h. nach der Auferweckung. Endlich öffnen sich im Lichte von Ostern die Augen der Jünger. Jetzt können sie die Ankündigungen, die Jesus sein Leben lang gemacht hat, verstehen.

Letzte Frage: Welche Bedeutung hat der Text?

Den Text im Blick muss man Stellung beziehen. Gibt mir der Text historische Einsichten? Kann ich ihn symbolisch lesen? Hat er eine moralische Bedeutung? Eine spirituelle? Drängt er mich, dass ich ihm eine Antwort gebe? Was lehrt er über das Handeln Gottes?

Es ist ratsam, nicht bei einer Interpretation stehen zu bleiben, die sich nur auf einen bestimmten Leser konzentriert. Der Text war im Laufe der Geschichte Gegenstand vieler Lektüren. Er wurde rezipiert, von Kirchenvätern und Theologen kommentiert, und er erfährt auch heute in der Kirche seine spezielle Deutung. Der Christ findet hier ein Mittel, um seinen Glauben zu nähren und um sich in seine Gemeinschaft einzuschreiben. Der Nichtchrist findet eine Erklärung für die Geschichte der Kirche und für die Gestalt, die sie heute annimmt.

Interessant wäre auch ein Vergleich mit den Darstellungen der Tempelszene bei den Synoptikern und eine Einbeziehung der Tempelkritik der Propheten, etwa bei Jeremia 7,1-15.

Analyse einer Rede

1 Kor 8,1–13

Lesen Sie in ihrer Bibel 1 Kor 7,40 und 1 Kor 9,1-2. Prüfen Sie, ob der Übergang, der dem Text vorausgeht, aus einem Satz besteht, der das Thema ankündigt: »Nun zur Frage des Götzenopferfleisches« und dass das, was nachfolgt, mit einem zusammenfassenden Satz eingeführt wird: »wenn darum...«, der seinerseits einen Wechsel in der Tonlage vorbereitet.

Schritt 1: Den Text abgrenzen

Selbst bei einer Rede kann man der Frage der Textabgrenzung nicht entgehen. Doch im Gegensatz zu einer Erzählung, werden die Grenzen gewöhnlich durch Ausdrücke, welche die Argumentation kennzeichnen, gut markiert. Man muss also auf alle Ausdrücke achten, die einen Wechsel des Themas ankündigen:
• Wechsel im Ton, in der Person.
• Ausdrücke, die einen neuen Teil ankündigen (»was ... betrifft«, »kommen wir jetzt zu ...«, »in einem zweiten Abschnitt ...«).
• Ausdrücke, die eine Argumentation zusammenfassen (»kurzum«, zusammenfassend ...«).

Schritt 2: Den Text analysieren

Die logischen Zusammenhänge herausarbeiten
In einer Rede gibt es keinen Handlungsstrang, keine Zeit- und Ortsangaben, die eine Einteilung des Textes ergeben würden. Andererseits wird das Verständnis des Lesers oft durch die logischen Zusammenhänge erleichtert, welche die verschiedenen Argumente kennzeichnen.
Die Bewegung der Argumentation ist einfach zu erfassen. Mehrmals wiederholt sich folgendes Schema: Behauptung, Erwähnung einer Schwierigkeit, Korrektur der vorhergehenden Behauptung. Es bildet das Grundgerüst des gesamten Textes, wie auch der einzelnen Abschnitte:

»Nun zur Frage des Götzenopferfleisches«

»Aber«

»Wenn darum«

Erste Frage: Das logische Zusammenspiel?

¹ Nun zur Frage des Götzenpoferfleisches. Gewiss, wir alle haben Erkenntnis. Doch die Erkenntnis macht aufgeblasen, die Liebe dagegen baut auf.
² Wenn einer meint, er sei zur Erkenntnis gelangt, hat er noch nicht so erkannt, wie man erkennen muss.
³ Wer aber Gott liebt, der ist von ihm erkannt.
⁴ Was nun das Essen von Götzenopferfleisch angeht, so wissen wir, dass es keine Götzen gibt in der Welt und keinen Gott außer dem einen.
⁵ Und selbst wenn es im Himmel oder auf der Erde sogenannte Götter gibt – und solche Götter und Herren gibt es viele –,
⁶ so haben doch wir nur einen Gott, den Vater. Von ihm stammt alles, und wir leben auf ihn hin. Und einer ist der Herr: Jesus Christus. Durch ihn ist alles, und wir sind durch ihn.
⁷ Aber nicht alle haben die Erkenntnis. Einige, die von ihren Götzen nicht loskommen, essen das Fleisch noch als Götzenopferfleisch, und so wird ihr schwaches Gewissen befleckt.
⁸ Zwar kann uns keine Speise vor Gottes Gericht bringen. Wenn wir nicht essen, verlieren wir nichts, und wenn wir essen, gewinnen wir nichts.
⁹ Doch gebt Acht, dass diese eure Freiheit nicht den Schwachen zum Anstoß wird.
¹⁰ Wenn nämlich einer dich, der du Erkenntnis hast, im Götzentempel beim Mahl sieht, wird dann nicht sein Gewissen, da er schwach ist, verleitet, auch Götzenopferfleisch zu essen?
¹¹ Der Schwache [nämlich] geht an deiner »Erkenntnis« zugrunde, er, dein Bruder, für den Christus gestorben ist.
¹² Wenn ihr euch auf diese Weise gegen eure Brüder versündigt und ihr schwaches Gewissen verletzt, versündigt ihr euch gegen Christus.
¹³ Wenn darum eine Speise meinem Bruder zum Anstoß wird, will ich überhaupt kein Fleisch mehr essen, um meinem Bruder keinen Anstoß zu geben.

Zweite Frage: Die wiederkehrenden Gedanken?

Jede Rede hat ein Thema und eine These. Um sie herauszufinden, ist es hilfreich, bei den wiederkehrenden Gedanken zu bleiben, die in gleicher Form oder in verschiedenen Formen zum Ausdruck gebracht werden. Mit dem Stift in der Hand kann man dann die wiederkehrenden Themen markieren. Diese Aktivität wird dem Leser jedoch in Erinnerung rufen, dass er achtgeben muss: die wiederkehrenden Gedanken erfahren häufig eine Akzentuierung, die dem Text eigen ist. Sie gilt es *vom Text her* zu entdecken und nicht durch die eigenen Vorurteile. Häufig taucht ein entgegengesetzter Sinn deshalb auf, weil man ein bestimmtes Verständnis gewisser Ausdrücke allzu rasch annimmt.

Drei Ausdrücke scheinen miteinander zu interagieren. Das Thema, das im ersten Satz zur Sprache kommt, ist das »Götzenopferfleisch«. Paulus interpretiert es wie ein Problem der *Erkenntnis* und stellt ihm das <u>schwache Gewissen</u> gegenüber.

1 Nun zur Frage des **Götzenopferfleisches**. Gewiss, wir alle haben *Erkenntnis*. Doch die *Erkenntnis* macht aufgeblasen, die Liebe dagegen baut auf.

2 Wenn einer meint, er sei zur *Erkenntnis* gelangt, hat er noch nicht so *erkannt*, wie man *erkennen* muss.

3 Wer aber Gott liebt, der ist von ihm erkannt.

4 Was nun das Essen von **Götzenopferfleisch** angeht, so *wissen* wir, dass es keine Götzen gibt in der Welt und keinen Gott außer dem einen.

5 Und selbst wenn es im Himmel oder auf der Erde sogenannte Götter gibt – und solche Götter und Herren gibt es viele –,

6 so haben doch wir nur einen Gott, den Vater. Von ihm stammt alles, und wir leben auf ihn hin. Und einer ist der Herr: Jesus Christus. Durch ihn ist alles, und wir sind durch ihn.

7 Aber nicht alle haben die *Erkenntnis*. Einige, die von ihren Götzen nicht loskommen, essen das Fleisch noch als **Götzenopferfleisch**, und so wird ihr <u>schwaches Gewissen</u> befleckt.

8 Zwar kann uns keine Speise vor Gottes Gericht bringen. Wenn wir nicht essen, verlieren wir nichts, und wenn wir essen, gewinnen wir nichts.

9 Doch gebt Acht, dass diese eure Freiheit nicht den Schwachen zum Anstoß wird.

10 Wenn nämlich einer dich, der du *Erkenntnis* hast, im Götzentempel beim Mahl sieht, wird dann nicht <u>sein Gewissen, da er schwach ist,</u> verleitet, auch **Götzenopferfleisch** zu essen?

11 Der Schwache geht an deiner »*Erkenntnis*« zugrunde, er, dein Bruder, für den Christus gestorben ist.

12 Wenn ihr euch auf diese Weise gegen eure Brüder versündigt und ihr <u>schwaches Gewissen</u> verletzt, versündigt ihr euch gegen Christus.

13 Wenn darum eine Speise meinem Bruder zum Anstoß wird, will ich überhaupt kein **Fleisch** mehr essen, um meinem Bruder keinen Anstoß zu geben.

Wenn einmal die logischen Zusammenhänge herausgearbeitet sind, ist es einfach, daraus den Aufbau des Textes zu folgern. Um effizient zu sein, ist es ratsam, die Überschriften in zwei Teilen zu fassen: einer *funktionellen* Hälfte (der Ort einer Vorstellung in der umfassenden Argumentation) und einer *inhaltlich* »gefüllten« Hälfte (der Inhalt einer Vorstellung). Folgendes Beispiel wird helfen, das eben Gesagte zu verstehen.

1. Theologische Erinnerung:
Der Christ ist in seiner Nahrung frei: V. 1-6
A. Einleitung: die rechte christliche Erkenntnis: V. 1-3
B. Folgerung: man darf Fleisch essen: V. 4-6

2. Abstufung der These:
Die »Schwachen« mit einbeziehen: V. 7-12
A. Die Schwierigkeit: nicht alle haben die Erkenntnis: V. 7
B. Untersuchung der Schwierigkeit: Die Geschwisterlichkeit hat Vorrang vor der individuellen Freiheit: V. 8-12

3. Schlussfolgerung:
Das Gewissen des anderen hat Vorrang vor der Tatsache, dass man Fleisch isst: V. 13

Schritt 3: Den Text in seinen historischen Kontext zurückstellen

Wie bei einer Erzählung ist es notwendig, die Texte in ihre Kontexte zurückzustellen, besonders in den Kontext der Geschichte der kulturell verankerten Ideen und Vorstellungen. Hierbei erweist sich ein theologisches Wörterbuch als unverzichtbar.
Um den vorliegenden Text zu verstehen, muss man unbedingt Folgendes wissen:
1. Das Judentum verbietet den Verzehr von Fleisch, das nicht auf rituelle Weise geschlachtet wurde.
Tatsächlich verbietet die Tora den Konsum von Blut. Damit man es essen kann, muss das Tier sorgfältig von seinem Blut entleert werden. Dementsprechend verdammt das Judentum Fleisch, das im Verlauf von heidnischen Zeremonien geschlachtet wurde. Diese Zeremonien wurden als Götzendienst angesehen.
2. In den von Jerusalem entfernt liegenden Gemeinden ist es nicht einfach, den Konsum von Opferfleisch zu vermeiden.
In der Tat macht die griechische Religion großen Gebrauch von Opfern, in deren Verlauf nicht das ganze Tier verzehrt wurde. Für

einen Christen dieser Zeit ist das Problem akut: Wie kann man sicher sein, dass das Fleisch vom Markt nicht von einem Tempel stammt? Um Kosten zu senken, verkauften zahlreiche Tempel das zuvor geopferte Fleisch an die Metzger.

Wie kann man sicher sein, dass das von den Heiden angebotene Fleisch nicht von einem Tempel stammt?

Wie kann man ein gesellschaftliches Leben führen, wenn die Mehrheit der bürgerlichen und beruflichen Vereine Bankette mit Opferungen organisiert?

Schritt 4: Den Text interpretieren

Nachdem man sich aufgrund der drei vorausgehenden Schritte kundig gemacht hat, kann man jetzt darangehen, den Text zu interpretieren. Das kann man wiederum auf zweifache Weise tun: (1) Eine Interpretation, die nahe am Text ist und die versucht, die Punkte herauszuarbeiten, mit denen der Autor argumentiert. (2) Eine persönliche und/oder kirchliche Interpretation, welche den Thesen des Autors zustimmt oder sie auch kritisiert und eine Aktualisierung auf dem Hintergrund gegenwärtiger Fragestellungen versucht. Mehrere Punkte kann man ins Auge fassen.
• Auf welches Problem antwortet der Autor? Wie ist seine Antwort?
• Welche Konsequenzen muss man daraus für das Verständnis des Autors ziehen?
• Welche Konsequenzen sollen wir daraus ziehen?

Das Problem bei Paulus
Paulus sieht sich mit einer Gemeinde konfrontiert, von denen einige (die die Erkenntnis haben) Opferfleisch essen, während sich für andere daraus Gewissensprobleme ergeben.

Die Antwort von Paulus
• Den »Starken« gesteht er die von Christus geschenkte Erkenntnis zu (die Tatsache, dass man weiß: es gibt nur einen Gott, die Götzen sind nichts), in aller Freiheit zu handeln.
• Er erinnert sie aber auch daran, dass dies das Gewissen der »Schwachen« verletzen kann. Wenn man nun das Gewissen eines Schwachen beunruhigt, kann das zu seinem Fall führen.
• Also rät er den Starken, das Gewissen der Schwachen mitzubedenken, und es von daher zu vermeiden, sie zu verletzen.

Die Folgen aus der Antwort des Paulus
Paulus bringt die Freiheit, die aus dem christlichen Gewissen entspringt, wieder auf ihren rechten Platz. Sie ist weder ein Recht noch ein Gegenstand des Hochmuts noch ein Gesetz, welches man anderen auferlegen kann. Er gibt ihr ein Gegengewicht, durch das, was bei allen den Vorrang haben muss: die Liebe zu den anderen und die Sorge um ihr Gewissen.

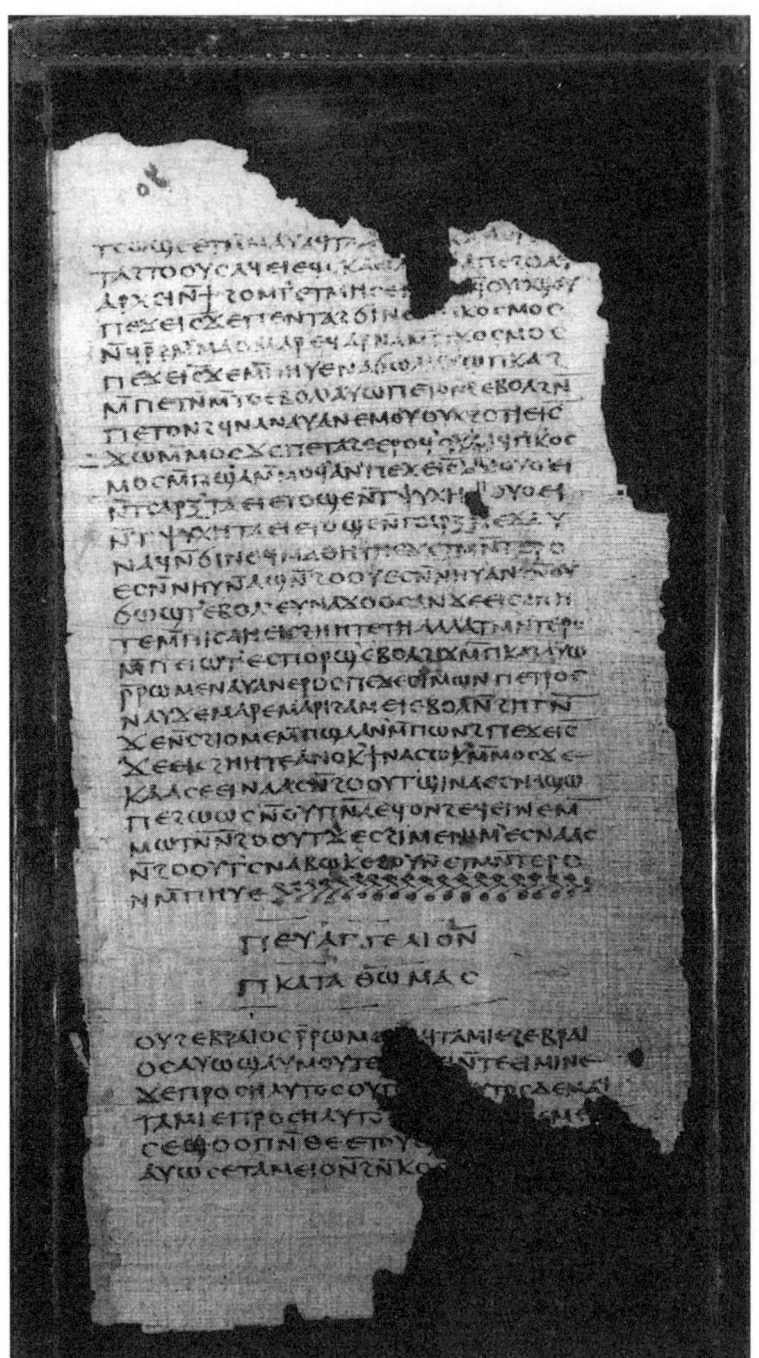

Schluss des Thomasevangeliums, unterschrieben mit »Evangelium nach Thomas«. 1945 in Nag Hammadi in Ägypten gefunden, wird es als der wichtigste gnostische Handschriftenfund des 20. Jh. angesehen. Mit seinen 114 Aussprüchen Jesu wird es auch als das »5. Evangelium« bezeichnet und ist vermutlich um 180 n. Chr. in Syrien entstanden (s. S. 200)

7. Teil

Weiterführendes

Die Apokryphen des Neuen Testaments

Die Apokryphen, die oft mit dem Nimbus des Geheimnisvollen behaftet sind, begeistern die Medien. Enthalten nicht gerade sie verborgene Offenbarungen? Hat man nicht versucht, die Menschen über den wahren Sinn der Botschaft Jesu zu täuschen? Das ist schlichtweg falsch! Um das zu erkennen, genügt es, die Apokryphen zu lesen. Wenn man sie dagegen in Ergänzung zum Neuen Testament studiert, stellt sich das als sehr lehrreich heraus. Sie stellen nämlich nicht nur die Frage nach der Auswahl des Kanons (Warum vier Evangelien und warum gerade diese?), sie erhellen darüber hinaus auch die Redaktionsbedingungen der biblischen Bücher.

»Apokryphe Bücher« und »kanonische Bücher«

Für die ersten Christen stellt sich die Idee des Kanons (ein Wort, das aus dem Griechischen stammt und »Regel«, »Richtschnur« bedeutet) nicht. Die Schriften des Neuen Testaments können großenteils als Gelegenheitsschriften angesehen werden. Sie wurden verfasst, um auf ein bestimmtes Problem zu antworten. Sie waren, wie alle speziellen Schreiben, an eine ganz bestimmte Gemeinde gerichtet. Seit dem Ende des 1. Jh. n. Chr. hatte die Vorstellung, dass nicht alle Schriften gleichwertig sind, jedoch schon ihren Weg gemacht. Die Existenz von Büchern, die unter dem Namen eines wichtigen Apostels erschienen, zeigt dieses Bedürfnis nach Bestätigung.
Erst zur Zeit der Wende des 2. Jh. auf das 3. Jh. n. Chr. entwickelt sich die Vorstellung vom Kanon. Dafür gibt es zwei Gründe: 1.) die Notwendigkcit auf Irrlehren zu antworten und einen »orthodoxen« Kanon zu definieren, der von allen rezipiert und als Autorität anerkannt wird, 2.) die Entwicklung der christlichen Theologie machte es notwendig, dass man sich auf ein solides Fundament stützen konnte.
Auf diesem Hintergrund kam es zur Erstellung des Kanons. Einerseits stellte man Listen über Bücher auf, die zu lesen nicht nützlich war (negative Definition), andererseits kamen die ersten Theologen der Kirche (die Kirchenväter) immer wieder auf die gleichen Bücher zurück, die dadurch, dass man sie benutzte, »kanonisch« wurden

(positive Definition). So erklärt sich auch, dass bis in unsere Epoche zwei theologische Theorien nebeneinander bestehen: eine *Theorie der Inspiration*, die klar eine Grenze zieht zwischen dem, was inspiriert und was nicht inspiriert ist, und eine *Theorie des Gebrauchs*, die jeden Text als kanonisch zulässt, der auf universelle und fortwährende Weise in der Kirche verwendet wird.

Die ersten positiven Listen kanonischer Bücher sind spät entstanden. Im Osten zitiert Cyrill von Jerusalem (315–386) in seinen »Katechesen« einen ersten Kanon und Athanasius einen zweiten in seinem 39. Osterfestbrief. Im Jahr 350 versammelt sich in Laodizäa ein Konzil, das eine Liste festlegt. Im Westen sind es vor allem lokale Synoden, die den Kanon schließen, im besonderen die von Augustinus einberufenen (393 in Hippo, 397 in Karthago, 419 in Cartagena). Die erste Definition für die katholische Kirche fand erst auf dem Konzil von Florenz im Jahre 1443 statt.

Was steht in den Apokryphen?

Je nach der Zeit, in der sie redigiert worden sind, verfolgen die Apokryphen verschiedene Ziele und haben unterschiedliche Inhalte.

1. Texte, die mehr oder weniger zeitgleich zur Redaktion des Neuen Testaments liegen

Sie sind die Zeugnisse von Kirchen, die fern von den großen christlichen Zentren liegen, die eine etwas unterschiedliche Theologie haben oder in Bezug auf die Lehre einen älteren Standpunkt vertreten. Unter anderem ist das der Fall beim Hebräerevangelium, dem Ägypterevangelium, dem Ebioniterevangelium und dem Petrusevangelium, die man als sehr alte Formen der Evangelien ansehen kann. Vielleicht ist das auch beim Thomasevangelium der Fall, das man in den Papyri von Nag Hammadi wiedergefunden hat. Ebenso die apokryphen Akten, die aus der zweiten Hälfte des 2. Jh. oder Anfang des 3. Jh. datieren. Sie bilden hinsichtlich des literarischen, aber vor allem des theologischen Aufrisses eine homogene Gruppe. Alle zeigen eine ausgeprägte Tendenz zum Enkratismus (strenge Askese). Das weist auf ein populäres und archaisches Christentum hin. Man wird hier die Johannesakten, die Petrusakten, die Paulusakten, die Thomasakten und die Andreasakten aufführen. Unter den apokryphen Apokalypsen nähern sich die des 2. Jh. wie die Paulus- oder Johannesapokalypse der kanonischen Offenbarung.

2. »Populäre« Texte nach der Redaktion des Neuen Testaments

Diese noch späteren Texte sind vor allem Instrumente einer populären christlichen Propaganda, die eine Vorliebe für das Wunderbare hat und zudem ein Zeugnis für asketische und doketische Tendenzen ist. Hier muss man das Protevangelium des Jakobus und seine Nachahmer den »Transitus Mariae«, die Geschichte des Zimmer-

Jahr-hun-dert	Evangelien	Akten	Briefe	Apokalypsen
2. Jh.	Evangelium des Markion (Kleinasien) Philippusevangelium (griechisch) Petrusevangelium (Syrien, griechisch) Thomasevangelium (Syrien, koptisch, griechisch) Himmelfahrt des Jesaja (griechisch, äthiopisch) Protevangelium des Jakobus (Ägypten, griechisch) Evangelium des Basilides Ebioniterevangelium (Transjordanien, griechisch) Ägypterevangelium (Ägypten, griechisch) Hebräerevangelium (Ägypten, griechisch) Nazaräerevangelium (Syrien)	Jakobusakten (lateinisch) Johannesakten (Syrien, griechisch) Paulus- und Theklaakten (Kleinasien, griechisch) Petrusakten (griechisch, lateinisch) *Andreasakten*	3. Brief des Paulus an die Korinther (griechisch) Brief der Apostel (koptisch, äthiopisch) Barnabasbrief (Ägypten, lateinisch) Brief des Pilatus an Tiberius (lateinisch) *Brief des Paulus an die Alexandriner*	Apokalypse des Jakobus (koptisch) Apokryphe Johannesapokalypse (griechisch) Petrusapokalypse (Ägypten, griechisch, äthiopisch) Paulusapokalypse (Palästina, griechisch) Johannesapokryphen (griechisch, koptisch)
3. Jh.	Evangelium des Bartholomäus (griechisch, lateinisch) Evangelium der Maria Magdalena (koptisch)	Akten des Petrus und der 12 Apostel (koptisch) Thomasakten (Syrien, syrisch)	Brief des Petrus an Philippus (koptisch)	
4. Jh.	Nikodemusevangelium oder Akten des Pilatus (griechisch) Kindheitsevangelium des Thomas (griechisch) Briefe Abgars und Jesu (griechisch) Himmelfahrt Mariens (lateinisch, syrisch)	Philippusakten (griechisch Thaddäusakten oder Lehre des Addaï (griechisch, syrisch) *Himmelfahrt des Jakobus*	Brief an die Laodizäer (arabisch, lateinisch) Brief des Paulus und des Seneca (lateinisch)	
5. Jh.	Buch der Auferstehung Jesu Christi von Bartholomäus (Ägypten, koptisch) Geschichte des Zimmermanns Josef (Ägypten)	Barnabasakten (griechisch) Johannesakten von Prochorus (griechisch)	Titusbrief (lateinisch)	Stephanusapokalypse
6. Jh.	Evangelium des Pseudo-Matthäus (lateinisch) Arabisches Kindheits-evangelium (lateinisch) Armenisches Kindheits-evangelium (armenisch)	Andreas- und Matthiasakten (Ägypten, griechisch) Apostolische Geschichte des Abdias (Gallien)	Ein vom Himmel gefallener Brief Christi (griechisch)	
7. Jh.	Evangelium der Geburt Mariens (lateinisch)			

manns Josef, die Kindheitserzählungen Jesu von Thomas, das Arabische Kindheitsevangelium und schließlich das Nikodemusevangelium, das auch Pilatusakten genannt wird, anführen. Alle haben eine Freude für die »kleine Geschichte« und die einfachen Wunder. Hier muss man ebenso Briefe anführen, die Paulus zugeschrieben werden und dessen Korrespondenz man vervollständigen wollte. Der 3. Korintherbrief ist ein Abschnitt in den Paulusakten. Der Brief an die Laodizäer ist aus kanonischen Fragmenten komponiert. Die vierzehn Briefe der Korrespondenz mit Seneca sind sehr jung. Sie wollen auf ziemlich naive Weise zeigen, dass der große heidnische Philosoph Sympathien für das Christentum hatte. Zur gleichen Art gehören der Briefwechsel Christi mit Abgar, dem König von Edessa, der vielleicht viel älter ist (Ende 2. Jh.) sowie sehr viel spätere Apokalypsen: Thomasapokalypse, Stephanusapokalypse, drei Johannesapokalypsen, zwei Apokalypsen der Jungfrau und andere, die Bartholomäus, Zacharias, Daniel, Esra etc. zugeschrieben werden.

3. »Häretische« Texte nach der Redaktion des Neuen Testaments
Diese dritte Kategorie umfasst Schreiben, die von Gruppierungen stammen, die von der Großkirche als häretisch eingestuft wurden. Sie respektieren nicht unbedingt die literarischen Formen des Kanons, haben aber wahrscheinlich einen speziellen Status in gewissen Gemeinden. Hier kann man auf die gnostischen Traktate verweisen, die im ägyptischen Nag Hammadi entdeckt worden sind, wie der dreiteilige Traktat, die Sophia Jesu Christi etc.

In der Tabelle S. 197 finden sich einige der genannten Texte wieder (kursiv hervorgehoben sind die Bücher, die man nur von Anspielungen bzw. Hinweisen her kennt)

Einige apokryphe Texte

Damit Sie sich einen ersten Eindruck von den apokryphen Texten machen können, seien Ihnen nachfolgend einige vorgestellt. Für weitere Informationen schauen Sie sich die Bibliographie an.

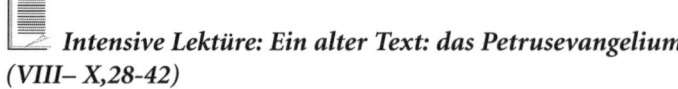 *Intensive Lektüre: Ein alter Text: das Petrusevangelium (VIII– X,28-42)*

Das Petrusevangelium, das man 1886 in einem Grab eines ägyptischen Mönches gefunden hat, wird häufig als ein Evangelium dargestellt, das in Konkurrenz zu den kanonischen Evangelien steht, weil es zunächst auf das Ende des 1. Jh. n. Chr. datiert war. In Wirklichkeit scheint es aus den Jahren um 150 n. Chr. zu stammen. Es könnte syrischen Ursprungs sein. Es zeigt eine doketische Tendenz (eine Häresie, die behauptete, dass Christus als wahrer Gott nur »scheinbar« gelitten hätte) und erzählt die Passion, indem sie die Leiden Jesu minimiert. Sie beschreibt dessen Macht in starken Bildern. In dem folgenden Text wird die Auferweckung selbst erzählt. Die kanonischen Evangelien tun dies nicht.

> VIII 28 Als den Schriftkundigen, Pharisäern und ältesten zu Ohren kam, dass das ganze Volk wehklagte und sich voll Reue an die Brust schlug, versammelten sie sich und sagten zueinander: »Wenn bei seinem Tod so große Dinge geschehen, dann soll uns das darauf aufmerksam machen, wie gerecht er war.« 29 Die Ältesten bekamen es mit der Angst zu tun, sie gingen zu Pilatus und baten ihn: 30 »Gib uns Soldaten, die sollen sein Grab die Tage lang bewachen. Denn sonst kommen seine Jünger und stehlen ihn, und dann wird das Volk denken, dass er von den Toten auferstanden ist. Sie werden uns die Hölle heiß machen.« 31 Daraufhin gab ihnen Pilatus den **Hauptmann Petronius** mit einigen Soldaten mit, die zusammen mit den Ältesten und Schriftkundigen zum **Grab** gingen. 32 Alle, die dort waren, fasten mit an und wälzten mit Hilfe des Hauptmanns und der Soldaten einen großen Stein herbei. Sie setzten ihn vor den Eingang des Grabes 33 und versiegelten ihn mit **sieben Siegeln**. Dann schlugen sie ein **Zelt** auf und hielten Wache.
> IX 34 Früh am Morgen des Sabbat, als die Sonne aufging, kamen eine Menge Leute aus Jerusalem herbei und schauten sich das versiegelte Grab an. 35 In der folgenden Nacht, als der Sonntag heraufgekommen war, hielten die Soldaten Wache am Gab, immer zwei im Wechsel. Da hörten sie eine laute Stimme vom Himmel her. 36 Sie sahen, wie sich der Himmel einen Spaltbreit öffnete und **zwei Männer**, von leuchtendem Glanz umhüllt, von dort herabstiegen und auf das Grab zugingen. 37 der Stein am Eingang des Grabes geriet von selbst ins Rollen und wich zur Seite. Er gab den Eingang zum Grab frei, und die beiden jungen Männer gingen hinein.
> X 38 Als die Soldaten das sahen, weckten sie den Hauptmann und die Ältesten auf, die sich ebenfalls an der Wache beteiligten. 39 Und während sie noch berichteten, was sie gesehen hatten, bot sich ihnen ein weiterer erstaunlicher Anblick: Drei Männer traten nebeneinander aus dem Grab, die zwei äußeren geleiteten den dritten in ihrer Mitte an den Armen. Hinter ihnen **kam das Kreuz heraus**. 40 Und auf einmal reichten die beiden äußeren Männer mit ihrem Haupt bis zum Himmel, doch der, den sie in ihrer Mitte führten, **überragte den Himmel**. 41 Eine Stimme vom Himmel fragte: »Hast du den Toten gepredigt?« 42 Und vom Kreuz her kam die gehorsame Antwort: »Ja, das habe ich getan.«

In der ersten Episode (VIII,28-33) läuft der Text parallel zu Mt 27,62-66 mit einigen Hinzufügungen:

- der Name des **Hauptmanns Petronius**
- die Anwesenheit der Ältesten und Schriftgelehrten am **Grab**
- die **sieben Siegel** am Eingang
- das **Zelt**, um Wache zu halten.

Diese letzten Details antworten zweifellos auf die gegen die Christen gerichtete Anklage, den Leichnam Jesu gestohlen zu haben, um seine Auferweckung glaubhaft zu machen.

Der Autor des Textes stellt die von den Priestern gemachten Vorkehrungen heraus, die jede Manipulaition am Grab unmöglich machen soll. Die Macht der Auferweckung ist auf diesem Hintergrund viel offenkundiger.

In der zweiten Episode (IX 34-X,42) entdeckt man drei Visionen, die dem Petrusevangelium eigen sind. Sie beschreiben die konkreten Umstände der Auferweckung Christi, der sein Grab verlässt und in den Himmel zurückkehrt:

- **zwei Männer**, ohne Zweifel sind es Engel, steigen vom Himmel herab, um ins Grab zu gehen
- der Autor beschreibt dann einen Christus, der Engel und Himmel **überragt**
- das **Kreuz**, das sich bewegt und spricht, ist eine zweite Gestalt Christi, und symbolisiert seine Passion und sein erlösendes Handeln bis hinab ins Todesreich.

Lesen Sie den Text und vergleichen Sie mit den nachfolgenden Bezugsstellen. Was ist unterschiedlich? Was ist gleich?

- 31 vgl. Mk 6,4-5; Lk 4,23-32; Mt 13,57; Joh 4,44
- 32 vgl. Jes 2,2; Mt 5,14; 7,24-25; Lk 6,47-49; Offb 14,8.21
- 33 vgl. Mk 4,21; Mt 5,15; 10,23-27; Lk 12,3; 8,16; 11,33
- 34 vgl. Mt 15,14; Lk 6,39; Joh 9,39-41
- 35 vgl. Mt 12,29; Mk 3,27; Lk 11,21-22
- 36 vgl. Mt 6,25-33; Lk 12,22-31
- 37 trägt die Spur einer asketischen Theologie: Kleidung ist oft ein Bild für den Leib. Sein Kleid mit Füßen zu treten ist also eine Aufforderung, seinen Leib mit Füßen zu treten, ihm zu misstrauen.
In der »orthodoxen« christlichen Theologie stehen Leib und Seele nicht in Opposition zueinander. Das eine darf dem anderen nicht vorgezogen werden, da die Auferweckung ja im Fleisch geschehen wird.

 *Geführte Lektüre: Ein Text aus dem Thomasevangelium (31-37)*

Das Thomasevangelium, das man 1945 unter den Texten von Nag Hammadi in Ägypten entdeckt hat, ist uns in einem Manuskript aus dem 4. Jh. n. Chr. erhalten. Man kann den Text vielleicht auf das 2. Jh. n. Chr. datieren. Es handelt sich nicht um eine Erzählung des Lebens Jesu, sondern um eine Sammlung von Worten Jesu, die von Thomas überliefert werden. Für einige Worte gibt der Text eine Version, die älter zu sein scheint als die unserer kanonischen Evangelien. Er trägt die Spuren eines ganz und gar archaischen Christentums.

---

31 Jesus sagt: »Kein Prophet ist willkommen in seinem Dorf. Kein Arzt kann die heilen, die ihn gut kennen.«

32 Jesus sagt: »Eine Stadt, die auf einem hohen Berg erbaut und befestigt ist, kann nicht fallen. Sie kann auch nicht verborgen bleiben.«

33 Jesus sagt: »Was du hörst mit deinem Ohr, verkündige es auf euren Dächern für andere Ohren. Denn niemand zündet ein Licht an und stellt es unter einen Topf oder an eine verdeckte Stelle. Sondern er setzt es auf den Leuchter, damit alle, die dort wohnen, das Licht sehen.«

34 Jesus sagt: »Wenn ein Blinder einen Blinden führt, fallen beide in die Grube.«

35 Jesus sagt: »So ist es, wenn jemand ein Haus ausrauben will: Wenn der Hausbewohner ein kräftiger Mensch ist, muss man ihn erst fesseln, bevor man sein Haus betreten und plündern kann.«

36 Jesus sagt: »Macht euch nicht vom Morgen bis zum Abend Gedanken, was ihr anziehen werdet.«

37 Jesu Jünger fragten: Wann wirst du uns (zu deiner Wiederkunft) erscheinen, wann werden wir dich (wieder)sehen?« Jesus sagte: »Wenn ihr, ohne euch zu schämen, eure Kleider auszieht, diese Kleider (euren Leib) unter eure Füße legt und wie kleine Kinder (zum Zeichen der Geringachtung) darauf herumtrampelt, dann werdet (ihr) den Sohn des lebendigen Gottes sehen, und ihr werdet euch nicht fürchten.«

Geführte Lektüre: Ein populärer Text: Das Protevangelium des Jakobus (8,2–9,3)

Zweifelsfrei aus dem 2. Jh. stammend, will dieses Werk die Jungfrau Maria verherrlichen, wahrscheinlich um auf heidnische Anschuldigungen zu antworten, die die Jungfräulichkeit Mariens und ihre Rolle in der christlichen Theologie in Zweifel ziehen. In diesem Buch besitzt sie alle positiven Qualitäten und kennt die überraschendsten Ereignisse. Dieses Buch, das in einer lateinischen Neuschrift überliefert ist, wird später in der Kunst des Ostens eine sehr große Rolle spielen.

8 ² Als sie zwölf Jahre wurde, gingen die Priester miteinander zu Rate: »Maria ist jetzt im Tempel des Herrn zwölf Jahre alt geworden. Was sollen wir nun tun, damit das Heiligtum des Herrn nicht befleckt wird?« Und sie sagten zu dem Hohenpriester: »Du stehst doch am Altar Gottes. Geh ins Allerheiligste hinein und frage Gott ihretwegen im Gebet um Rat. Was uns der Herr offenbart, das wollen wir tun.« Der Hohepriester ging ins Allerheiligste, legte das hohepriesterliche Schultergewand, das Ephod, mit den zwölf Glöckchen an und fragte Gott im Gebet um Rat wegen Maria. Da stand plötzlich ein Engel des Herrn vor ihm und sagte: »Zacharias, Zacharias, geh hinaus und rufe alle Witwer des Volkes zusammen. Jeder soll einen Stab tragen, und wem Gott ein Zeichen gibt, der soll sie zur Frau bekommen.« Also gingen die Boten in das ganze umliegende judäische Land, ließen die Trompete Gottes ertönen, und alle Witwer versammelten sich.

9 ¹ Auch Josef legte seine Zimmermannsaxt zur Seite und ging hinaus, um sich ihnen anzuschließen. Mit Stäben in der Hand gingen sie gemeinsam zum Hohenpriester. Der nahm ihnen die Stäbe ab, ging in den Tempel und sprach ein Gebet darüber. Als er sein Gebet beendet hatte, nahm er die Stäbe wieder auf, ging hinaus und verteilte sie wieder an die Männer. Doch kein Zeichen war an ihnen zu sehen. Josef erhielt seinen Stab als letzter. Da kam eine Taube aus dem Stab heraus und setzte sich auf Josefs Kopf. Der Priester sagte zu ihm: »Du hast die Jungfrau des Herrn zugeteilt bekommen. Behüte sie gut!« ² Josef entgegnete: »Ich habe schon Kinder und bin alt, und sie ist ein junges Mädchen. Die Israeliten werden mich nur verspotten.« Aber der Priester ermahnte Josef: »Fürchte den Herrn, deinen Gott, und denk an das, was Gott an Dathan, Abiram und Korah getan hat und wie die Erde sich einen Spaltbreit auftat und sie wegen ihrer Widerrede verschlang. Gib Acht, Josef, dass dies nicht auch deinem Haus geschieht.« ³ Da bekam Josef es mit der Angst zu tun und nahm Maria in seine Obhut. Er sagte zu ihr: »Ich habe dich aus dem Tempel des Herrn empfangen. Ich muss dich aber in meinem Haus allein lassen und weggehen, um auf meinen Baustellen nach dem Rechten zu sehen. Der Herr wird dich so lang behüten, bis ich wieder da bin.«

Elemente zum Verständnis

8,2: Maria darf nicht im Tempel bleiben, denn sie wird heiratsfähig werden. Dieses Detail ist unwahrscheinlich: Keine Frau wohnte im Tempel.

8,3: Das Kleid, um das es sich handelt, ist das des Hohen Priesters, welches in Ex 28,31-35 beschrieben wird.

9,2: Die traditionelle Darstellung eines alten Josef hat ihren Grund in diesem apokryphen Evangelium. – Die Geschichte, auf die der Priester sich bezieht, finden Sie in Numeri 16,1.31-33.

Die Episode ist verfasst worden, um Lücken in den Erzählungen der (kanonischen) Evangelien aufzufüllen. Was denken Sie über ihren Aufbau?
Vergleichen Sie sie mit dem Traum des Josef am Anfang des Matthäusevangeliums.

Intensive Lektüre: Ein gnostischer Text: Der Brief des Petrus an Philippus (136,16–137,28)

Der Brief des Petrus an Philippus ist ein gnostischer Text, der dem Codex VIII aus Nag Hammadi entstammt. In diesem Brief beschreibt Petrus eine Erscheinung Jesu bei seinen Jüngern, die ihn über die Wege und Mittel befragen, diese Welt der Verdorbenheit zu verlassen. In der gnostischen Theologie ist die Welt grundlegend schlecht. Sie ist ein großes Gefängnis, das vom bösen Prinzip erbaut worden ist, um die Parzellen des guten Prinzips (die Seelen der Menschen) unter der Aufsicht von Kerkermeistern, die »Mächte« und »Archonten« genannt werden, gefangen zu halten. In diesem Kerker

Ich: Christus spricht
**Der verloren gegangene
Same:** es handelt sich um Partikel des Göttlichen, die in die
Welt gefallen sind.
Totes Gebilde: die Welt,
Gefängnis der Körper für die
göttlichen Seelen.
Sie: die Mächte, Wächter der
Welt.
Mit dem Meinigen: Christus
erinnert die Seelen an ihre
wahre göttliche Stellung.
**Wenn ihr das ablegen werdet,
was dem Untergang geweiht
ist:** es geht darum, die gnostische Lebensführung anzunehmen, die sexuelle Verbindungen ablehnt (um das Gefängnis
nicht fortzuführen), den Körper
hasst, sich durch Gebet und
Erkenntnis reinigt.
Kräfte: die Wächter.
Archonten: anderer Name für
die Wächter.
**Der in Erscheinung getreten
war:** Jesus.
Der mich sandte: das Ende des
Textes bringt noch einmal die
Weise des gnostischen Lebens
zum Ausdruck: Hinwendung
zur Lehre der Erkenntnis, die
rettet (Gnosis), und das Gebet
zu Gott.

inhaftiert, haben die in die Welt gefallenen göttlichen Samen ihre wahre Natur vergessen. Jesus ist der eigentliche Bote, der sie daran erinnern soll. In der Tat geschieht es durch die Erkenntnis (griechisch »Gnosis«), dass diese Parzellen-Seelen sich wieder zum guten Prinzip, nämlich Gott, zurückwenden.

U[nd] **ich wurde zu dem Leib gesandt** wegen des **verloren gegangenen Samens.** Und ich kam zu ihrem **tote[n] Gebilde. Sie** aber e[rk]annten mich nicht. Sie dachten von mir, dass i[ch] ein toter Mensch sei. Und ich r[e]dete **mit dem Meinigen.** Er aber hat mir zugehört wie auch ihr, die ihr heute gehö[r]t habt. Und ich gab ihm die Vollmacht, in das Erbe seiner Vaterschaft einzugehen. Und ich nahm [ihn (?) ...] Sie [wurden] erfüllt [mit ...] .. durch seine Erlösung. Weil er [aber] ein mangelhafter war, deswegen wurde er ein erfüllter.«
[...]
»Betreffs dessen [ab]er, dass ihr festgehalten werdet – (das ist so,) weil ihr die Meinigen seid. **Wenn ihr das ablegen werdet, was dem Untergang geweiht ist,** dann werdet ihr zu Erleuchtern unter toten Menschen werden.«
»Das ab[er], dass [i]hr es seid, die mit den **Kräften** streiten müssen – (das ist so,) weil s[i]e keine Ruhe haben wi[e] ihr, denn sie wollen nicht, [da]ss ihr gerettet werdet.«
Da fielen die Apos[t]el wieder auf die Knie und sprachen: »Herr, lehre uns, w[i]e wir mit den **Archonten** streiten sollen, denn [die A]rchonten sind uns doch überlegen?« Da rief ihnen [eine S]timme (,ausgehend) von dem, **der in Erscheinung getreten war,** zu und sagte: »Ihr aber, ihr sollt [m]it ihnen folgendermaßen streiten – die Archonten streiten nämlich mit dem inneren Menschen – ihr [je]doch müsst mit ihnen folgendermaßen streiten: Kommt zusammen und lehrt in der Welt die Erlösung durch Verheißung! Und rüstet euch aus mit der Kraft meines Vaters! Und tut eure Bitte kund, so wird der Vater selbst euch helfen, wie er euch (schon) half, als **er mich sandte.**«

Bibliographie

Im Verlauf Ihrer Arbeit mit dem vorliegenden Buch werden Sie bemerkt haben, dass der »*Führer durch das Neue Testament*« auf spezielle Literaturhinweise bei den einzelnen Kapiteln verzichtet. Das ist mit gutem Grund geschehen, denn am besten ist es, man macht sich einfach selbst auf den Weg hinein ins Neue Testament. Mit einer guten Bibel (evtl. mit einer knappen Einführung zu den einzelnen Schriften nebst kurzen Kommentierungen) kommt man schon sehr weit. Der »*Führer durch das Neue Testament*« verschafft Ihnen einen Überblick, gibt Orientierung und leistet ihnen gute Dienste bei Ihren eigenen neuen Entdeckungen. Wer darüber hinaus noch mehr wissen will, dem stehen weitere Möglichkeiten offen. Zunächst zwei Adressen:

Katholisches Bibelwerk e.V. Stuttgart,
Silberburgstraße 121,
70176 Stuttgart,
Telefon: 0711/61920-0
Fax: 0711-61920-77
E-Mail: bibelinfo@bibelwerk.de

Deutsche Bibelgesellschaft, Balinger Straße 31, 70567 Stuttgart,
Telefon: 0711/7181-0
Fax: 0711/7181-250
E-Mail: infoabt@dbg.de

Beide Bibelwerke (das eine katholisch, das andere evangelisch) arbeiten eng zusammen. Die Arbeit an und mit der Bibel ist schon lange ein erfolgreiches ökumenisches Projekt. Dort bekommen Sie Materialien rund um die Bibel und Auskünfte zu Ihren ganz konkreten Fragen.

Zeitschriften

Wenn Sie sich zu biblischen Themen informieren wollen, dann stehen ihnen auch verschiedene Zeitschriften zur Verfügung. Das Katholische Bibelwerk bietet folgende an:
Bibel heute: eine Zeitschrift für alle an der Bibel Interessierten. Sie behandelt praxisnah und verständlich biblische Themen und heutige Fragen. Dazu gibt es Buch- und Filmtipps sowie Anregungen und Methoden zur Bibelarbeit. Online unter www.bibelheute.de
Bibel und Kirche: informiert über biblische Forschung und bietet Exegese verständlich für die Praxis. Die »Biblische Bücherschau« im Heft bespricht jeweils Neuerscheinungen. Des Weiteren gibt es Mel-

dungen rund um die Bibel. Online unter www.bibelundkirche.de
Welt und Umwelt der Bibel: führt reich bebildert in Archäologie, Kunst und Geschichte der Bibel ein. Online unter: www.weltundumweltderbibel.de

Allgemeine Werke und Hilfsmittel

Eckart Reinmuth, Hermeneutik des Neuen Testaments. Eine Einführung in die Lektüre des Neuen Testaments, Göttingen 2002.

Georg Fischer, Wege in die Bibel. Leitfaden zu Auslegung, Stuttgart 2000.

Wilhelm Egger, Methodenlehre zum Neuen Testament. Einführung in linguistische und historisch-kritische Methoden, 5. Auflage, Freiburg 2002.

Peter Müller, »Verstehst Du auch, was Du liest?« Lesen und Verstehen im Neuen Testament, Darmstadt 1994.

Jakob Kremer, Die Bibel lesen, aber wie?, Stuttgart 2003.

Peter Wick, Bibelkunde des Neuen Testaments, Stuttgart 2004.

Annemarie Ohler, dtv-Atlas Bibel, München 2004.

Kleines Stuttgarter Bibellexikon, Stuttgart 1999.

Neue Konkordanz zur Einheitsübersetzung. Erarbeitet von F. J. Schierse. Neu bearbeitet von W. Bader, Düsseldorf – Stuttgart 1996.

Die Bibel und die Neue Konkordanz zur Einheitsübersetzung (1 CD-ROM), Düsseldorf – Stuttgart 1997.

Münchner Neues Testament. (Text. Konkordanz. Synopse. Theologisches Wörterbuch. Personenlexikon). Hg. von J. Hainz, M. Schmidl, J. Sunckel (als Bücher und als 1CD-ROM), Düsseldorf 2006.

Eubit – Europäischer Bibelkurs interaktiv. Die Evangelien und die Apostelgeschichte (1 CD-ROM), Stuttgart 2001.

Stuttgarter Evangelien-Synopse. Nach dem Text der Einheitsübersetzung. Hg. v. O. Koch und E. Sitarz, Stuttgart 2006.

SESB, Stuttgarter Elektronische Studienbibel. Hg. v. C. Hardmeier, E. Talstra und A. Groves, Stuttgart 2004.

Stuttgarter Multimedia Bibel (2 CD-ROMs). Bibeltexte (Einheitsübersetzung Gute Nachricht, Lutherübersetzung), Informationen (Lexikonteil, Einführung in alle biblischen Bücher), Zeitleiste, Bibelquiz. Mit 850 Abb., 30 interaktiven Karten, sowie Video- und Audiosequenzen, Stuttgart 2004.

Welt und Umwelt des Neuen Testaments

Bruce J. Malina, Die Welt des Neuen Testaments. Kulturanthropologische Einsichten, Stuttgart 1997.

Walter Bühlmann, Jesus, der Mann aus Nazareth. Portrait eines Bauhandwerkers und Wanderpredigers, Stuttgart, Luzern 2003.

Walter Bühlmann, Wie Jesus lebte. Palästina vor 2000 Jahren. Wohnen, Essen, Arbeiten, Reisen, 4. Auflage, Luzern 2001.

Silvia Schroer, Thomas Staubli, Die Körper-Symbolik der Bibel, 2. Auflage, Gütersloh 2005.

Willibald Bösen, Galiläa. Lebensraum und Wirkungsfeld Jesu, Freiburg 1990.

Gerd Theißen, Die Jesusbewegung. Sozialgeschichte einer Revolution der Werte, Gütersloh 2004.

Gerd Theißen, Die Religion der ersten Christen. Eine Theorie des Urchristentums, 3. Auflage, Gütersloh 2003.

Markus Sasse, Geschichte Israels in der Zeit des Zweiten Tempels. Historische Ereignisse, Archäologie, Sozialgeschichte, Religions- und Geistesgeschichte, Neukirchen-Vluyn 2004.

Stefan Schreiber, Begleiter durch das Neue Testament, Düsseldorf 2006.

Evangelien und Briefe

A. Weiser, Theologie des Neuen Testaments II. Die Theologie der Evangelien, Kohlhammer, Stuttgart 1993.

U. Wilckens, Theologie des Neuen Testaments:

Tb 1: Geschichte des Wirkens Jesu in Galiläa;

Tb 2: Jesu Tod und Auferstehung und die Entstehung der Kirche aus Juden und Heiden;

Tb 3: Die Briefe des Urchristentums: Paulus und seine Schüler, Theologen aus dem Bereich judenchristlicher Heidenmission;

Tb 4: Die Evangelien, die Apostelgeschichte, die Johannesbriefe, die Offenbarung und die Entstehung des Kanons, [Neukirchen-Vluyn, 2002. 2003. 2005. 2005]

Stuttgarter kleiner Kommentar, Neues Testament (CD-ROM). Mit Einheitsübersetzung der heiligen Schrift, Stuttgart 2005.

Meinrad Limbeck, Christus Jesus. Der Weg seines Lebens. Ein Modell, Stuttgart 2003.

Helmut Jaschke, Heilende Berührungen. Körpertherapeutische Aspekte des Wirkens Jesu, Mainz 2004.

Gerd Theißen, Annette Merz, Der historische Jesus. Ein Lehrbuch. 3. Auflage, Göttingen 2003.

Gottfried Vanoni, Bernhard Heininger, Das Reich Gottes. Perspektiven des Alten und Neuen Testaments, Würzburg 2002.

Willibald Bösen, Auferweckt gemäß der Schrift. Das biblische Fundament des Osterglaubens, Freiburg 2006.

Rainer Dillmann, César Mora Paz, Das Lukas-Evangelium. Ein Kommentar für die Praxis, Stuttgart 2000.

Hermann-Josef Venetz, Der Evangelist des Alltags, Streifzüge durch das Lukasevangelium, Freiburg (Schweiz) 2000.

Ulrich Luz, Die Jesusgeschichte des Matthäus, Neukirchen-Vluyn 1993.

Ulrich Luz, Das Evangelium nach Matthäus (EKK NT), 4 Bde., Neukirchen-Vluyn, 1985.1990.1997. 2002.

Fritz Leo Leutzen-Deis, Das Markus-Evangelium. Ein Kommentar für die Praxis. Hg. v. E. Beck und G. Miller, Stuttgart 1998.

Bas von Jersel, Markus. Kommentar, Düsseldorf 1993.

Christfried Böttrich, Petrus. Fischer, Fels und Funktionär, Leipzig 2001.

Eckart Reinmuth, Paulus. Gott neu denken, Leipzig 2004.

Michael Theobald, Römerbrief (Kapitel 1–11 und Kapitel 12–16), 2 Bde., Stuttgart 1992. 1993.

Peter Trummer, »… dass alle eins sind!« Neue Zugänge zu Eucharistie und Abendmahl, Düsseldorf 2001.

Offenbarung

Elisabeth Schüssler Fiorenza, Das Buch der Offenbarung. Vision einer gerechten Welt, Stuttgart 1994.

Bruce J. Malina, Die Offenbarung des Johannes. Sternvisionen und Himmelsreisen, Stuttgart 2002.

Die Apokryphen

Eine erste Einführung mit Textauszügen bietet:
J. R. Porter, Die verworfenen Schriften. Was nicht in der Bibel steht, Stuttgart 2004.

Eine umfangreiche Textsammlung mit detaillierten Einführungen:
Neutestamentliche Apokryphen in deutscher Übersetzung. Bd. 1: Evangelien. Bd. 2: Apostolisches, Apokalypsen und Verwandtes, Hg. von Wilhelm Schneemelcher, 6. Auflage Tübingen 1999.

Speziell zu den apokryphen Evangelien und den Apostelakten: Hans-Josef Klauck, Apokryphe Evangelien. Eine Einführung, Stuttgart 2002.

Texte der frühchristlichen Gnosis: Otto Betz, Tim Schramm (Hg.), Da gedachte ich der Perle. Thomasevangelium und Perlenlied, Düsseldorf 2006.

Die Bibel erschlossen und kommentiert von Hubertus Halbfas
600 Seiten mit 414 meist farbigen Abb., 16 Karten auf hochwertigem Kunstdruckpapier, Leinen im Schuber
ISBN 978-3-491-70334-6

Die einzigartige Bibelausgabe des bekannten Theologen Hubertus Halbfas enthält einen umfassenden Überblick: Bibeltext und Kommentar, Lexikon und Religions- und Kulturgeschichte.
Die Gesamtdarstellung informiert kompakt über die Ergebnisse der biblischen Forschung. Die Einbeziehung von Literatur, Kunst und aktuellen Fragen erschließt die Bibel für die Gegenwart. Die Fülle vertiefender Elemente lässt die Bibel neu entdecken.

»Kein Zweifel: Diese Verbindung von profunder Information, didaktischem Geschick, perspektivischem Reichtum und glühendem Engagement machen dieses Buch zu einem Ereignis.« *NDR*

 Patmos

**Das Christentum
erschlossen und
kommentiert von
Hubertus Halbfas**
592 Seiten mit über 450
zumeist farbigen Abb.
auf hochwertigem
Kunstdruckpapier,
Leinen im Schuber
ISBN 978-3-491-70377-3

Hubertus Halbfas stellt das Christentum im Spiegel geschichtlicher
Zeugnisse in völlig neuartiger Weise vor. Das Buch versammelt authen-
tische Stimmen aus allen Jahrhunderten und unterschiedlichen
Richtungen des Christentums.
Sie erfahren eine Kommentierung, die eine Einordnung in die jeweilige
Zeit erlaubt, die Hintergründe darlegt und die Verbindungslinien in die
Gegenwart aufzeigt.
Dreizehn Längsschnitte durch die Geschichte öffnen den Blick für
Tendenzen, Richtungen und Probleme. Einen vergleichbaren Zugriff
gab es bisher nicht. Er erlaubt, vielschichtig wahrzunehmen, und über-
zeugt durch Klarheit und Übersichtlichkeit.

Patmos